MICHEL BAKOUNINE

le goût des idées

*collection dirigée
par
Jean-Claude Zylberstein*

Parus

HANNS-ERICH KAMINSKI

Michel Bakounine

La vie d'un révolutionnaire

Paris
Les Belles Lettres
2014

www.lesbelleslettres.com

Retrouvez Les Belles Lettres sur Facebook et Twitter.

© *2014, pour la présente édition*
Société d'édition Les Belles Lettres
95 bd Raspail 75006 Paris.

ISBN : 978-2-251-20045-3
ISSN : 2111-5524

*À ma chère compagne et collaboratrice
dont l'aide infatigable m'a grandement
facilité mon travail.*

PREMIÈRE PARTIE

LE RÉVOLTÉ

À L'OMBRE DE CINQ GIBETS

*Un Russe qui aime sa patrie ne peut parler froidement
de ces hommes ; ils sont notre gloire la plus pure [...]
ils sont nos saints, nos héros, les martyrs de notre
liberté, les prophètes de notre avenir ! Du haut de leurs
gibets, du fond même de la Sibérie [...] ils ont été notre
salut, notre lumière, la source de toutes nos bonnes
inspirations, notre sauvegarde contre les influences
maudites du despotisme.*

BAKOUNINE sur les Décembristes.

La Révolution russe se poursuivit pendant un siècle. Son
prélude se joue en 1825, en ce mois de décembre qui voit périr
les décembristes et leur donne son nom.

Entré dans le cycle de l'histoire beaucoup plus tard que
l'Occident, la Russie, encore au XIXᵉ siècle, se développe en
l'absence totale du peuple. Cette grande masse de paysans illettrés,
dont la moitié sont des serfs, mène une vie à part, ignorée de tous.
Ceux qui sont au sommet de la pyramide habitent leur propre
pays comme des étrangers une colonie : leurs habitudes, leur
langue, leur culture, sont d'importation. La noblesse même n'a
pas de droits constitutionnels. Le tsar règne en autocrate absolu.
Lorsqu'Alexandre Iᵉʳ laisse son empire non à son fils aîné Constantin
mais au cadet Nicolas, il n'a communiqué sa décision ni à ses
ministres ni au conseil d'État ni à ses fils eux-mêmes, et pendant
quinze jours les deux princes échangent des lettres courtoises dans

lesquelles ils s'offrent mutuellement la couronne qu'ils considèrent tous les deux comme un bien privé.

Mais dans la jeunesse aristocratique il y a déjà des hommes qui pensent différemment ; des officiers surtout qui, dans les guerres contre Napoléon, ont connu l'Europe et en ont rapporté des idées libérales. Ils conspirent pour donner une constitution à la Russie et la libérer du servage. A l'avènement de Nicolas ils comprennent que toute évolution réformatrice du despotisme est exclue pour longtemps. Alors ils s'insurgent et descendent dans la rue.

Les décembristes ne sont pas un parti : ils sont une génération. Seuls leurs meilleurs représentants sont organisés dans des sociétés secrètes, mais ils sont entourés de la sympathie de tout ce qui est jeune et enclin au progrès. Pour la plupart, ils croient encore qu'il suffit de changer de Tsar. Le plus avancé parmi eux, le colonel Pestel, est déjà républicain et même socialiste. C'est lui qui exprime le programme des décembristes dans une seule phrase. Il la dit à son père qui est gouverneur général de la Sibérie et qui lui rend une dernière visite pour l'insulter encore avant son exécution. « Enfin, qu'auriez-vous fait en cas de victoire ? » demande-t-il. Et Pestel de lui répondre : « Nous aurions libéré la Russie de monstres comme vous. »

Les décembristes veulent faire leur révolution pour le peuple, mais ils ne conçoivent pas encore qu'elle soit faite par le peuple. Ils n'essaient même pas de gagner les masses populaires à leur entreprise. Leur façon d'agir est tout à fait celle des révolutions de palais, si différent qu'en soit le but.

Dans le Sud, l'insurrection, à peine éclatée, est réprimée. A Saint-Pétersbourg, ils sont quelques centaines qui, à la fin, vont consciemment à la mort, afin de donner au moins l'exemple. Beaucoup d'entre eux meurent sur la Place du Sénat sous le feu de la batterie qui les écrase. Cinq sont condamnés à mort, cent vingt disparaissent dans les forteresses et en Sibérie, plusieurs centaines d'autres sont envoyés dans des provinces lointaines ou mis sous la surveillance de la police. Lorsque Pestel est hissé au gibet, la corde se casse et il tombe à terre, la figure meurtrie. « On ne sait pas même pendre en Russie ! » s'écrie-t-il, avant que le bourreau achève son œuvre.

Comparé aux hécatombes que les bouleversements politiques du XXe siècle causeront, le nombre de ces victimes semble minime. C'est pourtant la fine fleur de la Russie, à peine éveillée à la conscience d'elle-même. Les décembristes laissent derrière eux un vide qui ne sera jamais comblé. Avec eux meurt toute une génération.

Les décembristes n'ont pas de successeurs. Le peuple pour lequel ils sont morts ne sait ou ne comprend rien de leur sacrifice. Dans la noblesse leur mémoire ne suscite que de vagues sentiments de honte, de gêne, de peur ; à peine ose-t-on parler de « ces malheureux ». Deux jeunes gens, Herzen et Ogareff, se jurent de les venger, sans qu'ils pensent, eux non plus, à franchir la limite qui les sépare des masses populaires.

Pendant un demi-siècle, la Russie ne bouge pas. Le plus grand empire du monde s'incline sans aucune résistance devant le knout de Nicolas Ier. Autour du tsar le vide est absolu : aucun mouvement politique, à peine des discussions littéraires. Il n'y a rien. Toutes les forces latentes de la Russie périssent avant qu'elles puissent se développer, avant même qu'elles puissent naître. Ces terres immenses d'où plus tard sortiront une littérature, une musique, qui enrichiront le monde entier, restent en friche. Les *slavophiles* essaient en vain de fouiller ce sol aride pour y découvrir des trésors cachés. Leurs recherches ne mettront au jour que des pierres dont s'ornera le grand édifice de la réaction autocrate. Tout au plus quelques intellectuels jettent au péril de leur vie un peu de semence importée de l'Ouest.

Dans ce silence, dans cette obscurité, un seul homme part en guerre contre le tsar. Lui, le premier, se révolte ouvertement, lui, le premier, cherche le peuple. Cet homme, c'est Michel Bakounine. Il est le chef de file. Toute une jeunesse, sans cesse renouvelée, marchera sur ses traces et des générations entières dans leurs luttes, leurs espoirs, leurs sacrifices auront les yeux fixés sur lui.

Sa silhouette gigantesque planera longtemps sur la Russie, comme le prophète et le symbole du paysan slave. Avec lui commence la Révolution russe.

Mais Bakounine est non seulement un révolutionnaire russe, il est aussi un révolutionnaire international et le créateur d'une doctrine de la révolution universelle. Il est tout cela et plus encore. Le décrire ce n'est donc pas évoquer une vie, une époque, une théorie ; c'est évoquer un principe vital, le plus vital qui soit : la révolution elle-même.

Bakounine et la révolution se confondent. Il la représente, il l'incarne, il la porte dans ses entrailles. Elle est sa raison d'être, elle le met dans son atmosphère appropriée, elle l'attire et le marque de son empreinte. Sa vie ne se déroule pas comme une carrière, fût-ce une carrière révolutionnaire, avec des points culminants ou avec des péripéties, mais comme une seule et même lutte dont les différentes phases s'ordonnent, dans leur diversité, autour d'un thème unique. Malgré toutes ses évolutions, il ne change pas. Il n'offre que plusieurs aspects d'une activité qui reste toujours la même, non pas tant par ses méthodes ou par ses buts immédiats que par sa volonté, sa conception, sa conscience.

Les anarchistes se réclament de lui. Mais ce qu'il leur a donné c'est plus encore l'exemple que la doctrine. Car Bakounine est le chef-né. Vivant, il trouve partout des hommes qui le suivent : il n'a pas besoin de les chercher ; il s'impose simplement par sa présence ; de sa personne rayonnent instantanément l'autorité, le prestige. Même mort, il communique son tempérament aux révolutionnaires. Il y a sans doute peu d'hommes qui soient devenus anarchistes, uniquement parce qu'ils ont lu les œuvres de Bakounine. (A l'inverse des marxistes pour lesquels la connaissance de la doctrine de Marx est souvent primordiale.) Les anarchistes le rencontrent sur leur chemin, ils n'ont pas besoin de se laisser convaincre par lui, ils se reconnaissent tout de suite en lui. Ils trouvent en lui leur idéal : l'homme d'action qui est en action perpétuellement. Et voilà leur précurseur ! L'histoire de la rencontre d'un anarchiste avec

Bakounine mort ou vivant est toujours la même. C'est le coup de foudre. Leur coïncidence théorique n'est que postérieure.

Le fil des événements nous amènera à parler souvent des relations entre Bakounine et Marx. Mais, dès maintenant, il est intéressant de mettre les deux hommes face à face. Il est difficile de le faire avec objectivité et sans se laisser égarer par une sympathie personnelle vers l'un ou l'autre. Il faut cependant considérer que leur opposition est d'une portée historique, quoique la différence de leurs caractères semble être d'abord d'ordre physiologique.

Karl Marx est, sans nul doute, un des esprits les plus profonds de son temps ; ce n'est pas par hasard qu'il a donné son mot d'ordre à tout un siècle. Du fait qu'il a créé la théorie de la révolution sociale, on peut bien déduire qu'il est un révolutionnaire ; mais, pour le comprendre, il faut avoir recours à cette dialectique qui lui est si chère : l'effet n'est que le résultat de prémisses contraires.

Il n'a pas de biographie. Trente ans de British Museum, une table à écrire, des livres : voilà toute sa vie. Il disparaît derrière son œuvre ; passant son temps dans un observatoire, il n'est qu'un cerveau. En dépit de ses manières brusques, il exerce une réelle autorité sur tous ceux qui l'approchent. Seulement, leur nombre est restreint. Car la façade personnelle du grand homme est quelque peu ennuyeuse. Ce révolutionnaire donne plutôt l'impression d'un bourgeois ou, pour être plus exact, d'un professeur d'université barbu et entiché de son importance. On l'admire, mais on ne l'aime pas. On ne peut imaginer que quelqu'un puisse entrer chez lui et lui donner dans le dos une tape amicale. Engels lui-même ne l'eût pas osé. On voit mal même le jeune Marx se promenant, bras dessus bras dessous, avec des amis, durant ces nuits sans fin où l'on échange des confidences.

Bakounine est tout le contraire. C'est le grand ami : on l'embrasse, on rit avec lui, on pleure contre son épaule. Il n'a pas de chez soi, mais on atteint son intimité à quelque endroit qu'il se trouve. Sa vie est sans cesse en ébullition, il parcourt l'Europe, il échafaude des projets souvent fantastiques, il aime et est aimé, il hait et est haï ; puis il se réconcilie, toujours sincère, toujours changeant d'humeur : aujourd'hui optimiste enthousiaste, demain pessimiste en détresse ; généreux, ingénu et rusé à la fois, un enfant encore sous des cheveux blancs.

La différence entre ces deux hommes, entre ces deux formes de la révolution, la scientifique et la spontanée, est tout à fait celle que Nietzsche découvrit dans tout le domaine de l'Esprit et qu'il appela la clarté apollinienne et l'ivresse dionysiaque. On peut la résumer, plus concrètement, en rappelant que pendant la Révolution de 1848, Marx était rédacteur d'un journal, révolutionnaire bien entendu, tandis que Bakounine luttait sur les barricades de Prague et de Dresde comme un des chefs de l'insurrection. On peut, enfin, exprimer cette différence dramatique par une formule : Marx est étudié, Bakounine est imité.

Les deux hommes se heurtent dans la vie comme dans un drame. Ils se retrouvent à tous les moments décisifs de leur existence, comme deux héros, porteurs d'idées différentes, auxquels le poète aurait donné au surplus des caractères opposés. Et ce grand débat n'est pas clos par la mort des protagonistes. Leurs conceptions subsistent, et même leurs tempéraments survivent dans leurs héritiers. Marx et Bakounine se combattent aujourd'hui comme hier ; seulement, leurs successeurs trouvent leur champ de bataille transporté de la théorie à la réalité.

Le XXᵉ siècle a mis le socialisme à l'ordre du jour, et la question qui sépare Marx de Bakounine, la question de savoir si la cité future doit être étatiste ou fédéraliste, autoritaire ou libertaire, se pose dans toute son importance. Il serait vain de vouloir diminuer ce différend. Pourtant, une synthèse est nécessaire. Elle est même inévitable. Et l'histoire aime les compromis : non pas qu'elle ratifie les tractations de partis et ces pactes d'unité dont rêvent les tacticiens ; elle construit ses compromis elle-même. Mais personne ne peut anticiper le jugement d'un avenir qui aura résolu les problèmes les plus insolubles du présent.

JEUNESSE D'UN ARISTOCRATE

Il y avait toujours dans ma nature un défaut capital :
l'amour du fantastique, des aventures extraordinaires et
inouïes, des entreprises ouvrant au regard des horizons
illimités et dont personne ne peut prévoir l'aboutisse-
ment. Dans une existence ordinaire et calme j'étouffais,
je me sentais mal à mon aise [...]. Mon âme était dans
une agitation perpétuelle, exigeant de l'action, du
mouvement, de la vie.

BAKOUNINE.

Michel Bakounine est né le 8 mai 1814 dans le village de
Priamoukhino, gouvernement de Tver. Il a donc onze ans lorsque
les décembristes périssent. Qu'en apprend-il ? Nous ne le savons
pas, mais nous pouvons supposer que l'écho des événements
arrive jusqu'à l'enfant. Un Bakounine a commandé la batterie
qui défit le carré des insurgés sur la Place du Sénat. Et peu de
familles sont touchées d'aussi près par la répression que celle
de Mme Bakounine qui est une Mouravieff. Un de ses cousins est
parmi les cinq pendus et quatre autres sont condamnés à prendre
le chemin de la Sibérie. Comment n'aurait-on pas parlé de leur
sort tragique chez les Bakounine ?

Cependant, l'atmosphère qui règne dans la famille est loin de
toute politique. La différence d'âge entre Alexandre Mikhailovitch
Bakounine et sa femme est très grande. Un roman d'amour a précédé
leur mariage. Quand ils se sont connus, Alexandre Mikhailovitch

avait déjà dépassé la quarantaine, tandis que la jeune fille n'avait que dix-huit ans. Pour cet homme d'ordinaire pondéré, ç'avait été la grande passion. Craignant d'essuyer un refus, il avait pensé un moment au suicide. Désormais ils vivent éloignés du grand monde, repliés sur eux-mêmes, dans l'aisance limitée de gentilshommes campagnards, car, bien que le Seigneur Bakounine possède mille âmes (ce qui veut dire mille serfs masculins, les femmes n'étant pas comptées), l'argent liquide se fait rare. Pour toute vie mondaine, ils passent une partie de l'hiver dans la ville de Tver, où ils fréquentent la bonne société.

Onze enfants naissent de cette union dont neuf survivent : quatre filles et cinq garçons. Michel est le troisième enfant. Il reçoit le nom de son grand-père, géant légendaire de la famille, qui garde le souvenir de ses exploits. On raconte volontiers comment, armé seulement d'une planche, il avait chassé toute une bande de brigands. Le petit-fils hérite de lui la haute taille et le tempérament indomptable.

La maison dans laquelle les enfants grandissent n'a rien d'un château, mais elle est vaste et spacieuse, et sa blanche façade ornée de colonnes lui donne un aspect de sereine intimité. Aucune colline ne coupe l'horizon. Le parc avec son pavillon, les champs, la rivière qui passe à proximité et qui au printemps inonde les prés, les forêts immenses, tout est de cette beauté languissante de l'infini qui est propre à la Grande-Russie. C'est un paysage fait pour rêver, pour concevoir des idées généreuses, pour prendre des grands élans qui, par la suite, se perdent si facilement, étouffés aussi bien par l'espace sans limites que par les obstacles de la réalité tsariste.

La mère regrette les possibilités manquées que ses origines lui auraient offertes. Elle semble un peu effacée de la vie des siens, s'occupant surtout de mondanités et de la direction de la maison, peu aimée de ses enfants dont elle laisse l'éducation entièrement au père. Même lorsque les enfants sont grands, elle demeure fermée à toute compréhension de leurs besoins intellectuels et de leurs aspirations. Dans tous les conflits, elle prend invariablement le parti de son mari, pour qui elle nourrit une admiration sans bornes.

Alexandre Mikhailovitch a connu l'Occident comme diplomate. Le jour de la prise de la Bastille, il était à Paris. S'il a eu quelques velléités révolutionnaires, ce qu'il a vu les a détruites à jamais. Par contre, il a des tendances libérales. Quand il s'est retiré à la campagne, il a donné à ses serfs un statut qu'il appelle pompeusement une constitution, mais il s'est vite fâché, lorsque les paysans n'ont pas apprécié cette condescendance. Il a été aussi en contact avec les décembristes, mais, en fin de compte, il se conforme très bien au régime de Nicolas Ier. Il devient même de plus en plus réactionnaire. Bien qu'il soit assez autoritaire, il n'est pourtant point despotique, ni pour ses enfants ni pour ses serfs. Il a gardé de sa jeunesse le souvenir de la lecture des encyclopédistes français, et à ses heures perdues il est poète, d'ailleurs sans ambition. Quand la famille se rend à Tver, on chante une ode d'adieu à Priamoukhino, ode dont il est l'auteur.

Les enfants l'adorent sans le craindre. Jamais il ne les punit. Il les élève d'une façon très personnelle, très tendre, en leur laissant beaucoup de liberté. Plus tard, ils reçoivent leur instruction de précepteurs vivant à la maison, toujours sous sa surveillance. C'est une instruction exceptionnellement bonne, surtout pour des jeunes filles de l'époque. La musique en remplit une importante partie. Les quatre sœurs pincent de la harpe et souvent toute la famille se réunit pour chanter en chœur. Comme il est d'usage, on observe les règles de la religion. Les Bakounine sont croyants, mais sans bigoterie ; et, sans observer les rigueurs de l'Église orthodoxe, ils inclinent à une douce piété.

Est-ce l'esprit du siècle philosophique qui règne chez eux et qui persiste dans la province russe même après la secousse de 1812 ? Ou n'est-ce que le reflet des lectures du père : Rousseau, Gœthe surtout ? Un contemporain parle du coloris mi-philosophique allemand, mi-mystique chez les Bakounine. Leur vie harmonieuse, sentimentale et qui laisse pourtant sa part à l'activité pratique rappelle bien l'existence menée par certaines sectes protestantes en Allemagne. C'est la vie des « belles âmes » que Gœthe décrit dans son *Wilhelm Meister*. Et de Gœthe aussi semble être héritée cette recherche du bonheur que, selon le sage de Weimar, chacun peut trouver dans son petit cercle, pourvu qu'il travaille à sa perfection personnelle.

Lorsque Michel, à quatorze ans, quitte sa famille, il parle et écrit couramment le français, assez bien l'allemand et un peu l'anglais. Au surplus, il possède quelques notions de mathématiques. En revanche, il ignore totalement la grammaire russe. Élevé à la campagne, entouré d'une foule de domestiques et de serfs, sans amis, avec ses sœurs et ses frères comme seuls camarades, il n'a surtout pas la moindre connaissance de la réalité. Il sort, pour ainsi dire, d'une vie immatérielle.

Le père lui choisit la carrière militaire et l'envoie à l'École d'Artillerie à Saint-Pétersbourg. Là, il prend quelques joyeux ébats ; il a des amourettes et fait des dettes, beaucoup de dettes même. Déjà, il se fait une réputation de « tapeur » qui lui restera fidèle. Ce jeune aristocrate, si peu qu'il diffère encore d'autres jeunes gens de son monde, a cependant un fond sérieux qui se révèle de bonne heure et qui se développera vite. Pendant toute sa vie, il ne gardera de ses origines qu'une insouciance de grand seigneur et un souverain mépris de l'argent ; jamais il n'acquerra le sens des valeurs matérielles.

En 1833, à dix-huit ans, Bakounine est nommé officier, sans quitter l'école où il suit dorénavant les cours supérieurs. L'enfance et les troubles de l'âge ingrat sont finis ; il se sent homme. Il n'est plus obligé d'habiter l'école, et c'est en égal qu'il fréquente maintenant les nombreux parents qu'il a à Saint-Pétersbourg, notamment son oncle Nicolas Nazarévitch Mouravieff qui exerce une grande influence sur lui. Il sympathise aussi beaucoup avec son cousin, le fils de Nicolas Nazarévitch, qui a son âge et qu'il rencontrera vingt-cinq ans plus tard en Sibérie, dans une situation bien différente.

Cette liberté le mûrit. Quand, dans une lettre à ses sœurs, il parle d'une « révolution intellectuelle » qu'il subit, l'expression semble un peu exagérée pour un jeune homme qui traverse une crise, somme toute naturelle à son âge. Mais, en vérité, il se découvre. Il se sent une vocation, il se trouve des forces qui demandent à être libérées. Une voix lui parle qui ne vient pas de l'extérieur. Il l'écoute et il la suit : c'est à elle seule qu'il veut désormais obéir.

C'est aussi le temps du premier amour. Michel s'éprend d'une cousine qui lui a déjà inspiré de la tendresse lorsqu'elle n'était qu'une enfant. Dans des lettres qui parfois remplissent vingt pages, il en parle à ses sœurs, d'ailleurs sans espoir et même sans but déterminé. On ne peut pas épouser une cousine en Russie ; dans l'aristocratie, où tout le monde est un peu parent, cette loi cause beaucoup de tragédies. Cependant Michel aime moins la jeune fille elle-même que le sentiment qu'il nourrit pour elle, ce qui lui ouvre un monde nouveau ; c'est l'occasion pour lui de souffrir, d'être malheureux et de se sentir purifié. Dans les lettres à sa famille il étale tous ses sentiments, toutes ses pensées. Ce sont déjà les professions de foi et les confessions qu'il répétera plus tard dans les heures les plus sombres de sa vie. Il a le besoin très russe de se communiquer, de s'épancher, de s'examiner, de s'accuser, de se repentir et c'est avec une sorte de volupté qu'il décrit son état d'âme, sans réticence, sans restrictions. Exalté autant que sincère, il aggrave ses péchés antérieurs aussi bien que ses bonnes dispositions du moment.

Tout cela est très juvénile, très ordinaire. On est enclin à sourire quand un jeune homme de dix-huit ans affirme qu'il a assez de la vie mondaine, qu'elle l'ennuie, qu'il veut la fuir. Bakounine n'est certainement pas encore très répandu dans le grand monde et, en dépit de ses deux milles roubles de dettes, les débauches auxquelles ses camarades l'ont entraîné sont probablement assez innocentes. Mais son changement est réel. La douce et vague philosophie de son enfance prend maintenant des contours plus nets et lui montre un but : se parfaire, travailler à sa formation intérieure, développer ses dons, afin de se vouer aux autres, et au besoin de se sacrifier pour eux. Quels sont ces autres, il ne le sait pas encore ; il les voit surtout dans sa famille. Un obscur instinct le pousse pourtant vers la vie. Il se met à la recherche de son Moi, de sa destinée, certain de découvrir en même temps les secrets de la nature et le sens de l'univers.

Cette foi en soi-même n'a rien d'infatué, de superficiel. Le jeune Bakounine est loin de se croire préparé pour accomplir ces grandes choses dont il rêve sans se les préciser. Il comprend très bien que ses connaissances et même sa conscience ne sont pas encore mûres pour affronter les exigences d'une action. D'abord, il veut « se former un être intérieur ». Et comme il cherche tout son salut dans la pensée, il a soif de savoir. Alors il commence à travailler et se remet aux livres. Il lit beaucoup, des romans et des ouvrages scientifiques, de l'histoire surtout. Avant tout, il étudie le russe, car, jusqu'ici, il sait mal sa langue maternelle qui est à peine employée dans son monde.

Ces lectures le mènent loin de l'École d'Artillerie. Les professeurs militaires ne savent pas prendre ce jeune homme doué et gâté et n'éveillent en lui aucun goût des armes. Michel s'occupe peu de ses devoirs et aggrave son cas par des manquements à la discipline ; il n'est pas fait pour se soumettre. Quand, à dix-neuf ans, il se présente à l'examen, il échoue. En punition, il n'est nommé qu'enseigne dans un régiment d'artillerie en Lithuanie. En outre, il est spécifié qu'il ne fera l'objet d'aucune promotion durant trois ans et qu'aucune permission ni démission ne lui seront accordées pendant ce temps.

Bakounine passe donc ces années dans des petites villes perdues, dans une contrée durement éprouvée par l'insurrection polonaise de 1831 et où il pourrait observer la répression tsariste de près. Mais la vie extérieure n'attire pas son attention. Vite dégoûté du service, il déteste cette existence à laquelle il est astreint. A peine prend-il part aux distractions de ses camarades. Les femmes, les cartes, la boisson, tout ce qui occupe les officiers dans cette province lointaine lui répugne. Il souffre de sa solitude spirituelle et dans son isolement il se conforme plus que jamais aux décisions qu'il a prises à Saint-Pétersbourg. Pendant des heures et des heures il demeure couché sur un divan, fumant et lisant. Son seul désir est de fuir le désert dans lequel il vit. Ses supérieurs doivent lui rappeler le service qu'il néglige.

« Je suis seul ici », écrit-il à sa famille, « complètement seul. L'éternel silence, l'éternelle tristesse, l'éternelle nostalgie sont les compagnons de ma solitude. […] J'ai découvert par l'expérience que la parfaite solitude, prêchée si éloquemment par le philosophe de Genève, est le plus idiot des sophismes. L'homme est fait pour la société. Un cercle de relations et d'amis qui le comprennent et qui partagent ses joies et ses soucis est indispensable pour lui. La solitude volontaire est presque identique à l'égoïsme, et l'égoïste peut-il être heureux ? ».

La suite non seulement des idées mais aussi des sentiments chez Bakounine est surprenante. Maintes fois dans sa vie, il retrouvera ces pensées et les exprimera presque dans les mêmes termes.

L'occasion tant attendue de s'échapper ne se présente qu'après deux ans. Michel tombe malade et est envoyé en permission à Priamoukhino. Une fois loin du régiment, il se sent délivré. Parmi ces êtres aimés, les seuls qui lui sont proches, car jusqu'ici il n'a pas d'amis, la nouvelle vie à laquelle il aspire lui semble facile. Ici il n'y a pas d'obstacles extérieurs à l'essor de son âme et les énigmes cosmiques qu'il veut résoudre paraissent moins difficiles dans cette intimité familiale retrouvée. Le régiment, il l'oublie, il ne veut plus y penser et moins encore y retourner. Peu lui importe qu'il soit toujours officier. Il prolonge son séjour ; presque toute l'année de 1835 il reste soit à Priamoukhino soit à Tver. Dorénavant il a un but : il veut être un homme libre, soumis aux seules limites que lui dicte sa propre conscience.

L'autocratie de Nicolas Ier est désormais solidement établie. Si despotique que fût le régime d'Alexandre Ier on y pense avec regret. La Pologne a perdu ses droits autonomes, et les cinquante millions de Russes sont divisés en classes dont seuls les aristocrates, c'est-à-dire un pour cent de la population, ont des droits civiques. La noblesse, le clergé, la bourgeoisie, les fonctionnaires forment un ensemble de cinq millions de personnes que l'on peut considérer comme la société russe ; le reste, les quarante-cinq millions, ne compte pas. Il n'y a pas de vie publique. Le tsar, bel homme et esprit mesquin, préférerait encore la république à la monarchie constitutionnelle ; un souverain dont le pouvoir est limité lui semble une offense à l'ordre voulu par Dieu. D'ailleurs il déteste les Russes et préfère s'entourer d'étrangers. Dans la répression contre les décembristes il a été son propre juge d'instruction ; on le soupçonne même de les avoir torturés en personne. Toutes ses décisions sont préparées par des comités secrets dont les délibérations sont cachées jusqu'aux ministres eux-mêmes. Méfiant comme tout tyran, Nicolas leur donne souvent même des faux noms : le comité secret chargé d'étudier la condition des serfs s'appelle ainsi : *Comité pour la péréquation des redevances dans les gouvernements de l'Ouest.*

Il n'existe aucune presse politique. Les journaux n'ont pas le droit de commenter les événements, ils ne peuvent pas même louer les mesures prises par le gouvernement. Deux cent trente paragraphes forment le règlement de censure, qui s'étend jusqu'aux prières de l'Église orthodoxe. On supprime un journal qui a publié les prix des voitures de place, car les prix ont augmenté et le dire est déjà subversif. Presque tous les publicistes et maints poètes de l'époque finissent leurs jours en Sibérie ou sont envoyés pour de longues années comme simples soldats dans des régiments lointains avec l'ordre exprès de ne pas recevoir de papier à écrire. La Russie vit dans un centralisme poussé à l'extrême, gouvernée par des gendarmes et des fonctionnaires, dont le bureaucratisme paperassier n'est atténué que par la corruption, car de haut en bas de cette échelle tout le monde vole et l'État et le peuple.

Bakounine ignore tout cela ou s'en désintéresse. Il connaît moins bien la Russie que la France qu'il a étudiée dans les livres. Avec tout son désir de s'instruire, il accepte le monde qui l'entoure sans se demander s'il est bien fait. Mais s'il n'est pas encore un révolutionnaire, il est déjà un révolté. Un instinct obscur le dresse contre les valeurs établies, les autorités traditionnelles, les hiérarchies existantes. Quelque chose se soulève en lui contre toute injustice, toute oppression, toute violation. De par sa nature il veut combattre, enseigner, convertir.

La première autorité à laquelle il se heurte est celle de son père. Alexandre Mikhailovitch Bakounine est un homme pratique. Il vient de marier une de ses filles, mais il lui reste la charge de ses huit autres enfants et il n'est pas riche. Comme Michel ne veut pas être officier, il n'y a qu'une seule carrière que, selon les conventions, il peut embrasser : l'administration. Cependant Michel ne veut pas quitter l'uniforme de l'officier pour le changer contre celui d'un fonctionnaire. Il déteste tous les uniformes et les bureaux lui répugnent autant que les casernes. Ce qui l'attire c'est l'université ; la science lui semble susceptible de développer ses capacités et de libérer ses forces en gestation.

De ce qu'il sera, Bakounine n'en a en ce moment que le physique. Il est un géant. Impossible de ne pas le remarquer. Sa tête entourée de longues boucles châtains comme une crinière au vent, cette tête de lion, comme Herzen l'appellera, dépasse celles de son entourage, et sa voix sait déjà convaincre, flatter, tonner, entraîner. Déjà il sème la révolte. La première troupe qui le suit est formée par ses sœurs et ses frères.

L'autorité du père s'affaiblit devant l'attaque de cette force juvénile. La vie familiale perd sa paix harmonieuse. Maintenant y soufflent les tempêtes sentimentales du romantisme. Le père est bientôt isolé ; sous la conduite de Michel, se dresse contre lui le front des enfants. Leur cri de bataille est celui de tous les révoltés : liberté ! Un jour, les jeunes garçons fuient même le lycée de Tver pour mener une vie libre selon l'exemple du grand frère.

Plus directe encore est l'influence de Michel sur ses quatre sœurs. La liberté qu'il leur prêche et à laquelle il les amène, n'a rien à voir avec une vie libertine. Il s'agit exclusivement de la liberté de l'âme, de la libre formation intérieure. La religiosité conserve ses droits dans cette transformation, mais elle est dépourvue de dogmes et de rites. Ceux-ci sont remplacés par un panthéisme quelque peu vague qui, sans renier les Évangiles, permet à chacun de trouver la béatitude en soi-même. Les œuvres des romantiques allemands y montrent le chemin. Michel les choisit et les sœurs les dévorent. L'esprit sobre du père est ainsi débordé par l'ivresse des jeunes, qui cherchent leur satisfaction intérieure non plus dans un domaine limité mais dans un sentiment universel.

La vie mondaine perd ses droits. Les sœurs vont bien aux bals de Tver, mais elles les considèrent plus comme une corvée que comme un plaisir, et Michel refuse catégoriquement de les accompagner. Il préfère s'enfermer avec ses livres. En vain le père le sermonne. Dans la lutte des générations les jeunes sont toujours les plus forts. Et en Michel se révèle une force qui n'est pas moins grande parce qu'elle ne vise pas encore un but déterminé. Au fond, c'est la lutte entre les époques de la philosophie et du romantisme, entre la raison et le sentiment.

Comme tant de pères de grands hommes, Alexandre Mikhailovitch ne comprend pas son fils. Plus le temps passe sans que Michel pense à retourner au régiment, plus il est préoccupé. Les lectures prolongées et les conversations sans fin de ce fils fougueux sont pour lui du temps perdu. Ce travail prétendu philosophique ne lui semble rien d'autre qu'une occupation d'amateur qui n'a pas de fond sérieux. Il n'y voit pas les signes annonciateurs d'un esprit extraordinaire, mais la preuve que Michel n'a pas envie d'acquérir des connaissances pratiques et utiles. La vieillesse n'a pas rendu Alexandre Mikhailovitch méchant ou borné, mais il aime les choses nettes et son idéalisme raisonnable n'admet pas ce qui lui paraît être de l'oisiveté. Pour lui Michel n'est qu'un jeune homme qui ne veut pas travailler. Heureusement, le gouverneur de Tver, un comte Tolstoï, est prêt à lui offrir un emploi de fonctionnaire avec une mission spéciale, situation fort honorable et qui lui laisserait beaucoup de temps libre.

Cependant, lorsque Michel l'apprend, il s'enfuit. Sans dire un mot à personne, il part pour Moscou afin de s'inscrire à l'université. Le père et même les sœurs se plaignent indignés de ce qu'ils appellent son égoïsme. Mais c'est l'égoïsme d'un homme qui suit son chemin. Puisqu'il n'a pas d'argent, il veut le gagner ; fièrement il commande des cartes de visite où sous son nom on lit : *Professeur de Mathématiques*. Ce n'est d'abord qu'une bravade. Pourtant, c'est la rupture définitive avec sa classe.

La jeunesse aristocratique de Michel Bakounine est terminée ; dès maintenant il est un bohème, un homme sans situation bien déterminée. Comme il est toujours officier, cette fuite n'est pas sans danger, car il risque un procès pour désertion. Mais cette fois les parents peuvent encore arranger les choses et il est mis régulièrement à la retraite.

Enfin il est un homme libre. La grande aventure de sa vie commence.

ROMANTISME RUSSE

Michel Bakounine a beaucoup péché, il a commis bien des erreurs, mais il porte en lui une force qui efface tous ses défauts personnels — c'est le principe de l'éternel mouvement qui gît au fond de son âme.

BIÉLINSKY.

Dans la Russie de Nicolas Ier, l'université de Moscou est comme un îlot de l'esprit. Le gouvernement fait tout pour la réserver aux fils de la noblesse et restreint de plus en plus le nombre des jeunes roturiers. Mais, en dépit de tous les obstacles, les différentes couches de la société s'y mélangent. Il serait de mauvais goût de se prévaloir ici d'un grand nom ou de grands revenus, et ceux qui le font quand même sont vite isolés. Dans ce pays où chacun est classifié selon son état social, les étudiants forment un corps avec une mentalité particulière ; ils sont déjà la préfiguration de ce que l'on appellera plus tard l'*intelligentzia*.

A cette époque, les universités russes ne sont pas encore des foyers de révolution, mais depuis toujours le despotisme a toutes les raisons de redouter l'esprit comme l'arme la plus terrible dirigée contre lui. En outre, un phénomène s'annonce déjà qui restera typique de la Russie jusqu'au XXe siècle : les intellectuels évoluent d'une façon extraordinaire et deviennent bientôt des hommes et des femmes plus affranchis de tous préjugés sociaux que les esprits les plus avancés de l'Occident, tandis que les masses populaires, immobiles, gardent leur foi dans le Tsar et l'Église orthodoxe. Ce n'est que par la naissance du prolétariat industriel que cet éloignement entre les intellectuels et le peuple, que ce *paradoxe russe* s'affaiblira pour s'écrouler définitivement dans la Révolution de 1905.

Le gouvernement de Nicolas Ier ne néglige pourtant rien en vue d'opprimer tout esprit d'opposition et même d'indépendance parmi les étudiants. Le curateur de l'université de Moscou, le prince Galitzine, considère la vie universitaire à peu près comme le service militaire. D'après sa conception de la discipline, un professeur qui est empêché de faire son cours doit être remplacé par celui qui le suit en grade, et peu importe au prince qu'un professeur en droit soit ainsi obligé d'enseigner la médecine. Les cours d'histoire et de philosophie sont du reste supprimés ; le tsar pense que ces sciences développent des tendances subversives. Cependant, le professeur Pavloff introduit en fraude le poison dangereux de la philosophie, à la faveur d'un cours de physique. L'intérêt pour les études philosophiques s'accroît encore par l'influence qu'exerce son disciple, l'étudiant Stankiévitch.

C'est le règne du romantisme. A travers la muraille qui la sépare de l'Europe, il atteint aussi la Russie. L'esprit romantique n'est pas un crû du pays, il n'émane pas de son fond, mais, comme la noblesse, la seule classe cultivée, lit moins les œuvres russes que ce que l'on publie en France et en Allemagne, on devient romantique par importation. C'est l'époque des tendres amitiés, des nostalgies distinguées, des attristements sur la nature. On est mélancolique, on aime les beaux sentiments et on les étale dans de longues lettres que l'on écrit à profusion. On découvre le passé et on fouille les coins les plus secrets de l'âme à la recherche d'un bonheur que l'on désespère de trouver dans le monde réel.

Bakounine arrive dans ces dispositions à Moscou et il les retrouve à la maison de Mme Beer qui est liée à ses parents par une amitié de longue date. Elle a deux filles de l'âge de Michel autour desquelles se groupe tout un cercle de jeunes gens. Les deux sœurs et leurs amies ne sont pas des précieuses. Si romantique que l'on soit, la jeunesse garde ses droits à la gaieté ; on danse et on s'amuse aux jeux de société. Mais, en même temps, tous ces jeunes gens sont pénétrés des nouvelles idées du siècle. Ils lisent Gœthe, Schiller, Jean Paul, Balzac et aussi les poètes russes, surtout Pouchkine, Baratinsky, Koukolnik et Gogol qui, à ce moment commence à devenir célèbre. De longues heures durant on récite leurs poèmes et on les discute. Michel, beau garçon et beau parleur, fait grande impression dans ce milieu. Il y trouve ses premiers amis et s'attache particulièrement à Stankiévitch qui est le chef incontesté de ce petit cénacle.

Le romantisme qui fait naître tant d'hommes de génie est aussi l'époque des hommes inachevés qui meurent avant l'âge sans pouvoir tenir les promesses de leurs dons. Ainsi Stankiévitch, poète et philosophe qui justifie les plus belles espérances et qui s'éteint à vingt-sept ans, en ne laissant presque pas d'écrits. Plus tard Bakounine l'appellera une nature religieuse qui, comme le Christ, se révèle moins par des œuvres que par l'exemple. Son influence sur son entourage est en effet énorme. En lui faisant connaître la philosophie contemporaine, il ouvre de nouveaux aspects de vie spirituelle à toute une génération dans cette Russie où l'on ne peut ni écrire ni enseigner librement. Bakounine a déjà connu Stankiévitch lors d'un séjour que celui-ci a fait dans les environs de Tver. Maintenant il devient son disciple, bien que le maître ne soit son aîné que de quelques mois.

L'autre grand ami qu'il trouve à Moscou est Biélinsky. Frêle et de faible santé comme Stankiévitch, il en est cependant tout l'opposé. Stankiévich est riche et élégant, Biélinsky est pauvre et quelque peu rustre. Fils d'un médecin militaire, il est, parmi ces jeunes nobles, le représentant d'une classe inférieure. Jamais il ne se sent à son aise dans le monde où il est gauche et timide ; il ne s'anime que dans la discussion. Car Biélinsky n'est pas seulement le plus âgé des amis et ne les dépasse pas seulement par l'expérience de la vie, mais il est aussi le plus combatif d'entre eux. Exclu de l'université pour avoir écrit un drame trop audacieux, il gagne sa vie par des travaux littéraires ; c'est le premier Russe qui vive de sa plume. Déjà, ses articles font sensation. Bientôt il sera le plus célèbre critique de son pays, et toute la Russie cultivée attendra chaque ligne de lui, comme un fanal qui dissipe l'obscurité. Avec lui commence la grande lignée des critiques littéraires russes dont le rôle est si grand, puisqu'ils discutent, quoique d'une façon voilée, des questions d'intérêt général.

Bakounine, qui ne fait rien à moitié, qui se donne tout entier à chaque entreprise, à chaque sentiment, est par son caractère passionné et exalté aussi différent du doux Stankiévitch que du farouche Biélinsky. Mais, si fortement qu'il impressionne Stankiévitch, il ne le domine pas. Biélinsky, par contre, est subjugué par lui ; dans quelques années il parlera de Bakounine comme de son père spirituel. Mieux que tout témoignage contemporain, l'influence qu'il exerce sur un esprit somme toute beaucoup plus mûr que le sien fait ressortir la puissante personnalité de ce jeune homme.

Lorsque Michel est depuis deux ans à Moscou, le cercle des amis s'agrandit de deux nouveaux arrivants : Herzen et Ogareff. Ils viennent de loin, car, comme ils ont trop lu les ouvrages socialistes de Saint-Simon, ils ont été exilés pour plusieurs années dans des provinces éloignées et seules les relations de leurs parents les ont, non sans peine, préservés d'un sort plus mauvais. Ils sortent, en effet, tous les deux de grandes familles. Le poète Ogareff héritera de dix mille âmes qu'il libérera en leur laissant toutes ses terres, tandis que lui-même mourra pauvre dans l'émigration. Et Herzen est le fils naturel du prince Jakovleff qui l'élève et lui laisse son immense fortune ; lui aussi mourra dans l'exil, en laissant des œuvres qui lui assurent l'immortalité. Les deux hommes sont liés par une amitié qui date de leur tendre enfance. Maintenant ils rencontrent en Bakounine une âme sœur et une fraternité naît entre eux qui résistera à toutes les épreuves. Ensemble ils feront une grande partie de leur chemin, de sorte que la vie de chacun d'eux est un peu la biographie des deux autres.

Bien d'autres encore prennent part aux cénacles de Moscou. Mais, à quoi bon s'arrêter à des noms que le temps a effacés ? Moins que de les énumérer il importe de savoir quel est l'état d'esprit de ces jeunes gens. Car cette jeunesse laisse déjà entrevoir tous les courants spirituels qui se dessineront dans l'avenir de la Russie.

Bien que les termes de la géographie politique soient à peine de mise, on peut dire que Stankiévitch, Bakounine et Biélinsky forment en ce moment le centre. Ils ne s'occupent que de philosophie et ne prennent aucun intérêt aux choses publiques. En se passionnant surtout pour les philosophes allemands, ils sont pourtant des *Occidentaux*. A leur gauche se trouve le groupe de Herzen et Ogareff. Ils sont aussi des *occidentaux*, mais ils inclinent plutôt vers la littérature française. Herzen surtout, quoique fils d'un père russe et d'une mère allemande, n'a que peu du Russe et rien de l'Allemand. Esprit clair et pondéré, il repousse le romantisme quelque peu obnubilant de ses amis et se sent de bonne heure attiré par un réalisme qui fera de lui le champion de l'opposition démocratique russe. A la droite enfin il y a les *slavophiles* qui ont le sens politique comme Herzen et Ogareff et sont des romantiques comme Stankiévitch, Bakounine et Biélinsky. Ils nient toute supériorité de l'étranger et recherchent leur culture dans le passé russe qu'ils veulent faire revivre, sans peur de se ridiculiser quand ils se signent devant chaque icône ou quand ils repoussent même les vêtements européens et s'habillent à l'ancienne. Mais pour le tsarisme ils sont encore de mauvais pensants, car selon les principes de Nicolas Ier, tout sujet qui réfléchit sur l'ordre des choses est un mauvais pensant. En affirmant que l'autocratie, le servage et l'Église orthodoxe forment la vraie base de la Sainte Russie, les *slavophiles* deviendront cependant, comme tant de romantiques, les serviteurs du pire despotisme. Bakounine, du reste, a peu de relations avec eux. Si peu qu'il s'intéresse à la politique pendant ces années, la réaction, fût-ce sous une forme littéraire, n'exerce aucune attraction sur lui. A l'opposé de Herzen, il n'est pas encore conscient de sa mission publique, mais pour son esprit de révolté les traditions, déjà, ne sont bonnes qu'à être détruites. Dans la lutte entre les *occidentaux* et les *slavophiles*, il prend dès le commencement position pour l'Europe et contre la barbarie.

Bakounine fréquente peu l'université. Sous la direction de Stankiévitch, il étudie la philosophie allemande, ce fruit de la Réforme qui, partant du libre arbitre, développe les théories de l'idéalisme philosophique.

Il commence par Fichte, en se perfectionnant en même temps dans la langue allemande. Pour Fichte, le monde n'est que le reflet du *Moi agissant* ; l'homme peut, par conséquent, s'élever au-dessus de la nature et devenir ainsi vraiment libre. Le sens de la vie est, d'après cette philosophie, d'arriver à un véritable christianisme dans lequel l'humanité, en se servant de l'*art de la raison*, réalise son état de liberté et de sanctification. Ce sont des pensées qui impressionnent profondément Bakounine. Il traduit plusieurs travaux de Fichte en russe et les publie dans une revue de Saint-Pétersbourg. Puis il se met à la traduction de son livre *L'Initiation à la Vie Religieuse*. Combien il est bouleversé par les idées qu'il vient de connaître, on le sait par les lettres qu'il envoie à Priamoukhino. Et ce n'est que l'écho de sa propre excitation, quand sa sœur Tatiana lui écrit : « Michel, au nom du ciel, traduis *L'Initiation à la Vie Religieuse* et envoie-la nous. Je ne serai pas tranquille avant d'avoir lu ce livre. »

Fichte ramène Bakounine à Kant qui, ayant détruit la métaphysique et découvert la *loi morale* comme une force intérieure de l'homme, reste le grand maître de l'idéalisme philosophique. Mais la sévérité classique de Kant n'est pas faite pour satisfaire Michel. Il retourne aux romantiques, cette fois-ci à Schelling pour qui le sujet et l'objet, le Moi et la nature, s'identifient, afin de se manifester dans le génie créateur de l'artiste. Le monde devient ainsi une grande œuvre d'art dans laquelle Dieu se crée lui-même.

Les idées des philosophes s'enchaînent, et, en poursuivant ses études, Bakounine arrive enfin à Hegel. C'est par le même chemin que Karl Marx, à peu près en même temps, touche au même but. Et tous les deux sont comme éblouis par une lumière crue qui les éclaire eux-mêmes et l'univers. Car chez Hegel toute la philosophie est soudée dans un système où chaque objet trouve sa place. Sa grande découverte est que la logique n'est pas une méthode formelle de penser, mais le principe de la vie. Cette logique de Hegel n'est pas une simple suite d'idées ; elle est un cercle par lequel une idée retourne à elle-même en se perfectionnant. Rien n'est illogique dans cette logique. Au contraire, les contradictions en font partie : l'esprit universel et absolu se manifeste dans chaque phase de l'existence ; *tout ce qui existe est raisonnable.* C'est cela la *dialectique* qui accomplira tant de grandes choses et renversera le monde. Ce système grandiose contient cependant des possibilités très différentes. Il pousse Hegel lui-même dans les bras de la réaction et il fera de Marx et Bakounine des révolutionnaires.

Pour le moment, les deux hommes ne pensent pas encore à dépasser Hegel. Ils l'étudient, et sa philosophie exerce la même fascination à Moscou que dans les universités allemandes. Bakounine et ses amis sont comme ivres de ces nouvelles vérités. « Un monde nouveau s'ouvrait devant nous, écrit Biélinsky. La puissance est le droit, et le droit est la puissance — non, je ne peux te décrire le sentiment avec lequel j'entendais ces paroles — ce fut une libération. Je comprenais l'idée de la chute des empires, la légitimité des conquérants ; je me rendais compte qu'il n'y a aucune force matérielle, aucun pouvoir des baïonnettes et du glaive, aucun arbitre, aucun hasard — et mon souci du genre humain était terminé et je voyais dans une lumière nouvelle l'importance de ma patrie. »

Biélinsky connaît Hegel surtout par Bakounine. Car Michel est tout pénétré de cette philosophie. Il ne vit et ne pense qu'en hégélien et ne se lasse pas de prêcher sa science aux amis. C'est lui désormais le chef du cercle, après que Stankiévitch est parti pour l'étranger où il mourra quelques mois plus tard.

Lorsque Herzen arrive à Moscou, il voit d'un œil moqueur ces jeunes gens qui parlent un langage philosophique incompréhensible à tout non-initié, qui se brouillent à cause d'une différence d'interprétation et qui expérimentent leurs théories sur les choses les plus banales de la vie quotidienne. Mais Herzen, avec sa clairvoyance réaliste, remarque aussi que cet hégélianisme mène droit à la justification du monde actuel, c'est-à-dire de la réaction tsariste. Biélinsky ne recule pas devant cette conséquence. Bakounine cependant commence à réfléchir. Son instinct — Herzen l'appelle son tact révolutionnaire — le protège contre des concessions dangereuses. Les penchants réactionnaires de Biélinsky aussi resteront d'ailleurs de courte durée.

Hegel aide Bakounine à développer ses forces et l'amène à prendre une décision pratique : comme Marx, il veut devenir professeur d'université. Mais ses inquiétudes sont loin d'être apaisées ; son tempérament, son âge, ses occupations philosophiques le rongent et le poussent vers l'inconnu. Et puisqu'il s'ignore toujours, il ne sait pas encore que le mystère qui l'attire est le mouvement de la vie elle-même. Les études et les succès personnels ne le satisfont pas ; parmi les livres et les interminables discussions il rêve de sa destinée qu'il pressent obscurément et qu'il est avide d'accomplir.

Au reste, il n'est pas un « bûcheur ». Il a cette paresse russe d'un pays féodal où le type des classes supérieures est ce que Tourguénieff appellera l'*homme inutile* et où le peuple ne laboure que sans intérêt et sans espoir. Réconcilié avec sa famille depuis longtemps, Michel a vite oublié qu'il voulait gagner son pain. Il néglige les quelques leçons qu'il a trouvées et, lorsque l'on lui donne un livre à traduire, il partage le manuscrit et passe la tâche à ses sœurs et à ses amis. Le manque d'argent ne le préoccupe pas. Quand il n'en a pas, il en emprunte. Biélinsky, homme ordonné, est horrifié de la légèreté avec laquelle il demande de l'argent à tout le monde. Cependant, il le donne aussi facilement qu'il l'accepte. Qu'un de ses amis soit dans le besoin, Bakounine se démunit, sans hésiter, de tout ce qu'il possède. Il vient en aide à Biélinsky même pendant qu'ils sont brouillés et celui-ci, en dépit de tous les griefs qu'il a accumulés contre lui, ne peut se défendre de l'admirer.

Les discussions philosophiques se prolongent pendant les vacances. Michel amène à Priamoukhino Stankiévitch et Biélinsky qui y passe les semaines les plus heureuses de sa vie. Mais c'est justement l'intimité de tous ces jeunes philosophes qui cause bientôt de graves dissentiments dans le cercle de Moscou, surtout après le départ de Stankiévitch. Avec sa douceur conciliante et presque féminine, Stankiévitch était l'homme qui pût guider ces étudiants somme toute placides, quoique affectés par les troubles du romantisme. En Bakounine, par contre, se révèle déjà le tribun. Fier de ses convictions, passionné, intolérant, il ne supporte pas qu'un ami ait d'autres idées, voire d'autres habitudes. Il ne veut pas de camarades mais des partisans et devant sa personnalité dominante il faut se soumettre ou combattre.

L'hégélianisme favorise encore ces désaccords, puisqu'il conduit ses enthousiastes non seulement à couper des cheveux en quatre mais aussi à se replier sur eux-mêmes et à s'observer au delà de toute mesure. Et comme nul ne se dépense autant que Bakounine, il est le plus fervent dans ces perpétuels examens de conscience. La vie privée y perd ses droits : Michel pénètre aussi bien dans celle des autres qu'il dévoile ses propres secrets. Ces exagérations lui coûtent toutes les sympathies qu'il a acquises. A la fin, il est presque isolé et même haï. Son amitié avec Biélinsky surtout connaît des hauts et des bas. Puis le critique part pour Saint-Pétersbourg et leurs relations se terminent, au moins provisoirement, dans l'indifférence.

La discorde entre Bakounine et ses amis ne naît pas seulement de son extrémisme philosophique. Bien que tout devienne abstrait dans leurs disputes, il y reste un objet de discussion très concret : ce sont ses quatre sœurs. A Tver déjà, ses sentiments fraternels étaient devenus une véritable passion : les voir danser, les observer seulement en conversation animée avec un homme, lui causait un malaise. Son séjour à Moscou ne calme pas cette jalousie que toute rencontre avec les sœurs fait revivre et qui se reflète jusque dans ses lettres. La grande symphonie de sa vie a bien débuté par la *pastorale* de Priamoukhino ; ensuite elle est devenue un mouvement *con fuoco*, dans les disharmonies duquel se mêlent les notes graves d'un thème tragique.

Il est vrai que dans le romantisme les sentiments ont facilement une pointe de neurasthénie. Nathalie Beer aime Stankiévitch d'un amour exalté et sans espoir, ce qui la rend malade et provoque presque un scandale. Stankiévitch de son côté s'éprend de Lioubov la sœur aînée de Michel. Amours tristes, car la mort plane sur les amants qui sont tous les deux poitrinaires. Leurs sentiments n'aboutissent d'ailleurs à aucun dénouement, et bientôt elle le précède dans sa fin prématurée, s'éteignant doucement, pendant qu'il cherche en vain la santé sur les bords du Rhin et en Italie.

L'amour de Lioubov est le seul auquel Michel ne s'oppose pas. Par contre, il emploie tous les moyens pour empêcher une union entre Biélinsky et sa sœur Alexandra. C'est surtout sous son influence qu'elle refuse d'écouter Biélinsky qui lui voue un culte passionné. Voilà la question qui donne aux dissentiments philosophiques des deux amis un sens très précis. Le grand critique se mariera plus tard avec une autre, mais il n'oubliera jamais Alexandra et il lui faudra beaucoup de temps avant que cette plaie se cicatrise.

Encore plus fortes sont les réactions de Michel dans ce qu'il appelle l'*affaire Diakoff* ou aussi *la lutte pour Varenka*. Car sa sœur Varvara qui dans la famille porte le diminutif Varenka a épousé un voisin de Priamoukhino, Nicolas Diakoff. Or, la jeune femme incline au mysticisme religieux et les époux ne s'entendent pas. Diakoff, homme simple, sans raffinement aucun, est trop à l'opposé de sa femme pour comprendre sa disposition d'exaltée. Elle est malheureuse, et tout le monde y voit sa faute ; elle n'est du reste pas très loin de se croire coupable elle-même. Mais Michel est d'un autre avis et réclame le divorce. Le mari le refuse, les parents prennent franchement son parti, et Varvara hésite devant une décision qui répugne à ses convictions religieuses. Alors Michel se met en campagne. Il développe tout un programme, il cherche des alliés, il fait de la propagande. Les amis doivent prendre position dans cette bataille. Pendant plusieurs années il cherche infatigablement des arguments toujours nouveaux et de les présenter dans des formes toujours différentes. S'il est absent de Priamoukhino, c'est tout un assaut de lettres contre les siens et qui forment de vrais dossiers. La liberté et l'amour qu'il prêche se concrétisent dans cette lutte. Enfin, il en sort vainqueur et Varvara divorce. Plusieurs années après, elle se réconciliera avec son mari. Mais à cette époque Michel sera déjà loin de la Russie, loin de ces préoccupations familiales.

La tension d'âme dans ce milieu rend presque indiscernables les limites entre la tendresse et l'amour. Il semble qu'après sa déception causée par Stankiévitch, Nathalie Beer, de même que sa sœur Alexandra, soit tombée amoureuse de Michel. Peu de temps après son arrivée à Moscou, Nathalie écrit à Lioubov Bakounine : « Je ne sais comment ni pourquoi, mais sa présence produit sur moi une action dont je ne pourrai jamais me rendre entièrement compte. C'était un chaos, un abîme de sentiments, d'idées qui m'ont absolument bouleversée. Mille fois je me suis mise à méditer, à approfondir ces impressions, et chaque fois je me suis perdue dans leur labyrinthe. C'est que la tête de Michel est un labyrinthe, où l'on a quelques difficultés à trouver le fil conducteur ; les étincelles qui en jaillissent de temps en temps (sa tête et son cœur sont pleins de feu) embrasent nos cœurs et nos têtes ! Chère amie, tu diras : "Elle a perdu l'esprit, elle est amoureuse de lui !" Le premier est peut-être vrai, je le reconnais, mais tu sais si le second est possible ! Oh, je ne m'en cache guère, mon cœur s'ouvre devant toi ! et puisque tu y lis aussi bien que moi, tu en jugeras comme tu voudras ! Oui, Michel est un de ces êtres auxquels une femme qui a une âme voudrait tout sacrifier ! »

Mais Michel se contente d'être le directeur de conscience des deux jeunes filles. Dans une longue lettre il leur expose sa philosophie qui trouve l'idée centrale de la vie dans l'amour, amour pour les humains, amour pour l'humanité. Il leur décrit comment il apprécie l'amitié, dont le sens est pour lui de s'identifier entièrement avec l'ami. Cependant il ajoute qu'il ne peut s'adonner qu'en partie à cette joie. « Non, s'écrie-t-il, je suis appelé à toute autre chose. Je suis l'homme des circonstances et le doigt de Dieu a écrit dans mon cœur les mots sacrés qui marquent mon destin : *il ne vivra pas pour soi-même !* »

Il n'y a aucun doute que ces fières paroles qui resteront le leitmotiv de sa vie traduisent la vocation qu'il sent dans son for intérieur. Mais ce renoncement a encore une autre source : c'est son sentiment pour sa sœur Tatiana, sentiment qui depuis son retour du régiment ne cesse pas de l'inquiéter. Si prudent que l'on soit à juger les épanchements de cette époque, cet amour entre frère et sœur est des plus étranges et des plus troublants. « Non, charmante amie ! lit-on dans une de ses lettres à Tatiana, personne n'a vu ta lettre. Mais je ne l'ai pas brûlée. Oh, je la garderai pour toujours, elle ne me quittera pas une seule minute. Tu as chassé le doute loin de moi, sœur adorée ! Rien ne pourra plus nous séparer ! Combien je sens à présent que je t'aime plus que tout au monde, que tu es mon unique idole sur terre ! Tu m'aimes, — je suis pleinement heureux ! Sais-tu seulement que je le sens, sans pouvoir y croire, mon cœur ! Je ne puis te dire ce que cela m'a coûté de m'habituer à la pensée de ton indifférence, quelles cruelles souffrances dictaient toutes mes lettres. Je me vois de nouveau aimé par celle que j'aime plus que tout au monde, je vois qu'elle ne m'ignore plus, qu'enfin tu me comprends. »

Tatiana ne suit Michel qu'en hésitant sur ce chemin dangereux, mais elle ne se récuse pas. Quand il est tourmenté par la jalousie et l'interroge sur ses relations masculines — « Réponds-moi vite, dis-moi la vérité, je t'en conjure, je t'en supplie ! » — elle admet ce langage et essaye seulement de le calmer.

Si cet amour sort du subconscient, il ne dépasse toutefois pas le sentimentalisme romantique. Bakounine se rend du reste parfaitement compte de son état d'âme. Même en quittant la Russie, il écrit à la fin d'une lettre aux siens cette phrase énigmatique que sa famille, certainement, ne pouvait pas comprendre : « Les lois condamnent l'objet de mon amour. Tanioucha, ceci te regarde. »

Ses inquiétudes, ses souffrances s'expliquent sans nul doute en grande partie par cette périlleuse passion pour la sœur, et comme il a l'habitude de s'ouvrir aux amis, il leur en parle avec cette sincérité naïve et confiante qui lui est propre et qui est un des secrets de son charme. Ainsi écrit-il aux sœurs Beer : « Je ne sais comment appeler mon sentiment pour Tanioucha, je sais seulement qu'il a fait naître en moi la jalousie, et que cette jalousie a rongé toute mon âme. Elle m'a mené à un naufrage presque complet. Ah, si vous saviez, si vous pouviez savoir toutes les terribles humiliations auxquelles j'ai été soumis, si vous saviez combien je sentais mon naufrage, combien je sentais mon impuissance. [...] Ah ! ce fut l'enfer, l'enfer avec toutes ses horreurs. » Et Biélinsky auquel il a fait les mêmes confidences lui répond : « Je ne peux pas juger si ton sentiment est naturel. Hegel seul saurait le définir et l'analyser. Quoiqu'il en soit, ton sentiment m'effraie, me semble anormal et monstrueux. Mais tu as ce sentiment, Michel, car la jalousie en est le symptôme indubitable. »

On peut supposer que dans l'entourage de Bakounine on parle beaucoup de son étrange sentiment pour ses sœurs et en particulier pour Tatiana, d'autant plus qu'il n'a pas d'autres affaires de cœur.

La question de « la vocation de l'homme » qui se posait devant lui déjà à l'école à Saint-Pétersbourg, qui le tourmentait ensuite au régiment, a amené Bakounine à la philosophie sans que, toutefois, elle lui ait donné une réponse satisfaisante. Stankiévitch et Biélinsky sont partis ; Hegel lui-même lui laisse des doutes. Il se sent seul et désabusé : l'amitié qu'il a placée au-dessus de tout l'a déçu, la vérité qu'il a recherchée se dérobe à lui, l'amour qu'il voudrait donner est sans objet. Surtout il a peur de s'enliser dans la médiocrité, de ne pouvoir se dépenser. D'autres pays l'attirent. Il veut partir et ce désir naît aussi bien de son désenchantement que de son avidité de l'inconnu. Mais il a aussi un but précis : aller en Allemagne pour boire la science de Hegel à sa source.

L'envie de connaître l'Europe n'a rien d'extraordinaire. Tous les Russes cultivés l'éprouvent, car, quoiqu'en disent les *slavophiles*, on se sent inférieur à l'Occident. Le tsar lui-même en est convaincu, bien qu'il méprise les gouvernements non autocrates. Seulement, comme il redoute l'influence dangereuse des pays plus évolués, les jeunes gens qui veulent compléter leur instruction à l'étranger ne reçoivent le passeport qu'après avoir atteint leur dix-huitième année et les bourgeois ne doivent pas rester plus de trois ans, les aristocrates plus de cinq ans hors des frontières russes.

Aussi les parents de Bakounine n'ont-ils pas d'objections à ses projets. Cependant, comme la récolte a été mauvaise, ils ne sont pas à même de lui fournir les ressources nécessaires. Alors il s'adresse à Herzen et lui demande un prêt de cinq mille roubles que son père remboursera. Il compte que cette somme lui permettra de vivre trois ans à Berlin et de s'y préparer à la carrière de professeur d'université. « J'attends de ce voyage une renaissance et un baptême spirituels, écrit-il à Herzen. Je sens en moi tant de grandioses et profondes possibilités et je n'ai encore réalisé que si peu. [...] Si vous me donnez les moyens d'aller à l'étranger, vous m'aurez peut-être sauvé du malheur le plus triste, de la futilité inévitable. Croyez que je m'efforcerai de tout mon pouvoir de justifier votre confiance en moi et que j'emploierai tous mes moyens pour devenir un homme vivant, vraiment intellectuel, qui est utile non seulement à soi-même mais à son pays et à tout son entourage. »

Herzen lui donne l'argent sans écouter l'avis des autres amis qui en ce moment sont tous contre Bakounine, et Michel peut partir.

Lors de son passage à Saint-Pétersbourg, il visite Biélinsky et y rencontre un autre ancien ami, Katkoff, qui se fera un nom comme journaliste réactionnaire. Une scène violente éclate, au cours de laquelle les deux hommes en viennent aux mains. Tout le monde attend un duel, mais Bakounine se dérobe et le fait ajourner, ce qui provoque beaucoup de critiques sévères. Si l'on considère qu'il sort de la noblesse, qu'il a grandi dans une école militaire et qu'il a été officier, c'est en vérité un acte courageux. Que lui importe qu'il apparaisse à ses anciens camarades comme un lâche bavard ? Il s'est déjà émancipé des préjugés de sa classe et n'a aucune envie de finir comme Pouchkine dans un duel stupide et ridicule, ni de se laisser renvoyer au service militaire, ce qui, d'après les lois russes, est la punition du survivant. D'autres occasions l'attendent où il prouvera son courage.

Quelques jours plus tard, il prend le bateau. Du pont il jette un long regard sur le rivage. Pressent-il qu'il voit son pays pour la dernière fois en homme libre et qu'il ne reviendra que prisonnier, couvert de gloire, mais enchaîné ?

Nous sommes dans l'été de 1840. Il a vingt-six ans.

DEUXIÈME PARTIE

LE RÉVOLUTIONNAIRE

La volupté de la destruction est en même temps une volupté créatrice.

BAKOUNINE.

LA GRANDE DÉCOUVERTE

Prendre parti ? Comment s'en empêcher ?

Herwegh.

A Berlin, Bakounine rencontre sa sœur Varvara qui, depuis son divorce, voyage et vient de l'Italie où elle a fermé les yeux à Stankiévitch. Michel habite d'abord avec elle, puis il prend un appartement avec un autre jeune *Occidental* qui lui aussi connaîtra la gloire : c'est Ivan Tourguénieff qui note à ce moment : « Stankiévitch mourut le 24 juin 1840. [...] Je rencontrai Bakounine le 20 juillet 1840. Je ne désire pas garder d'autres souvenirs de ma vie. »

Les deux hommes, qui se ressemblent par leur haute taille, deviennent inséparables. L'histoire des relations entre Bakounine et Biélinski se répète : encore une fois il exerce une influence décisive sur un homme de génie, et de nouveau cette amitié sera troublée par l'entrée en scène d'une de ses sœurs. Mais cette fois ce n'est pas l'ami qui tombe amoureux ; c'est Tatiana qui s'éprend passionnément de Tourguénieff lors du retour de celui-ci en Russie, et c'est lui qui se récuse, sans que Michel se doute même de la tragédie de sa sœur.

Naturellement il s'inscrit tout de suite à l'université et rend visite au vieux Schelling et à Werder, qui est le chef de l'école hégélienne. Bien qu'il ait perdu sa lettre d'introduction, il va voir aussi Varnhagen von Ense, qui est toujours au centre de la vie spirituelle de Berlin, malgré que sa femme Rachel, qui a tenu le premier salon littéraire dans la capitale prussienne, soit morte depuis longtemps. Dans son journal, Varnhagen note la grande sympathie que ce jeune homme « noble et franc » lui inspire.

De toute son ardeur, Bakounine se lance dans les études. Il fréquente surtout les cours de Werder ; par un curieux hasard, il ne fait pas la connaissance d'un autre étudiant qui les suit également à cette époque et qui s'appelle Friedrich Engels. Souvent il va au théâtre et aux concerts, car il adore la musique allemande. Mais les Allemands eux-mêmes le déçoivent. « Les Allemands sont des philistins terribles, écrit-il à Herzen. Si la dixième partie de leurs richesses spirituelles était passée dans leur vie, ils seraient des gens magnifiques ; mais jusqu'ici ils sont malheureusement un peuple très ridicule. » Il se sent encore dépaysé et demande à Tatiana de le rejoindre. Bientôt cependant la chère image s'efface. Une vie nouvelle prend possession de lui.

L'Allemagne de 1840 est en pleine transformation. L'industrie naît et avec elle le prolétariat qui, cependant, n'est pas encore une menace. C'est la bourgeoisie enrichie qui réclame d'abord ses droits au pouvoir féodal. Les ténèbres du romantisme tombent : l'Allemagne qui n'est qu'un amas de petits États veut devenir une nation et réclame *l'unité et la liberté*. La poésie du clair de lune et du désespoir sentimental est abandonnée. Une littérature nouvelle, lyrique et politique à la fois, apparaît dans la *Jeune Allemagne* des Heine, Boerne, Herwegh, Freiligrath, Hoffmann von Fallersleben.

Ce mouvement n'est nulle part plus fort qu'en Prusse. Frédéric-Guillaume III qui avait perdu et regagné la moitié de son royaume vient de mourir, sans que personne ne le regrette. Tous les espoirs vont vers son fils duquel on attend enfin cette constitution tant désirée. Ce ne serait d'ailleurs que la réalisation d'une parole royale, solennellement donnée par son père dans les heures de détresse après Iéna et puis rompue, une fois la victoire gagnée.

Frédéric-Guillaume IV semble en effet tout pénétré des idées de l'époque. Il commence son règne par une grande amnistie politique, il reçoit les hommes les plus avancés, il proclame sans cesse son libéralisme et accepte qu'on l'appelle « le premier révolutionnaire allemand ». Il obtient même que le tsar relâche les sujets prussiens envoyés en Sibérie pour fraude de douane. Mais le nouveau roi n'est qu'un illuminé vaniteux qui retombe vite dans la réaction la plus noire ; croyant être un instrument de Dieu, il considère la royauté d'une façon moyenâgeuse et finira par sombrer dans la folie. Rien ne reste bientôt de l'*ère nouvelle*, hormis l'esprit du peuple, cet esprit *d'avant-mars*, annonciateur des journées de mars 1848.

Il est inévitable qu'à la longue Bakounine soit pris dans ce tourbillon. Car, si étrange que cela paraisse, la philosophie est au centre de ce mouvement intellectuel. L'idéalisme philosophique a abouti à l'hégélianisme et ne le dépasse pas. Mais l'hégélianisme porte la révolution dans ses flancs. Plus il avance dans ses études, plus Bakounine aperçoit que cette philosophie a un aspect double. Pour Hegel lui-même le couronnement de son système était l'État prussien et pour ses disciples du type de Werder l'héritage de Frédéric-Guillaume III est la manifestation la plus parfaite de *l'esprit objectif*. Mais contre ces philosophes officiels de l'État s'élèvent maintenant les jeunes hégéliens. Partant de la *dialectique* de Hegel, ils affirment que tout ce qui existe n'est qu'un chaînon dans le *processus* de l'histoire ; à la fin, ils bousculent tout le système du maître. Ludwig Feuerbach, David Friedrich Strauss et Bruno Bauer montent à l'assaut du christianisme qui pour eux n'est qu'un phénomène historique, créé par la seule force vraiment créatrice, l'esprit humain. La critique des jeunes hégéliens s'attaque aussi bien à la religion qu'à la famille et surtout celle de Stirner, le plus radical d'entre eux, ne s'arrête pas devant l'État. Tout est dissous en ses éléments, et les plus avancés de ces philosophes arrivent ainsi à la politique, à la démocratie et à la révolution. Encore un peu et Karl Marx transportera l'hégélianisme de la pensée pure à la réalité, en découvrant la lutte des classes comme le principe dialectique de l'histoire ; la bourgeoisie enfante le prolétariat, le prolétariat détruit la bourgeoisie et de cette *négation de la négation* naît la *synthèse* de la société sans classes ; c'est toujours la philosophie de Hegel, quoique employée en sens inverse.

Bakounine découvre la révolution de la même façon et à peu près en même temps que Marx. Tous les deux n'y arrivent donc pas par l'observation de la réalité, mais par la philosophie allemande. Cependant pour Marx la révolution est nécessaire pour accorder la vie à la science ; pour Bakounine elle est la formule magique qui lui donne son propre climat. Enfin il a trouvé sa voie : la grande découverte ne répond qu'à l'appel de sa voix intérieure. Et voilà que sa vie est décidée ! Désormais il connaît sa destinée ; la longue recherche de ce qu'était sa vocation est terminée. Si l'on considère qu'il est Russe, qu'il vient d'un pays où le despotisme le plus cruel règne sur un peuple d'esclaves, cette évolution semble à première vue assez aléatoire. Mais peut-on s'imaginer Bakounine professeur d'université à Moscou ? La philosophie n'a été qu'un détour : quel qu'eût été le chemin emprunté, il l'aurait mené au même but. Ce révolté devait fatalement se transformer en révolutionnaire.

La philosophie allemande et particulièrement l'hégélianisme lui donnent le signal de départ. Maintenant il est lancé et rien ne l'arrêtera plus. Le professeur Werder, qui finira comme précepteur de Guillaume II, ne peut plus rien lui apprendre et les autres célébrités berlinoises pas davantage. Il entre en rapports avec Arnold Ruge qui à Dresde publie les *Annales Allemandes*, revue mi-philosophique, mi-politique et qui représente l'aile gauche des jeunes hégéliens. Au début de 1842, après un séjour d'un an et demi, il quitte définitivement Berlin et s'établit dans la capitale de la Saxe.

A Dresde c'est un nouvel apprentissage, non plus philosophique cette fois mais politique. Pendant les premiers mois de son séjour à Berlin, Bakounine n'avait même pas lu les journaux ; maintenant il dévore toute la littérature politique qui submerge l'Allemagne. De plus en plus il s'intéresse aussi aux questions sociales. Il lit les romans sociaux de George Sand, et *Le Compagnon du Tour de France* de même que *Consuelo* le mettent en face de nouveaux problèmes. Mais surtout il est fasciné par le livre de Lorenz Stein *Le Socialisme et le Communisme de la France contemporaine* qui à ce moment fait sensation dans les cercles intellectuels de l'Allemagne. C'est l'œuvre d'un adversaire mais qui décrit d'une façon assez objective les théories socialistes de l'époque. Par son intermédiaire, Bakounine connaît pour la première fois les idées des Fourier, Louis Blanc, Leroux, Considérant, Cabet, Proudhon. L'un après l'autre, il a découvert la philosophie, le hégélianisme, la démocratie ; ces lectures lui ouvrent encore une fois des régions inconnues. Encore une fois il embrasse avec toute son ardeur une nouvelle religion ; mais cette fois c'est pour de bon : il a trouvé une nouvelle patrie spirituelle. Son évolution, certes, est loin d'être terminée, mais désormais il a pris pied. Le géant a touché la terre de laquelle il tirera des forces inépuisables.

Ses nouvelles convictions se traduisent dans un article qui sous le titre *La Réaction en Allemagne, Fragment, par un Français* paraît dans les *Annales Allemandes* de Ruge. Pour dépister les mouchards russes qui commencent à s'intéresser à lui, Bakounine se camoufle en Français, et son article est signé d'un pseudonyme à consonance française : Jules Élysard. Tout comme Marx, Bakounine donne ici à la révolution la tâche de réaliser l'empire de la philosophie et l'article se termine par ces paroles qui résonnent comme un cri de bataille : « Confions-nous donc à l'esprit éternel qui ne détruit et n'anéantit que parce qu'il est la source insondable et éternellement créatrice de toute vue. La volupté de la destruction est en même temps une volupté créatrice. »

L'article a un certain retentissement en Allemagne. En Russie, parmi les anciens amis de Bakounine, il fait sensation, quoiqu'ils ignorent le vrai nom de l'auteur. Herzen est enthousiasmé de ce Français qui comprend la philosophie allemande et il aperçoit dans l'union de l'esprit français et de la philosophie allemande la meilleure chance pour l'avenir. Et Biélinsky, revenu de ses aberrations réactionnaires, révise encore une fois son jugement sur Michel, lorsqu'il apprend enfin que Jules Élysard c'est Bakounine.

Mais que représente encore la Russie pour Bakounine ? Elle ne lui semble être qu'un désert ténébreux, froid et stérile, où toutes les pensées se dessèchent avant d'être écloses. L'idée de ne plus y retourner prend lentement corps. Le mouvement et l'action qu'il a cherchés depuis si longtemps se confondent petit à petit pour lui avec l'Occident, avec l'Allemagne surtout, qui lui paraît pleine de promesses. Il écrit à Priamoukhino qu'il est décidé à ne plus jamais rentrer en Russie. La tâche d'expliquer ses projets incombe à son frère Paul et à Tourguénieff qui séjournent en ce moment avec lui à Dresde. Car Paul a répondu à son appel de visiter l'Europe, tandis que Tatiana n'a même pas osé le demander à ses parents.

L'état d'esprit de Bakounine se révèle dans l'émouvante lettre d'adieu qu'il adresse aux siens. « Paul et Tourguénieff sont partis, écrit-il. Demain j'enverrai cette lettre à Berlin où ils passeront trois jours. Quand je me séparai d'eux, je me séparai une fois de plus — oui, pour la dernière fois — de vous, de Priamoukhino, de la Russie, de tout mon passé. Paul était pour moi le dernier écho de mon cher monde de Priamoukhino. L'écho se tait. Il n'est plus ici, et vous n'êtes plus ici. Adieu, adieu ! Il n'y a que des figures étrangères autour de moi, je n'entends que des sons étrangers ; la voix du foyer se tait. Je ne savais pas que je l'aimais autant, je ne savais pas que j'étais encore lié si étroitement à vous. Pendant que je vous écris, je pleure, je pleure comme un enfant. Quelle faiblesse ! Mais je n'essaierai pas de vous le cacher ; il y a si longtemps que je ne peux plus vous parler. Le départ de Paul a déchiré le brouillard qui enveloppait mon cœur. Encore une fois je sens votre présence en moi, en accord avec moi, pour la dernière fois, et je vous dis adieu pour toujours. […] Cela me fait du bien de rester seul et de pouvoir pleurer. Avant, je ne savais pas ce qu'étaient les larmes. […] Oui, je suis convaincu que ce sont mes dernières larmes ; je n'ai plus rien à perdre. J'ai tout perdu, j'ai dit adieu à tout. Adieu, mes amis, adieu. […] Chère Tatiana, mets mon portrait dans ta chambre. Je l'ai dessiné pour toi. Peut-être qu'il me tiendra vivant dans ton cœur. Avouez, mes amis, que je suis déjà devenu pour vous un spectre, duquel vous ne savez rien. Mon portrait et les histoires de Paul me rendront vivant. Varvara ne pouvait pas faire cela, car elle ne me connaissait pas et ne me connaît pas même maintenant. [...] Dieu ! Mon cœur se brisait quand je disais adieu à papa ; comme j'étais triste de quitter notre pauvre et vénéré père, qui a désiré notre bonheur, mais qui a gâché nos vies — gâché parce qu'il n'avait pas assez de foi en ses propres croyances. Maintenant il m'a exclu complètement de son cœur. S'il savait seulement combien je l'aime ! Prenez soin de lui tendrement, mes amis ; il est un martyr, il était digne d'un meilleur sort. [...] Un grand avenir m'attend. Mes pressentiments ne peuvent pas me décevoir. Oh ! que je puisse seulement achever une toute petite partie de tout ce qui est dans mon cœur, et je ne demanderais plus rien. Je ne demande pas le bonheur, je ne pense pas au bonheur. Le travail, le dur travail pour une cause sacrée, voilà ce que je demande. Un vaste champ s'étend devant moi et ma part ne sera pas petite.... Adieu, amis, et encore adieu. Un dernier signe de la main et nous vivrons sans nous retourner. »

En dépit de cette confiance en soi et de ses nouvelles convictions, son expérience de la vie est toujours restreinte. A vrai dire, il ne comprend pas encore grand' chose aux courants politiques de l'Allemagne, de même qu'il n'a jamais connu la réalité russe, et les certitudes qu'il a acquises restent purement théoriques. Cet esprit si plein de possibilités ne mûrit que lentement. Son tempérament et ses idées s'accordent enfin, mais devant les phénomènes du monde réel il garde toute sa naïveté. Bien qu'il connaisse des heures de désespoir, il y a en lui quelque chose d'un enfant insouciant, ce que d'ailleurs il ne perdra jamais.

A cette époque, les heures de gaieté prévalent. Il est heureux des forces qu'il sent naître en lui, heureux de ses nouveaux amis, heureux des luttes auxquelles il se prépare et quand, le soir, il se sépare de Ruge, vite devenu un intime, il chante souvent les vers des *Huguenots* de Meyerbeer :

> *Prenant son sabre de batailles,*
> *Qui renverse forts et murailles,*
> *Il a dit : Soldats de la foi,*
>   *Suivez-moi !*

Il a encore les allures d'un aristocrate russe et fréquente aussi la noblesse saxonne qui lui fait bon accueil. Mais bientôt il la délaisse pour s'attacher de plus en plus aux milieux démocrates.

Par le hasard d'une recommandation il connaît un jeune musicien Adolphe Reichel, auquel il rend visite avec son frère Paul et Tourguénieff. Quand les autres sont partis, il va chez Reichel et lui déclare simplement : « Maintenant je suis orphelin, vous devez vous occuper de moi. » Ainsi naît une amitié qui durera trente ans. Leur trait d'union est la musique, car Reichel, bien qu'il ait des accointances avec les démocrates ne s'intéresse qu'à son art.

Un jour, Reichel lui demande d'héberger un illustre réfugié, le poète Herwegh, *l'alouette de fer*, qui, quoiqu'il soit de leur âge, a déjà conquis la gloire. Herwegh vient de vivre une aventure extraordinaire. Lui, le républicain, l'auteur de chants révolutionnaires, a été reçu par Frédéric Guillaume IV. Le roi de Prusse, toujours avide d'afficher ses idées modernes, lui a déclaré : « J'aime une bonne opposition ; nous voulons rester des ennemis honnêtes ». Il n'a pas donné la possibilité d'une réplique au poète, mais il a souligné ces paroles royales en interdisant le dernier ouvrage de son visiteur, à peine celui-ci avait-il quitté le château de Berlin. Herwegh a répondu au roi par une lettre qui contre son gré a été publiée et son voyage triomphal à travers la Prusse s'est terminé d'une façon inattendue : l'hôte du roi a été expulsé et, au lieu des députations enthousiastes qui l'avaient partout accueilli, ce sont des gendarmes qui l'ont accompagné jusqu'à la frontière du royaume.

Quoiqu'il se soit prêté à cette visite à Frédéric-Guillaume, Herwegh est un vrai révolutionnaire. Dans sa *Confession* au tsar, Bakounine dira de lui que « c'est un homme pur, réellement noble, d'une grandeur d'âme rare chez les Allemands, un homme qui cherche la vérité et non pas son intérêt personnel et son profit. » Il est naturel que les deux hommes se lient d'amitié, ce qui ne tarde pas à compromettre la situation de Bakounine. Les agents diplomatiques et secrets de Nicolas Ier s'occupent de plus en plus de ce sujet inquiétant, le suivent et l'approchent à chaque occasion. La Sainte Alliance existe toujours et les États allemands ont l'habitude d'extrader les Russes que le tsar réclame. Aussi Bakounine se sent-il menacé. Herwegh n'est d'ailleurs pas plus en sécurité en Saxe. Ensemble ils décident donc de partir, afin de chercher un refuge en Suisse. Comme Bakounine n'a pas l'argent, le prêt de Herzen étant dépensé depuis longtemps, il se tire d'embarras en signant une lettre de change de 2.500 thalers à laquelle Ruge donne son aval.

L'heure des démocrates n'est pas encore venue en Allemagne en ce début de 1843. Reichel s'en va lui aussi en Suisse et quelques semaines plus tard c'est le tour de Ruge de s'expatrier, après que ses *Annales allemandes* ont été supprimées. La cause immédiate en est un article de Ruge lui-même, mais la méfiance de la censure a été éveillée surtout par la profession de foi de Bakounine.

LE SOUVENIR DE JEAN-JACQUES

*Le communisme n'est pas un fantôme, ce n'est pas
une ombre. Il y a en lui une chaleur, un feu [...] qui ne
peuvent plus être supprimés. [...] Il est sorti du peuple.
[...] Le peuple a été toujours l'unique sol fertile, le seul
duquel naissent tous les hauts faits de l'histoire, toutes
les révolutions salvatrices. Celui qui est étranger au
peuple porte dès le début la malédiction de l'impuissance dans tout ce qu'il fait ; créer, vraiment créer,
on ne le peut que dans un contact réel, magnétique
avec le peuple.*

BAKOUNINE.

Le voilà en Suisse, sur cette terre d'asile de tant de démocrates
allemands qui se groupent autour de Julius Froebel, directeur du
Schweizerischer Republikaner et éditeur de nombreuses publications
révolutionnaires. (En 1848, il prendra part à l'insurrection de Vienne
avec Robert Blum et sera condamné à mort, mais, plus heureux
que Blum, il sera gracié.) Par l'intermédiaire de Herwegh, au
mariage duquel il est un des témoins, Bakounine est accueilli,
dès son arrivée, dans ce milieu. Cependant, il n'a pas beaucoup
de sympathie pour les démocrates de Zurich, occupés surtout de
leurs querelles politiques locales. Le gouvernement cantonal est
d'ailleurs aux mains des conservateurs qui obligent Herwegh à
quitter Zurich et à se fixer dans le canton d'Argovie.

Bakounine est donc très content, lorsque Herwegh lui adresse un homme fort intéressant qui vient habiter Zurich. C'est le tailleur Wilhelm Weitling, le premier communiste allemand. Weitling sort de l'artisanat et les traces de ces origines restent visibles dans ses théories, mais dans ce petit tailleur de Madgebourg brille la flamme d'un vrai révolutionnaire qui est en même temps un écrivain puissant. Il a voyagé à travers le monde et il est resté assez longtemps à Paris où il a fait partie des associations révolutionnaires d'artisans allemands, de la *Ligue des Bannis* d'abord, de la *Ligue des Justes* ensuite. Là, il a connu les idées socialistes et communistes et a été conquis par elles, par celles de Lamennais tout particulièrement. Mais il ne s'est pas contenté de les accepter ; il les a développées. Le problème de la révolution est pour lui de réaliser l'équilibre naturel entre les désirs et les capacités et de construire cette société parfaite qui « ne connaît pas de gouvernement, mais une administration ; pas de lois, mais des devoirs ; pas de punitions, mais des remèdes ». Son livre, *Les Garanties de l'Harmonie et de la Liberté*, reste un des ouvrages-précurseurs de la révolution sociale. Weitling comprend déjà la lutte des classes et voit très bien que la libération des opprimés ne peut être que leur œuvre propre ; bien qu'il ne soit pas dépourvu de sens pratique, son communisme est toutefois assez fantasque : il le conçoit comme une religion, qu'il sert d'ailleurs avec une abnégation totale.

Ayant quitté la France, Weitling a trouvé un nouveau champ d'action en Suisse où il propage ses idées et organise des sociétés ouvrières de secours mutuel, du reste sans grand succès. Bakounine lui plaît beaucoup ; dans une lettre il parle de lui comme d'un « type merveilleux ». Bien que cette sympathie soit réciproque, Bakounine n'accepte pas du tout les idées de Weitling. Dans un article du *Schweizerischer Republikaner* il déclare nettement qu'il n'est pas communiste et qu'il ne voudrait pas vivre dans une société conçue selon les théories de Weitling, car elle ne serait pas une communauté d'hommes libres, mais un troupeau de bêtes vivant sous la contrainte et ne pensant qu'à des avantages matériels.

Presque malgré lui pourtant, le communisme l'attire. L'intellect se refuse, mais le cœur se laisse prendre et, imperceptiblement, la critique devient une déclaration d'amour. Aussi se dit-il convaincu que le communisme contient des éléments les plus importants, qu'il représente les droits les plus sacrés, les exigences les plus humaines et que son action sur tant d'esprits est par conséquent toute naturelle. « On ne peut reprocher au communisme un manque de passion […], l'explosion de laquelle peut devenir dangereuse, voire terrible, si la classe cultivée et privilégiée ne l'aide pas avec de l'amour, avec des sacrifices et avec une reconnaissance complète de sa mission historique, à voir le jour. »

Par une curieuse coïncidence, Karl Marx, exactement au même moment, fait lui aussi connaissance avec le communisme et en parle dans un article de la *Rheinische Zeitung*, article qui, tout comme celui de Bakounine, mêle à la fois la critique et l'amour naissant.

L'activité de Weitling à Zurich n'est pas de longue durée. En été 1843, il est arrêté, condamné à plusieurs mois de prison et, après l'accomplissement de sa peine, extradé en Prusse, où il est cependant bientôt relâché. C'est la fin de sa grandeur ; il mourra presque oublié en Amérique. Mais dans le rapport que le gouvernement de Zurich publie sur son cas se trouve aussi le nom de Bakounine, puisqu'il est mentionné dans les papiers saisis chez Weitling. L'ambassade russe demande alors à plusieurs reprises des renseignements sur ce Russe suspect et la police cantonale s'empresse de les donner. La conséquence immédiate en est une enquête à Priamoukhino. La famille Bakounine y est mouchardée et interrogée et le chef de la gendarmerie enjoint à Alexandre Mikhailovitch de demander le retour sans délai de son fils et surtout de ne plus lui envoyer d'argent. Michel ignore tout cela, mais il ne se sent plus à son aise à Zurich et part pour Nyon dans le canton de Vaud.

Il reste plusieurs mois sur les bords du Lac Léman où il habite chez les Pescantini, un jeune couple qui l'initie aux revendications du *Risorgimento*. Le mari est Italien, la femme une Russe de Riga, et comme leur union est malheureuse, des sentiments tendres naissent entre Bakounine et Jeanne Pescantini. Cette fois, il n'est pas seulement aimé, mais il aime lui-même. Cependant, ses préoccupations ne sont pas seulement d'ordre sentimental. De sérieuses difficultés pécuniaires commencent à se faire sentir, car Ruge et d'autres créanciers réclament leur argent. Les dettes les plus importantes sont enfin remboursées, en partie par son père, en partie par Tourguénieff auquel Tatiana a écrit une lettre suppliante et désespérée, mais la situation de Bakounine en devient à peine moins précaire ; il songe même à devenir ouvrier.

L'objet principal de ses études pendant ce temps est la Révolution française qui, dans ce paysage de Rousseau, l'intéresse plus que jamais. Jean-Jacques lui est familier depuis longtemps : il lui rappelle son enfance, tout empreinte des idées de l'*Émile* qui avaient contribué à former l'esprit de son père. Maintenant il est de nouveau sous le charme du philosophe ; il lit ses œuvres, il suit ses traces et il rêve que la philosophie du XIXe siècle fomentera une autre révolution, plus grande encore que celle qui sortit du *Contrat Social*. De l'Île de Rousseau au lac de Bienne il évoque le souvenir « du grand exilé » dans une lettre à Ruge, que celui-ci fait paraître dans les *Annales franco-allemandes*.

Émigré à Paris, Ruge publie cette revue en collaboration avec Marx qui, après l'interdiction de la *Rheinische Zeitung*, a lui aussi quitté l'Allemagne. Il ne paraît qu'un seul numéro des *Annales franco-allemandes*, mais quel numéro ! La Révolution de 1848 dort encore dans le sein de l'histoire, mais ici elle est déjà dépassée : dans ses pages on pressent déjà la future révolution sociale. Outre des travaux de Marx et de Ruge, elles contiennent des poèmes de Heine et de Herwegh et des articles de Friedrich Engels, de Moses Hess et de ce Johann Jacoby qui a fait de la prison pour avoir écrit : « C'est le malheur des rois qu'ils ne veulent pas entendre la vérité. » Bakounine se trouve ainsi parmi les noms les plus brillants du socialisme allemand.

« Vous semblez être mécontent de l'Allemagne », commence sa lettre. Puis il reproche à Ruge de ne voir que les petitesses de l'Allemagne actuelle et de ne pas croire au renouveau qui en sortira. « Ah, je l'avoue, le 1789 de l'Allemagne est encore bien loin ! Quand les Allemands n'auraient-ils pas été en retard de plusieurs siècles ? Mais ce n'est pas une raison pour rester maintenant passif et désespérer lâchement. [...] Si vous désespérez de l'Allemagne, vous désespérez non seulement de vous-même, mais vous renoncez aussi à la puissance de la vérité à laquelle vous vous êtes voué. »

Bakounine a confiance dans le peuple allemand. « Mon sang et ma vie pour sa libération ! » s'écrie-t-il, et cette promesse, il la tiendra sur les barricades de Dresde. La lettre se termine par ces paroles : « Croyez-moi, il se soulèvera et atteindra les cimes de l'histoire humaine. Il ne s'enorgueillira pas toujours de ce qui est la honte des Germains, d'être les meilleurs serviteurs de toute tyrannie. Vous lui reprochez qu'il n'est pas libre, qu'il n'est qu'un peuple d'égoïstes. Vous dites seulement ce qu'il est ; comment voulez-vous ainsi prouver ce qu'il sera ? »

Il est vrai que Bakounine connaît surtout de l'Allemagne sa philosophie, mais à cette objection il pourrait répondre que le génie d'un peuple s'affirme davantage dans ses œuvres spirituelles que dans sa situation politique. Et si ses relations avec la démocratie allemande sont assez fortuites, sa conviction que la philosophie allemande sera le pivot de la révolution future n'est point du tout l'effet d'un hasard ; elle lui vient et de ses études et de cette clairvoyance instinctive qui lui permet d'entrevoir souvent l'accomplissement d'une évolution à peine commencée.

En 1843, le temps où les héritiers de Hegel donneront les mots d'ordres aux mouvements prolétariens est encore bien loin, beaucoup plus loin que Bakounine ne le pense. Rien ne le retient plus cependant dans la Suisse française et il part avec Reichel qui l'a rejoint, et le communiste allemand Auguste Becker. A pied ils traversent l'Oberland bernois et, comme ils ont convenu que chacun d'eux aura la direction du groupe pendant une journée, ils vivent les journées de Becker en pauvres, celles de Reichel en bourgeois et celles de Bakounine en grands seigneurs. A ce compte, la caisse, de voyage se vide prématurément et ils n'arrivent à Berne que grâce au talent de Bakounine qui parvient à emprunter cent francs à leur guide de montagne.

A Berne, ils font la connaissance du professeur Vogt et de ses quatre fils, famille de savants, dont la maison est ouverte à tous les démocrates. Bakounine est bientôt admis dans leur intimité. Mme Vogt s'intéresse affectueusement à ce géant qui mange pour deux, et le plus jeune des fils, Adolphe, lui voue une amitié qui durera toute la vie.

Un jour, une question de passeport conduit Bakounine à la légation russe. Il n'est pas surpris outre mesure lorsque le ministre lui montre une circulaire de son gouvernement ordonnant de le faire rentrer en Russie le plus vite possible. Bakounine signe le reçu de la communication et déclare courtoisement qu'il obéira. Mais il n'a aucune envie de changer la vie libre qu'il mène en Occident contre un séjour en Sibérie et s'empresse de quitter la Suisse, dont l'hospitalité lui est devenue douteuse. Toujours en compagnie de Reichel, il gagne la Belgique. Dans une lettre au ministre russe il écrit qu'il ne retournera pas dans la patrie. C'est la rupture définitive ; la Russie lui est désormais inaccessible.

La Belgique, qui vient à peine de naître comme État, est à cette époque le pays le plus libre de l'Europe et sa constitution apparaît à tous les libéraux comme le modèle d'une démocratie modérée. Bakounine n'y reste cependant que quelques mois. Un voyage, dont la durée est projetée pour quinze jours, l'amène à Paris et, puisque Reichel y trouve tout de suite du travail, il reste lui aussi en France.

Son séjour à Bruxelles est pourtant d'une grande portée, car par l'intermédiaire de Lelevel il entre en contact avec l'émigration polonaise. Dans les années passées en Allemagne et en Suisse, Bakounine avait presque oublié la Russie. Depuis son éveil politique surtout, il s'était de plus en plus détourné de son pays, s'intéressant exclusivement aux idées révolutionnaires de l'Occident et particulièrement à la démocratie allemande, sans penser que ce mouvement pourrait avoir une importance quelconque pour la

Russie. Il apprend maintenant pour la première fois qu'il y a des révolutionnaires slaves et que leurs revendications concernent sa patrie. Ce qu'il n'a pas remarqué lorsqu'il était officier dans la Russie Blanche, il le comprend en Belgique. Ses relations avec Lelevel ne lui font pas adopter tous les points de vue polonais : la question de savoir si l'Ukraine, la Russie Blanche et la Lithuanie appartiennent de droit à la Russie ou à la Pologne provoque des discussions interminables. Dès le début de sa collaboration avec les Polonais, Bakounine se heurte donc à leur nationalisme contre lequel il se dressera en vain pendant de longues années. Mais, en dépit de ces dissentiments, il est attiré — il le sera toujours — par le fait que les Polonais sont des révolutionnaires, les seuls révolutionnaires en terre slave.

Aussi arrive-t-il à la conviction que la Révolution qui se prépare en Occident ne s'arrêtera pas aux frontières russes et qu'elle embrasera aussi bien l'empire du tsar que l'Autriche et la Turquie, c'est-à-dire les trois pays où les peuples slaves sont divisés et opprimés. La révolution mondiale aura ainsi parmi ses tâches la libération des Slaves et peut-être même leur unification. Cette tâche semble en 1844 aussi fantastique, ou aussi naturelle et en tout cas aussi grandiose que celle de la libération et de l'unification des Allemands ou des Italiens, et dans le grand ébranlement de 1848, Bakounine se fera son champion.

Pour ses idées révolutionnaires il redevient donc Russe et même panslaviste. « Je n'ai plus de patrie depuis que j'ai renoncé à la mienne, écrit-il à Mme Herwegh. Pareil au Juif errant je suivrai docilement la route que mon sort et mes croyances m'indiqueront. Il est impossible de se refaire une patrie, aussi ne me donnerai-je pas cette peine inutile, d'autant plus que je suis convaincu qu'elle (la Russie) est appelée à un grand rôle sur le champ sacré de la démocratie. Ce n'est qu'à cette condition que je l'aime, mais aussi en suis-je parfaitement convaincu. »

LA PHILOSOPHIE DE LA MISÈRE

La politique est la science de la liberté : le gouvernement de l'homme par l'homme, sous quelque nom qu'il se déguise, est oppression ; la plus haute perfection de la société se trouve dans l'union de l'ordre et de l'anarchie.

PROUDHON.

Paris reste pendant le XIXᵉ siècle la capitale de la Révolution. L'émigré se sent ici un peu chez lui et se retrempe dans tant de souvenirs qu'ils lui semblent la préfiguration de ses propres espérances. On imagine aisément Bakounine, à peine débarqué, faisant lui aussi le pèlerinage qui réconforte les révolutionnaires en exil : à cette place où un peuple abattit le château-fort de son maître ; à cet Hôtel-de-Ville sur le parvis duquel commencent, depuis Étienne Marcel, les insurrections ; à cet obélisque qui marque l'endroit où la Convention jeta la tête d'un roi aux pieds de l'Europe ; à cette rue étroite où François Villon buvait, ferraillait et chantait ; à cette colline haussée par le dôme qui couvre les restes de Voltaire et de Rousseau ; à ces faubourgs où grouille le peuple générateur de ce passé glorieux et où avec les générations changent leurs revendications.

Aux Tuileries réside Louis-Philippe au parapluie légendaire. Comment Bakounine ne se rappellerait-il pas que le trône du roi-citoyen est bâti de débris de barricades ? Comment pourrait-il passer devant le Palais-Royal sans se souvenir qu'en juillet 1830, le fils de Philippe Égalité y chanta du haut de son balcon la *Marseillaise* ressuscitée après trente ans de silence ? Hélas, les *Trois Glorieuses* sont loin et la *politique du mouvement* a depuis longtemps cédé le pas à la *politique de résistance.*

La France de 1844 avec son roi que les caricaturistes représentent en poire ne peut apparaître à Bakounine que comme transitoire. Guizot gouverne par la corruption, tandis que contre le *pays légal* se dresse le *pays réel* qui, faute de mieux, s'affirme par des banquets. Le révolutionnaire voit surtout, dans ce règne de Louis-Philippe, une suite d'insurrections et d'attentats : il voit les ouvriers de Lyon, dans le premier mouvement purement prolétarien, se battre sous un drapeau noir avec l'inscription « vivre en travaillant ou mourir en combattant » ; il voit le drapeau rouge des barricades au Pont d'Austerlitz de 1832, au quartier Saint-Martin de 1834, du Marais de 1839 ; il pense aux Polytechniciens, morts au chant de *Liberté, liberté chérie*, à Fieschi, guillotiné pour avoir attenté à la vie du roi, à Barbès, à Blanqui, à Martin Bernard qui pourrissent au bagne.

Mais, visités les lieux saints de la Révolution, savourés tant de souvenirs sacrés, il reste que l'exilé n'est qu'un étranger sans argent et sans relations et sur qui pèse la solitude de la grande ville. Les rêves sont bientôt limités au passage des ponts, quand Paris s'estompe dans une brume argentée ; la vie quotidienne est sans pitié et pèse sur le nouveau-venu, comme un cauchemar. Bakounine est seul, affreusement seul ; il ne connaît personne et ses poches sont vides. Jamais il n'a atteint d'aussi près le fond du désespoir. Dans ses heures les plus sombres il pense à se jeter dans la Seine.

Les seules personnes qu'il fréquente sont des Allemands, des exilés comme lui. Ils ont un journal, le Vorwaerts, dont les fonds proviennent du compositeur Meyerbeer. Son éditeur Boernstein héberge Bakounine au siège du journal, rue des Petits-Champs. Les réunions de la rédaction ont lieu dans la même pièce ; elles ne sont d'ailleurs pas gênées par l'installation de cet hôte, car, hormis son lit pliant, Bakounine ne possède qu'une valise et un gobelet d'étain. Naturellement, il travaille un peu pour le *Vorwaerts*, cherchant aussi à collaborer à d'autres journaux ; mais il ne peut placer que des traductions ou de petits travaux journaliers qui ne laissent aucune trace.

L'émigration allemande, comme toutes les émigrations, ne semble unie que vue de loin. En réalité, elle est déchirée par des divergences politiques et des haines personnelles. Ruge surtout est brouillé avec tout le monde. Lorsque un jour il médit de Herwegh, qui a toujours des histoires de femmes, Bakounine lui fait cette belle réponse dans laquelle se révèle tout son caractère : « On ne critique pas ses amis, on les aime. »

Nul n'est plus acharné contre Ruge que son ancien codirecteur Karl Marx. Bakounine fait sa connaissance ainsi que celle de son ami inséparable Friedrich Engels. Selon l'usage, on se tutoie bientôt, mais aucune sympathie ne naît entre eux, bien qu'ils se voient assez souvent. La différence entre le savant correct et mesquin qu'est Marx et le bohème expansif et généreux qu'est Bakounine, n'est pas faite pour les attirer l'un vers l'autre. « Nous fûmes assez amis, écrira-t-il plus tard. […] Je ne savais alors rien de l'économie politique, je ne m'étais pas encore défait des abstractions métaphysiques, et mon socialisme n'était que d'instinct. Lui, quoique plus jeune que moi, était déjà un athée, un matérialiste savant et un socialiste réfléchi. […] Nous nous vîmes assez souvent, car je le respectais beaucoup pour sa science et pour son dévouement passionné et sérieux, quoique toujours mêlé de vanité personnelle, à la cause du prolétariat, et je cherchai avec avidité sa conversation toujours instructive et spirituelle lorsqu'elle ne s'inspirait pas de haine mesquine, ce qui arrivait, hélas ! trop souvent. Jamais pourtant il n'y eut d'intimité franche entre nous. Nos tempéraments ne se supportaient pas. Il m'appelait un idéaliste sentimental et il avait raison ; je l'appelais un vaniteux perfide et sournois, et j'avais raison aussi. »

Karl Marx et Engels quittent du reste bientôt la France pour la Belgique, le *Vorwaerts* ayant disparu, après que le gouvernement français, à la suite d'une démarche de l'ambassade prussienne, eut mis Boernstein en demeure de supprimer son journal ou d'être expulsé avec tous ses collaborateurs.

Comme Bakounine n'est ni Allemand ni collaborateur attitré du *Vorwaerts*, il n'est pas atteint par ces mesures. Il est assez dégoûté des émigrés allemands, sauf de Herwegh, venu lui aussi habiter Paris, et de Reichel qui lui offre un gîte dans le petit appartement qu'il habite rue de Bourgogne. D'ailleurs il est presque autant déçu par les ouvriers français dont il connaît surtout les partisans de Cabet, rêveurs fantasques, qui ne parlent que de leurs projets d'établir des colonies communistes en Amérique. Dans sa détresse, la révolution lui semble lointaine et, tout comme Herwegh, il s'occupe plutôt de sciences naturelles.

En automne 1844, Bakounine entend pour la première fois parler des décisions que le gouvernement russe a prises à son égard. Ce n'est cependant qu'en janvier 1845 qu'est publié l'ukase du tsar le condamnant à la perte de ses droits de citoyen et de noble, à la confiscation de ses biens et à la déportation perpétuelle en Sibérie, si jamais il rentre en Russie. La seule raison de cette sévère sanction est son refus de réintégrer la patrie. Bakounine y répond par un article dans la *Réforme* que Herzen trouve émouvant, puisque « c'est le langage d'un homme libre auquel nous autres Russes ne sommes pas habitués. » Il est naturel que Bakounine profite de l'occasion pour se solidariser avec les Polonais qui sont eux aussi persécutés par le tsar et dont l'émigration jouit de tant de sympathies en France.

Les Polonais sont très contents de trouver un Russe qui fasse sienne leur cause. Ils traduisent et diffusent l'article. Leur comité de Londres lui demande même de venir pour y faire une conférence, lettre que Bakounine, non sans légèreté, envoie à Tatiana, car, depuis un certain temps, il a réussi à rétablir des relations secrètes avec sa famille. A Paris, il fait la connaissance de nombre de réfugiés polonais et notamment de plusieurs anciens membres du gouvernement provisoire polonais tels le prince Szartoryski, le vieux Bierjatzky, qui devient son ami paternel, et le grand poète Mickievicz.

Ces relations se font plus intenses lorsque, en 1846, des émeutes éclatent en Pologne. Comme l'opinion française considère les

Polonais comme des alliés, l'agitation est grande à Paris et Bakounine trouve enfin l'occasion de placer un autre article qui cette fois dénonce les méthodes barbares de la russification. En même temps il propose sa collaboration à la Centrale du parti démocratique polonais qui se trouve à Versailles. Mais il se heurte aux mêmes difficultés que dans les discussions avec Lelevel à Bruxelles et l'action commune ne dépasse pas quelques entretiens.

Les Polonais sont très répandus dans la société parisienne et c'est probablement par eux qu'il est présenté à beaucoup de personnalités célèbres. Il voit assez souvent George Sand, liée à l'émigration polonaise par Chopin, et petit à petit il fait la connaissance de tous les hommes du jour : de Béranger et de Victor Hugo, de Lamennais et de Lamartine, de Michelet et de Quinet, de Liszt et aussi de la comtesse d'Agoult. Bien entendu, il s'intéresse particulièrement aux hommes politiques. Aussi connaît-il même quelques chefs de l'opposition modérée, mais surtout des républicains comme les frères Arago et naturellement les démocrates qui se groupent autour de la *Réforme* : Louis Blanc, Flocon, Cavaignac (le frère du général), Ledru-Rollin. Dès son arrivée à Paris, il avait rendu visite à Cabet. Maintenant il rencontre encore d'autres socialistes comme Considérant et Proudhon. Toutes ces relations restent cependant superficielles et, malgré son extérieur impressionnant, Bakounine passe assez inaperçu, un réfugié parmi tant d'autres et qui n'a pas encore fait ses épreuves.

Le seul Français, sauf George Sand, avec lequel il devient plus intime est Proudhon qui, le premier, a lancé le mot *anarchie* et dont il sera l'héritier et le continuateur. Proudhon publie en ce moment sa *Philosophie de la Misère* et est à la recherche d'hommes qui peuvent lui expliquer les mystères de la philosophie allemande. Il a connu ainsi Marx, mais leurs relations prennent fin brusquement, lorsque Marx l'attaque en publiant en riposte *La Misère de la Philosophie*, livre qui n'a, d'ailleurs, aucun retentissement, tandis que l'influence de Proudhon grandit de plus en plus. Son amitié avec Bakounine est plus durable. Des heures durant ils discutent sur Hegel dans le petit appartement de la rue de Bourgogne, pendant que Reichel joue du piano. Un soir, Karl Vogt est chez eux et, lorsqu'il revient le lendemain matin, il trouve Proudhon et Bakounine à la même place devant la cheminée refroidie, toujours en discussion.

Dans une description saisissante, Bakounine opposera plus tard Proudhon et Marx. « Marx comme penseur, dit-il, est dans la bonne voie. Il a établi comme principe que toutes les révolutions politiques, religieuses et juridiques dans l'histoire sont non la cause mais les effets des évolutions économiques. C'est une grande et féconde pensée qu'il n'a pas absolument inventée, elle a été entrevue, exprimée en partie, par bien d'autres que lui. Mais, enfin, à lui appartient l'honneur de l'avoir solidement établie et de l'avoir posée comme base de tout son système économique. D'un autre côté, Proudhon avait compris et senti la liberté beaucoup mieux que lui. Proudhon, lorsqu'il ne faisait pas de la doctrine et de la métaphysique, avait le vrai instinct du révolutionnaire. [...] Il est fort possible que Marx puisse s'élever théoriquement à un système encore plus rationnel de la liberté que Proudhon — mais l'instinct de Proudhon lui manque. Comme Allemand et comme juif, il est de la tête aux pieds un autoritaire. » Il est vrai que ces paroles sont le résultat d'expériences postérieures et qu'à Paris l'impression que Proudhon fait sur Bakounine est encore beaucoup plus forte.

Pendant les trois années de son séjour à Paris il ne parvient pas à s'y sentir à son aise. La France ne se donne à l'étranger que très lentement et Bakounine ne réussit pas à franchir cette barrière invisible. Son climat à lui, il ne le retrouve que parmi les Russes qui, comme lui, se lèvent tard, aiment à discuter jusqu'à l'aube et pratiquent cette largesse désordonnée et quelque peu fantasque qui s'accorde si mal avec la mentalité française. Si l'on excepte les Russes de passage, attirés surtout par les plaisirs de Paris, leur nombre est d'ailleurs assez restreint. Bakounine y rencontre un vieux décembriste, Nicolas Tourguénieff (un parent de l'écrivain) qui a pu s'enfuir en France, le joyeux Sazonoff dont la sœur tombe amoureuse de lui, Golovine qui a perdu lui aussi sa nationalité mais qui voit surtout dans cette sanction une offense à sa qualité de noble, et le comte Grégor Tolstoï qui a sacrifié toute sa fortune en Russie à ses convictions démocratiques. (Il est souvent confondu avec le comte Jacques Tolstoï qui n'est qu'un agent et qu'un mouchard du gouvernement tsariste.)

Le cercle des Russes à Paris s'élargit, lorsque en 1847 Herzen qui vient de s'expatrier y arrive. Avec lui, le journaliste Annenkoff et quelques autres anciens camarades, Bakounine peut presque croire que les années de Moscou sont revenues, surtout après que Biélinsky les a rejoints. L'ancienne intimité est vite rétablie, mais en vain Bakounine essaye de le persuader de s'exiler lui aussi. Si grands que soient les regrets de Biélinsky de ne pouvoir s'exprimer autrement que par des critiques littéraires, il répond qu'il appartient à la Russie, même si son activité y est assez réduite. Il n'a ni le cosmopolitisme ni les connaissances linguistiques de Bakounine et, se sentant déraciné à l'étranger, il retourne bientôt dans cette patrie aimée et détestée à la fois, pour y mourir quelques mois plus tard. La mort le sauve de la Sibérie ; encore pendant que la phtisie l'achève, un gendarme passe tous les jours chez lui et s'assure qu'il est vraiment mourant.

Il est bien entendu que tous ces Russes sont des démocrates. Nul d'entre eux, pas même Herzen, n'est cependant déjà arrivé à des convictions aussi déterminées que Bakounine. Les amis désirent naturellement des réformes en Russie et suivent avec sympathie le mouvement démocratique dans les autres pays. Mais le seul qui ait des idées nettement révolutionnaires le seul aussi qui cherche l'action révolutionnaire, c'est Bakounine.

Un jour, de retour d'un court voyage, il trouve Reichel installé avec une compagne dans leur appartement. Il cherche alors un autre domicile, restant toutefois fidèle à la rue de Bourgogne. « Moi j'attends ma femme à moi ou, si vous voulez, notre femme commune, la Révolution », écrit-il à un ami. Cela a l'air d'une boutade et c'est pourtant la vérité. Ce géant chez lequel tout est énorme, y compris l'appétit, n'a pas de maîtresse. Il y a bien des femmes qui sont amoureuses de lui, comme la sœur de Reichel ou celle de son compatriote Sazonoff, mais jamais il ne se laisse enchaîner et, quand il reçoit une lettre d'amour, il répond par des plaisanteries évasives. On ne saurait dire qu'il est un ascète, loin de là, mais son cœur n'appartient à personne. Sa capacité d'aimer semble entièrement absorbée par « la cause » et les femmes ne l'intéressent guère ; à peine a-t-il des besoins physiques. La seule qui menace sa liberté est Jeanne Pescantini. Cependant le drame de Varvara se répète. Bakounine réussit d'abord à la convaincre de quitter son mari, mais, comme elle est dévote, son sens du devoir est plus fort que sa passion, et elle retourne, le cœur brisé, à son foyer.

Et Tatiana ? Elle est devenue une vieille fille désabusée et sans amour. Bakounine n'a pas reçu un mot d'elle depuis deux ans et lui aussi ne semble éprouver pour elle qu'un sentiment de pitié fraternelle. « Peut-être que je me trompe, lui écrit-il, mais il me semble que ta vie est triste et lourde, que tes jours passent dans un chagrin profond et silencieux, que ton cœur passionné, torturé par son besoin inassouvi d'amour et de vie, s'est renfermé sur lui-même, et qu'il souffre sans cesse dans sa solitude fière et inaccessible. Il me semble que tu es restée seule sur les ruines de notre vieux monde de Priamoukhino, de nos croyances et espoirs juvéniles, rejetés et oubliés maintenant des autres, et que tu n'as personne auprès de toi, pas un ami avec qui tu pourrais partager ton chagrin. Chérie, si mes soupçons sont justes, rappelle-toi que tu as toujours un ami, fidèle et inaltérable. » … A-t-il touché le point sensible ? Toujours est-il que Tatiana ne répond pas.

Sa situation matérielle pendant tout ce temps reste désastreuse. Parfois sa famille lui envoie, en secret, un peu d'argent, ses amis l'aident, car les traductions qu'il fait ne lui rapportent pas assez pour vivre. Il est toujours près de la misère, d'autant plus qu'il reste fidèle à son habitude de donner tout ce qu'il a reçu à d'autres qui sont dans le besoin. Dans ces conditions ses travaux littéraires n'avancent point et Reichel le raille à cause de son livre sur la Russie et la Pologne qu'il ne termine jamais.

A la fin de 1847, personne ne pressent encore le tremblement de terre qui se prépare, Bakounine pas plus que le gouvernement et les chefs de l'opposition. Trois mois avant la Révolution, il croit, comme tout le monde, à la durée du gouvernement conservateur. L'inaction à laquelle il est condamné lui semble se prolonger à l'infini.

Il est donc très heureux, lorsque plusieurs jeunes Polonais lui proposent de faire un discours à la commémoration annuelle de la Révolution polonaise de 1831. A peine rétabli d'une maladie, il a les cheveux et la barbe coupés. Qu'importe ! il achète une perruque. Maintenant il est secoué par une autre fièvre : c'est pour la première fois qu'il parlera en public. Il ne peut parler en russe devant des Russes, il n'en aura jamais l'occasion. Au moins peut-il s'adresser à d'autres Slaves, à d'autres sujets de Nicolas Ier.

La réunion à laquelle assistent 1.500 personnes a lieu dans une salle de la rue Saint-Honoré. Hippolyte Vavin la préside. Puis, la parole est à Bakounine. Le moment tant désiré et redouté en même temps est enfin venu : le révolutionnaire se trouve en face d'une foule dont il sent les yeux fixés sur lui, dont il entend le sourd bourdonnement. L'habitude de la tribune lui manque encore ; il ne voit les hommes que comme à travers un voile et entend à peine sa propre voix qui, dans le silence général, lui paraît étrangère. Mais la nature lui a donné le physique et la voix à la fois douce et puissante des tribuns. Peu à peu il se sent à son aise, sa voix s'affermit, sa nervosité disparaît, sans qu'il sache comment. Tout à coup il s'aperçoit qu'il a son public en main et les applaudissements crépitent après chacune de ses phrases.

Pour autant qu'il haïsse le tsarisme, Bakounine ne renie pas la Russie. C'est parce qu'il aime sa patrie qu'il se solidarise avec les Polonais. Car, d'après lui, l'oppression de 1831 n'était pas seulement criminelle, mais c'était aussi le suicide politique de la Russie. « L'émancipation de la Pologne était notre salut : vous libres, nous le devenions aussi. [...] Enfants de la même race, nos destinées sont inséparables et notre cause doit être commune. » Et il exhorte les Polonais à continuer leur lutte contre le tsar et à sauver la Russie en la combattant. « Nous aussi sommes gouvernés par une main étrangère, par un souverain d'origine allemande, qui ne comprendra jamais ni les besoins ni le caractère du peuple russe et dont le gouvernement, mélange [...] de brutalité mongole et de pédantisme prussien, exclut complètement l'élément national. [...] Aucune honte, aucune torture ne nous est épargnée et nous avons tous les malheurs de la Pologne, moins l'honneur. »

Avec l'optimisme des révolutionnaires en exil il déclare que la Révolution est proche en Russie. Il voit déjà les paysans et les soldats de son pays se soulever, formant bloc avec la jeunesse cultivée et, après avoir évoqué le souvenir des décembristes, il termine : « La réconciliation de la Russie et de la Pologne est une œuvre immense et bien digne qu'on s'y dévoue tout entier. C'est l'émancipation de soixante millions d'hommes, c'est la délivrance de tous les peuples slaves qui gémissent sous un joug étranger, c'est, enfin, la chute, la chute définitive du despotisme en Europe ! »

Jamais aucun Russe n'a encore parlé de cette façon dans une réunion publique. Mais Bakounine n'a pas seulement attaqué la personne et la politique du tsar. Pour la première fois il a prononcé le mot de la révolution des soldats et des paysans russes, ce mot qui prendra des ailes ! Son discours est en vérité la première manifestation de la Révolution russe.

Aussi l'ambassadeur russe s'empresse-t-il de demander des mesures contre cet homme dangereux. Pour les obtenir, il ne recule pas devant la calomnie, laissant entrevoir que Bakounine n'est qu'un agent provocateur qui est allé trop loin. Le gouvernement français ne refuse pas de rendre service au tsar et expulse l'indésirable. On lui laisse vingt-quatre heures pour quitter la France, délai qui ensuite est porté à trois jours. De nouveau Bakounine se voit ainsi obligé de trouver un autre refuge. Il le cherche en Belgique.

Quelques semaines plus tard, Vavin en fait le sujet d'une intervention à la Chambre. Dans leurs réponses les membres du gouvernement ne sont pas d'accord. Le président du conseil, Guizot, dit carrément que l'expulsion a été prononcée, parce que Bakounine a offensé un souverain étranger, tandis que le ministre de l'Intérieur, Duchâtel, fait une allusion équivoque « à des raisons très sérieuses ». Il ajoute que Bakounine n'est d'ailleurs pas un réfugié, car il n'y a pas de réfugiés russes. Le lendemain, la *Réforme* qualifie les paroles du ministre d'acte infâme et le somme de s'expliquer publiquement. Mais l'affaire n'a pas de suite. Encore trois semaines et ni Duchâtel, ni Guizot, ni Louis-Philippe ne seront plus à leurs places.

A Bruxelles, dans une autre réunion de Polonais, Bakounine répète et développe les idées de son discours de Paris. De nouveau il préconise la révolution libératrice des Slaves qui renversera non seulement le trône du tsar, mais aussi celui des Habsbourg. « Peut-être, écrit-il à un ami resté à Paris, me chassera-t-on aussi d'ici. Qu'ils m'expulsent ! Je parlerai d'autant plus hardiment. […] Je sens seulement que je ne peux rebrousser chemin, que je ne changerai jamais mes convictions. C'est là toute ma force et toute ma valeur, là toute la réalité et toute la vérité de ma vie, là ma foi et mon devoir. Le reste ne me préoccupe pas. […] En tout cela il y a beaucoup de mysticisme — direz-vous — mais qui n'est pas un mystique ? Peut-on imaginer une goutte de vie sans mysticisme ? […] Vous êtes sceptique, moi je suis croyant. »

C'est encore une fois une confession, encore une fois ce besoin de s'affirmer d'une âme en peine. Car Bakounine est à Bruxelles aussi malheureux qu'à Paris. La calomnie la plus terrible pour un révolutionnaire, celle d'être à la solde de la réaction, l'a suivie et ne le lâchera plus pendant toute sa vie ; on raconte même qu'il n'est pas un réfugié politique, mais un criminel de droit commun qui s'est enfui de la Russie après une condamnation pour vol. La Belgique lui semble morne et provinciale, les émigrés polonais avec leur nationalisme et leurs dissentiments lui déplaisent, et plus antipathiques encore lui sont les émigrés allemands entièrement dominés par l'influence de Marx et auxquels il reproche leur vanité, leurs commérages, leur orgueil de théoriciens et leur pusillanimité dans la pratique. Il ne fréquente guère que quelques aristocrates catholiques qui veulent le convertir et qui l'amusent. Dans son discours devant les Polonais de Bruxelles il exprime même une pensée chère aux *slavophiles* qu'il a pourtant combattus à Moscou, à savoir que tout l'Occident est pourri et que les Slaves ont la mission de renouveler le monde.

Depuis un certain temps déjà Bakounine se détourne des pays civilisés et met tout son espoir dans les Slaves, non pas parce qu'il trouve leurs institutions bonnes — et ceci le distingue des slavophiles et de tous les panslavistes — mais parce qu'il trouve qu'ils sont des barbares et qu'eux seuls ont cette force de destruction que la Révolution réclame. Certes, il se sent encore déraciné dans l'Occident ; il ne faut pourtant pas exagérer la portée de toutes ses sautes d'humeur : ses diatribes contre les Français, les Allemands et même contre les Polonais ne traduisent souvent que son impatience révolutionnaire. Il désespère de la révolution des peuples qui lui semblent contaminés par la béatitude bourgeoise, et s'il attend le salut de l'Est, c'est précisément parce que là n'existe aucun mouvement visible qui pourrait le décevoir. Sa foi dans les Russes et les Slaves en général, bien qu'elle résulte de son origine, n'est pas le fruit d'un nationalisme banal. Il considère la masse inerte de l'Orient plutôt comme l'artiste regarde l'argile de laquelle il formera son œuvre. Car le révolutionnaire est lui aussi un artiste, plein de fantaisie et de sensibilité, rêveur à l'âme errante, toujours en difficulté avec son matériel humain, poussé et tourmenté par des visions qui devancent et dépassent la réalité.

Cette fois-ci, cependant, Bakounine se trompe. La Révolution éclate à Paris.

LA RÉVOLUTION

Au fond de la nature de cet homme se trouve le germe d'une activité colossale pour laquelle il n'y eut pas d'emploi. Bakounine porte en lui la possibilité de se faire agitateur, tribun, apôtre, chef de parti ou de secte, prêtre hérésiarque, lutteur. Placez-le dans le camp qu'il vous plaira — parmi les anabaptistes ou les jacobins, à côté d'Anacharchis Cloots ou dans l'intimité de Babœuf, mais toujours à l'extrême gauche — et il entraînera les masses et agira sur les destinées des peuples.

HERZEN.

La Révolution de Février sort des entrailles de la France comme les barricades du pavé de Paris, sans direction aucune. En quelques jours elle est à Milan, à Venise, à Vienne, à Berlin. L'empereur d'Autriche fuit la capitale, Metternich, le grand maître de cette Europe de la Sainte Alliance qui vient de s'écrouler, se cache à l'étranger et tremble en entendant devant ses fenêtres les accents de la Marseillaise, Frédéric-Guillaume salue du haut de son balcon les morts du peuple, tués par la garde prussienne dont les régiments sont obligés d'évacuer Berlin, tandis que son frère, qui deviendra le premier empereur d'Allemagne, se sauve déguisé en cocher. Nicolas Ier lui-même ne se sent plus en sécurité et prend des mesures de précaution. La France est en république ; d'un seul coup, les royalistes ont disparu, les orléanistes aussi bien que les légitimistes ; il n'y a plus que des républicains, jusqu'aux anciens aides de camp de Louis-Philippe et jusqu'aux curés qui bénissent les drapeaux rouges et déclarent que l'Église professe l'égalité.

Bakounine, aux premières nouvelles de Paris, emprunte un passeport à un ami et quitte Bruxelles. A la frontière il apprend que la République est proclamée, mais il ne peut partir, les trains étant arrêtés. Alors il s'en va à pied. Il lui faut trois jours pour arriver à Paris, à travers une France transformée dont il n'oubliera jamais le visage rayonnant. Toutes les villes sont pavoisées ; dans les rues se presse, sans désemparer, une foule enthousiaste, on chante sans cesse les refrains révolutionnaires et partout, partout flotte le drapeau rouge.

A Paris, l'exaltation est à son comble. Un peu partout des barricades se dressent, tenues par des ouvriers en armes. Enfin, Bakounine se trouve dans son élément. Il couche sur la paille parmi des miliciens dans une caserne de la rue de Tournon, le fusil entre les bras. Mais il ne dort guère. Dès l'aube, il parcourt la ville, visite les clubs, va aux réunions, prend part aux manifestations, défile dans les cortèges, parlant à tout instant sur les questions du jour et réclamant aussi bien l'égalité des salaires que la liberté des Slaves. De loin, il avait pu paraître jusqu'alors comme un éternel étudiant, échoué dans la vie. Il était en effet souvent dans une sorte de torpeur, las, passif, paresseux. Maintenant il se réveille, il devient un homme. La Révolution termine sa jeunesse : il mûrit dans l'action et par l'action. « Quel homme ! Quel homme ! dit de lui Caussidière, devenu préfet de police. Le premier jour de la Révolution il fait tout simplement merveille, mais le deuxième jour il faudrait le fusiller. »

Trois ans plus tard encore, dans la forteresse de Pierre-et-Paul, Bakounine est sous le charme de ces premières journées de la Révolution et les décrit — pour le tsar ! — d'une façon enthousiaste : « Sire, je ne saurais vous rendre un compte exact de ce mois passé à Paris, car ce fut pour l'âme un mois d'ivresse. Non seulement j'étais comme ivre, mais tous l'étaient : les uns de peur folle, les autres de folle extase, d'espoirs insensés. Je me levais à quatre ou à cinq heures du matin, je me couchais à deux heures, restant sur pied toute la journée. […] J'aspirais par tous mes sens et par tous mes pores l'ivresse de l'atmosphère révolutionnaire. C'était une fête sans commencement et sans fin ; je voyais tout le monde et je ne voyais personne, car chaque individu se perdait dans la même foule innombrable et errante ; je parlais à tout le monde sans me rappeler ni mes paroles ni celles des autres, car l'attention était absorbée à chaque pas par des événements et des objets nouveaux, par des nouvelles inattendues. »

Mais l'enthousiasme de ces semaines ne l'aveugle pas. Bakounine n'est pas un de ces révolutionnaires qui, comme Caussidière, deviennent des gouvernementaux le lendemain de la victoire. L'illusion de la fraternisation générale, qui est propre à la première phase de toutes les révolutions, ne le trompe pas. Lui, le rêveur, le fantasque, ne se perd pas dans les chimères d'une passion vague et irréelle. Avec cet instinct infaillible qui fait de lui un révolutionnaire-né, un révolutionnaire-type, il comprend dès le commencement que, pour se maintenir, la Révolution doit aller de l'avant, que les ennemis n'ont reculé que pour mieux préparer leur revanche et que les problèmes les plus graves ne sont résolus qu'en apparence, qu'ils se sont au contraire multipliés et compliqués. Il voit surtout la bourgeoisie républicaine se dresser de plus en plus contre les ouvriers qui ont fait la Révolution et veulent en récolter les fruits. Comme il est déjà entouré de légendes, on raconte que c'est lui l'organisateur de la fameuse manifestation ouvrière du 17 mars, riposte à la manifestation bourgeoise des *bonnets à poil*. Toujours est-il que le gouvernement provisoire prend ombrage de cet homme fougueux. Flocon qui le connaît depuis sa collaboration à la *Réforme* va jusqu'à déclarer qu'avec trois cents hommes comme Bakounine personne ne pourrait gouverner la France.

Cependant, il ne perd pas de vue la question slave, il s'en occupe même plus que jamais. La Révolution a beau atteindre le Royaume des Deux-Siciles, les États de l'Église, la Hollande, le Danemark et même l'Angleterre, où les *chartistes* s'agitent, pour Bakounine il est clair que, pour devenir vraiment une révolution mondiale, elle doit gagner la Russie, d'autant plus qu'elle s'enlise en France.

Tous les démocrates sont d'accord pour constater que la Russie représente le grand arsenal de la contre-révolution et les plus avancés pensent que l'Europe régénérée devrait lui faire la guerre. Bakounine est partisan d'une telle guerre, mais il veut tout faire pour qu'elle ne renforce pas le nationalisme russe et par conséquent le pouvoir du tsar. Son idée est d'empêcher une scission du continent en soulevant les Russes eux-mêmes et en les ramenant au sein de la famille européenne. Les États-Unis d'Europe doivent, d'après lui, comprendre aussi une République slave, composée de toutes les terres slaves, qu'elles soient russes, autrichiennes ou prussiennes. Aussi conçoit-il comme sa mission la plus importante de s'appuyer sur les Polonais, non pour faire la Révolution contre la Russie mais en commun avec elle.

Dans un article qu'il publie dans la *Réforme* il déclare : « La France ne vit et ne travaille jamais pour elle seule. Quand elle dort ou qu'elle se laisse détourner de sa voie naturelle, un malaise profond s'empare de tous les pays ; quand elle brûle et s'agite, l'incendie est partout. Il ne dépend de la volonté d'aucun homme, quelque haut placé qu'il soit dans l'amour et la confiance de ses concitoyens, de faire que la tempête qui a éclaté à Paris n'agite pas profondément, révolutionnairement, jusqu'au fond même de leurs entrailles, toutes les sociétés de l'Europe. [...] La victoire du principe révolutionnaire en Europe est pour la France une question de vie ou de mort ; d'une manière ou d'une autre, nous verrons sous peu la face de l'Europe changer complètement. [...] Sous peu, en moins d'une année, peut-être nous verrons le monstrueux empire autrichien crouler ; les Italiens délivrés proclamer la république italienne ; les Allemands réunis en une seule grande nation proclamer la république allemande, et les républicains polonais, émigrés depuis dix-sept ans, retourner dans leurs foyers. Le mouvement révolutionnaire ne s'arrêtera que lorsque l'Europe, l'Europe tout entière, sans en excepter même la Russie, sera devenue une république démocratique-confédérée.

[…] La révolution périra si la royauté ne disparaît complètement de la surface de l'Europe. »

Le gouvernement provisoire de la France n'a pas une politique étrangère déterminée. Dupont de l'Eure, un survivant de la Convention, voudrait recommencer la guerre révolutionnaire de 1792, tandis que Lamartine, qui veut bien témoigner de la sympathie aux révolutionnaires de tous les pays, refuse cependant de compromettre les relations extérieures de la jeune République. Aussi, lorsque Bakounine propose d'aller en Pologne pour y faire de la propagande, est-on très content de se débarrasser de lui. Après s'être concerté avec les Polonais, le gouvernement accède à sa demande et lui avance deux mille francs ; il mettrait volontiers une somme beaucoup plus élevée à sa disposition, mais Bakounine refuse. Pour autant qu'il désire partir, il n'en veut pas moins rester un homme libre, sans directives d'autrui et n'agissant que sous sa propre responsabilité. Pas un instant il ne pense à devenir un agent français : il se considère comme l'allié des révolutionnaires français, auxquels il emprunte de l'argent comme à des amis.

Muni de cette somme modique et de deux passeports, l'un à son nom, l'autre à un nom imaginaire, il part vers l'Est, le premier Russe qui travaille à un soulèvement populaire dans son pays. Dans la diligence qui, via Strasbourg, le mène d'abord en Allemagne, il se parle à lui-même : « Dans quel but t'en vas-tu ? — Je m'en vais conspirer. — Contre qui ? — Contre l'empereur Nicolas. — De quelle façon ? — Je l'ignore encore moi-même. — Mais où vas-tu maintenant ? — En Posnanie. — Pourquoi précisément en Posnanie ? — Parce que j'ai appris par les Polonais qu'il y a là-bas plus de vie, plus de mouvement et qu'il serait plus facile de Posnanie que de Galicie d'agir sur le royaume de Pologne. — De quels moyens disposes-tu ? — De deux mille francs. — Quelles espérances as-tu concernant tes ressources ? — Point d'espoirs déterminés, mais je trouverai peut-être. — As-tu des connaissances et des relations en Pologne ? — A l'exclusion de quelques jeunes gens que j'ai rencontrés assez fréquemment à l'université de Berlin, je n'y connais personne. — Comment veux-tu donc, seul et dépourvu de moyens lutter contre le tsar russe ? — J'ai la Révolution de mon côté et j'espère, une fois arrivé en Posnanie, sortir de mon isolement. Je mets toute mon espérance dans la propagande et dans le puissant esprit de la Révolution qui, à l'heure qu'il est, s'est emparé du monde entier. »

Tout ce projet de Bakounine est évidemment fantastique. La Posnanie est prussienne, la Galicie autrichienne, le soi-disant royaume de Pologne est russe. Vouloir y improviser une action commune qui ferait s'insurger non seulement tous les Polonais mais entraînerait aussi les Russes, c'est à ce moment une entreprise presque ridicule et condamnée à l'échec dès le début. C'est pourtant par des folies pareilles que les grands hommes, tout en devançant leur temps, préparent l'avenir et que naissent les idées qui fécondent l'humanité.

Son voyage l'amène d'abord à Francfort, où s'est réunie entre temps cette assemblée de notables allemands qui portent le nom impropre de *pré-parlement*. Bakounine y fait la connaissance de nombreux démocrates en vue, auxquels il apporte des lettres de son ami Herwegh. Celui-ci est à la tête d'une légion allemande, formée par des réfugiés à Paris qui se préparent à envahir le duché de Bade, tout comme les émigrés allemands en Suisse. Mais Bakounine voit vite que le *pré-parlement* n'est pas une assemblée révolutionnaire et ce qu'il voit dans le pays ne le rend pas plus optimiste, bien qu'il se trouve dans la partie la plus agitée de l'Allemagne.

Pour attendre ses bagages, qui sont toujours à Bruxelles, il s'en va ensuite à Cologne, et plus il observe l'Allemagne, plus il devient anxieux. Ses plans préconisent une Allemagne révolutionnaire qui se ferait avec enthousiasme l'alliée du soulèvement polonais. Maintenant il se trouve dans un pays en somme tranquille. Il existe bien une fermentation des esprits, mais elle ne se traduit pas par des actes. Un nationalisme de fraîche date menace d'ailleurs de refouler les buts politiques et plus encore les buts sociaux de la Révolution. La bourgeoisie démocrate a surtout peur du prolétariat et repousse même l'idée d'une république allemande. Hormis les ouvriers et, dans les pays du Sud, une partie des paysans, tout le monde est convaincu de la bonne volonté des princes et rêve que l'on pourra atteindre l'empire *uni et libre* avec leur consentement.

Une conversation qu'il a avec Marx, devenu directeur de la *Neue Rheinische Zeitung*, n'est pas faite pour atténuer les impressions pessimistes de Bakounine. L'opposition d'opinions et de tempéraments des deux hommes, contenue à Paris par une amitié superficielle, éclate dès qu'ils se trouvent en face des problèmes du moment. Marx peste contre la légion allemande et son chef Herwegh qui, venant de France, ne peut qu'exciter le nationalisme allemand, d'autant plus qu'il y a parmi eux des Polonais et même quelques Français. D'après Marx, ces émigrés auraient beaucoup mieux fait de s'introduire isolément en Allemagne et d'y faire de la propagande révolutionnaire, au lieu de former une troupe sans valeur militaire qui trouble les relations franco-allemandes et qui, en fin de compte, sera sacrifiée par la France.

Bakounine est surtout choqué par le ton de Marx qui n'a pour les légionnaires que des sarcasmes et de l'animosité, mais, bien qu'il prenne leur parti, il défend plus vivement la personne de Herwegh que sa politique ; intérieurement il ne peut pas nier que, dans le fond, Marx ait raison. Les républicains badois conduits par Hecker sont en effet bientôt battus, tandis que les troupes formées en Suisse n'arrivent même pas à franchir la frontière allemande. Lorsque la légion de Herwegh passe enfin le Rhin, elle est vite dispersée. Herwegh lui-même, toujours en compagnie de sa courageuse femme, réussit à s'enfuir, ce qui termine sa double carrière de révolutionnaire et de poète : jamais plus il ne se remettra de cette déception.

Plus grave encore est la divergence entre Marx et Bakounine à propos de la question slave. Marx ne trouve pas seulement les projets de Bakounine fantasques, mais il leur conteste aussi toute raison d'être. Pour lui, les Slaves sont des peuples inférieurs qui devraient être bien contents de vivre sous la tutelle allemande. Il se dresse même contre le soulèvement des Polonais en Posnanie, bien qu'il juge les Polonais avec plus de bienveillance que les autres Slaves. Son point de vue provient sans doute de la conviction que la Révolution a sa base dans l'Europe occidentale et que les pays slaves sont le réservoir de la contre-révolution. Pour Bakounine, cependant, tout cela n'est que du nationalisme allemand, d'autant plus regrettable dans la bouche d'un révolutionnaire, et les deux hommes se séparent sans aménité.

Il est vrai que la politique polonaise des trois puissances qui se sont partagé le territoire de l'ancienne République est tout à fait différente. La Russie gouverne par la terreur, l'Autriche dresse les paysans et les nobles qui possèdent la terre, les uns contre les autres, tandis que la Prusse emploie des mesures plus mitigées.

Dans l'enthousiasme initial de la Révolution, le gouvernement prussien a même admis que les Polonais de Posnanie s'arment pour envahir et soulever la partie russe de la Pologne. Le nouveau gouvernement semi-démocrate de Berlin ne serait pas mécontent d'être libéré de l'emprise russe par une Pologne ressuscitée. Il va jusqu'à envisager une guerre contre la Russie et une alliance avec la France, sans qu'il pense, bien entendu, rendre aux Polonais les territoires annexés par la Prusse, sauf peut-être quelques districts limitrophes. Or, les paysans polonais, une fois rassemblés et armés, ne se pressent pas de passer la frontière russe et commencent la Révolution plutôt chez eux. Leurs émeutes sont vite réprimées. Mais comme elles sont dirigées surtout contre l'élément allemand en Posnanie, la sympathie pour les Polonais, au moins en Prusse, s'éteint instantanément. Lorsque Bakounine, au cours de son voyage vers l'Est, arrive à Berlin, il doit comprendre que son idée d'une lutte commune des démocrates allemands et polonais est gravement compromise et que toute action en Posnanie est devenue impossible pour lui.

De Berlin il ne voit d'ailleurs guère autre chose qu'un bureau de police. Arrivé dans la nuit, il se rend tout de suite chez le beau-frère de Herwegh qui habite à l'angle de la *Breitestrasse*, tout près du château royal. Le veilleur de nuit qui lui ouvre la maison est fort impressionné par ce géant négligemment vêtu, à l'accent étranger et, comme les journaux réactionnaires affirment que le bon peuple de Berlin est menacé par des étrangers et d'autres suspects qui ne pensent qu'à troubler l'ordre public, il s'empresse d'avertir la police.

Bakounine est en effet arrêté. D'abord on le prend pour Herwegh, puis on le retient, parce qu'on trouve sur lui ses deux passeports. Le lendemain, cependant, il est relâché, mais sous condition de quitter tout de suite la capitale prussienne et de ne pas aller en Posnanie. Probablement afin de montrer que l'on est en révolution, la police ne garde que son vrai passeport et lui laisse le faux ; elle lui donne même un deuxième passeport délivré à un nom polonais.

Entre temps l'insurrection polonaise a échoué aussi bien en Galicie qu'en Posnanie. Est-ce la fin de la Révolution en Pologne et des conséquences qui, selon Bakounine, devraient en ressortir ? La question est de la plus haute importance et de sa réponse dépendra peut-être la nécessité de reconsidérer toute sa tactique. Il va donc à Breslau, pour examiner la situation, toujours suivi et espionné par des mouchards.

Un journal de Breslau raconte « qu'un Russe fort dangereux du nom de Banckonin est arrivé ici, individu qui ne songe qu'au meurtre et à la violence et qui est probablement recherché par la police ». Le journal ne manque pas d'évoquer le témoignage d'une dame qui aurait voyagé avec ce terrible criminel et à laquelle il aurait montré de beaux bijoux. « A Lissa, il voulut descendre, ce qui lui fut interdit, à la suite de quoi il demanda à la dame des ciseaux et la pria de lui couper la barbe. » Arrivé à Breslau, il aurait vite changé ses vêtements et quitté le train.

Ces fantaisies prouvent à quel point Bakounine intéresse aussi bien les policiers que les amateurs de sensations. Il n'est d'ailleurs pas étonnant que son arrivée à Breslau soit soupçonnée, car dans la capitale de la Silésie prussienne se trouvent en ce moment des Polonais de toutes les nuances, et les nouveaux réfugiés de Posnanie et de Galicie se mélangent ici avec les anciens émigrés de France qui, avec l'aide du gouvernement français, ont traversé l'Allemagne.

Au cours de son voyage, Bakounine passe par Leipzig, où Ruge dirige un journal. Lorsqu'il veut lui rendre visite, il apprend que celui-ci se trouve justement dans une réunion qui désigne les candidats pour l'Assemblée Nationale de Francfort. Bakounine le fait chercher et Ruge, bien qu'il ait peur de rater sa candidature, ne résiste pas à la tentation de revoir son ami. En vain il essaie ensuite de rentrer dans la salle des délibérations. Bakounine lui offre du champagne, lui parle de Paris et ne le laisse pas partir, en lui citant les paroles de Faust : « Ce que tu as refusé à la minute, aucune éternité ne te le rendra ». Enfin, vers l'aube, un messager arrive avec la nouvelle que la candidature de Ruge n'est pas retenue.

Bakounine répare cette malchance à Breslau, où son influence parmi les démocrates est assez grande pour assurer un mandat de député à Ruge. Les Polonais cependant le déçoivent cette fois encore. Dans leur congrès les différents partis s'affrontent sans arriver à une entente. Il n'y a plus de doute : la Révolution polonaise est finie jusqu'à nouvel ordre ; la Pologne n'est donc pas capable de devenir le centre du mouvement slave.

Mais ni le courage de Bakounine ni sa confiance dans les Slaves ne sont ébranlés. Bien qu'il en ait abandonné la philosophie, il a gardé de Hegel la conviction que chaque peuple a une mission historique et celle des Slaves est, d'après lui, de détruire le vieux monde. Il faut seulement trouver un point d'appui pour que cet immense levier puisse faire son œuvre. Un renouveau de la Révolution est du reste plus nécessaire que jamais : elle s'arrête en Allemagne et elle recule en France, où l'aile gauche vient d'être évincée du gouvernement. « Tout ce qu'on peut entendre et voir ici, lui écrit Reichel de Paris, sont des phrases parlées et imprimées. Bien peu savent encore ce que le mot *liberté* signifie et personne ne veut comprendre que la liberté ne peut être que là où elle s'unit à la maîtrise de soi-même, et plus petit encore est le nombre de ceux qui sont prêts à professer entièrement le credo de l'anarchie. Les hommes veulent tous gouverner et être gouvernés. »

Rien pourtant n'est encore perdu, au contraire. Partout les masses, les ouvriers surtout, prennent conscience de leur propre force et se préparent au dernier assaut. Et nulle part le chaos n'est plus grand qu'en Autriche, cette « prison de peuples », avec sa minorité allemande et sa majorité de Hongrois, d'Italiens et de Slaves. L'empereur s'est réfugié à Innsbruck et sa dernière ressource est précisément dans ses soldats d'origine slave. Bakounine cependant est certain que les Tchèques, les Slovaques, les Ruthènes, les Croates, les Slovènes, sans parler des Polonais, peuvent être gagnés à la Révolution. Voilà donc sa nouvelle tâche. Il la commence à Prague, où se réunit justement un congrès de Slaves autrichiens.

LE CONGRÈS SLAVE

Souviens-toi que la Révolution présente toujours trois quarts de fantaisie et un quart de réalité. [...] La vie, mon ami, est toujours plus large qu'une doctrine.

BAKOUNINE.

Le congrès de Prague n'est pas seulement la première manifestation libre des Slaves autrichiens, mais aussi la première réunion de représentants de tous les peuples slaves. Rien d'étonnant par conséquent qu'il s'ouvre dans une atmosphère d'excitation et d'émotion. Les dame de l'aristocratie tchèque portent des costumes nationaux, et les congressistes communient dans un sentiment fraternel qui semble justifier toutes les espérances. Nul n'est gagné davantage par cet enthousiasme que Bakounine. Il est convaincu que les Slaves ont seulement besoin d'affirmer leur unité ethnique, pour accomplir leur mission historique.

Il ne connaît pas l'Autriche ni ses Slaves, dont il ignore jusqu'aux langues. Mais il croit qu'ils peuvent devenir le noyau d'une grande république dont la capitale serait Constantinople et qui réunirait aussi bien les Slaves de la Russie que ceux des Balkans turcs. Encore dans la forteresse Pierre-et-Paul il garde la foi « que tôt ou tard, d'une manière ou d'une autre, et quelles que soient les conditions politiques en Europe, les Slaves secoueront le joug allemand et qu'un jour viendra où il n'y aura plus de Slaves prussiens, ni autrichiens, ni turcs. » Aussi constate-t-il avec joie que la haine contre les Allemands est le sentiment prédominant parmi les congressistes, sentiment qu'il considère comme une force motrice du mouvement populaire slave. Cependant la lutte contre la domination étrangère et la formation d'un État national ne sont pas pour lui le but ; elles ne sont qu'un moyen d'écarter l'obstacle principal et de libérer la capacité maîtresse des Slaves, celle de détruire le monde ancien et de construire une communauté nouvelle.

Bakounine n'est pas communiste : bien qu'il fasse siennes toutes les revendications sociales des ouvriers, il n'est pas partisan de la société réglementée que la plupart des communistes préconisent. (Le *Manifeste Communiste* vient seulement de paraître). Il est encore moins anarchiste. Il songe à un État slave et même à une dictature révolutionnaire. Bien entendu, cette dictature doit créer des conditions dans lesquelles, selon la formule hégélienne, elle se détruira elle-même. Mais il y a déjà en lui quelque chose comme la préfiguration de ses idées postérieures. Son État slave doit être une fédération de communautés libres et avec insistance il combat tout projet qui pourrait transformer les Slaves opprimés en oppresseurs d'autres peuples.

Le mécanisme du système capitaliste, qui fait l'objet des études de Marx, lui est encore inconnu. Les problèmes qui résultent de l'industrie moderne ne concernent d'ailleurs guère les Slaves qui sont presque tous des paysans et même des serfs, bien qu'il y ait en Bohême une industrie assez développée et que Bakounine considère les ouvriers comme les « recrues naturelles » de la Révolution. La révolution slave doit donc être principalement une révolution agraire. Ce soulèvement rural est son grand espoir, qui détermine toute sa conduite pendant ce temps.

Certes, il est bien obligé de se demander ce qu'il faudra faire après la victoire, mais, en vérité, il s'occupe peu de la partie constructive de la Révolution : il sait que ce sont là des questions que la réalité posera d'une façon imprévisible. Cela ne veut pas dire qu'il ne se fait aucune idée de l'avenir. Son projet d'une fédération slave avec un conseil dirigeant est incontestablement aussi hardi que sa conception d'une dictature révolutionnaire est réaliste. Mais sa préoccupation principale est de mettre les masses paysannes de l'est et du sud de l'Europe en mouvement. Une fois déchaînées, elles sauveront, il en est certain, et elles-mêmes et le Monde. Il y a bien des éléments patriotiques dans cette théorie ; pourtant le nationalisme, la haine de l'étranger, la fédération slave et même la dictature n'y sont que des moyens d'arracher les Slaves à l'influence de la réaction, de combattre aussi bien les souverains de la Russie, de l'Autriche, de l'Allemagne, de la Turquie que la bourgeoisie de l'Occident et d'accomplir la Révolution mondiale.

Bakounine changera encore souvent sa tactique, il cherchera toujours d'autres points de départ. Mais pendant toute sa vie il gardera la conviction que les véritables forces de la Révolution se trouvent dans les masses paysannes arriérées, qui n'ont pas été corrompues par la civilisation moderne et sont anarchiques par instinct. Il n'est pas le premier à concevoir cette idée. Des Polonais ont pensé avant lui à soulever les campagnes russes, mais ils ne voulaient s'en servir que comme d'un moyen subsidiaire de leur libération nationale, pour affaiblir le tsar. L'idée géniale de vouloir faire de la Révolution agraire des Slaves le tremplin de la Révolution universelle est tout à fait la propriété de Bakounine.

Cependant, le congrès de Prague est aussi peu révolutionnaire que le *pré-parlement* allemand de Francfort, dont, selon les intentions de ses organisateurs, il doit être l'équivalent slave. Ces organisateurs sont les membres du gouvernement provisoire tchèque, surtout Palacki qui est aussi le président du congrès.

L'empire des Habsbourg est en pleine décomposition. Outre le gouvernement tchèque, il existe un gouvernement hongrois, et à Vienne il y a toujours le gouvernement central qui, bien que démocratique, prétend exercer son pouvoir sur toutes les nationalités, tandis que la cour, réfugiée à Innsbruck, conserve une partie de son influence. Or, Palacki et d'autres chefs tchèques sont en relations secrètes avec l'empereur et son entourage. Ils veulent conserver les Habsbourg, mais, d'après leurs idées, les Slaves de la monarchie doivent se substituer aux Allemands et de leur côté devenir le *peuple d'État*, c'est-à-dire la nationalité prédominante.

Ils pensent même faire de Prague la capitale de ce nouvel empire austro-slave, où, par conséquent, les Tchèques joueraient le premier rôle. Une autre tendance réactionnaire parmi les congressistes est encore plus franchement panslaviste et voudrait rattacher toutes les terres slaves de l'Autriche à la Russie.

Il va de soi que Bakounine se fait, dès le début, l'adversaire acharné de pareils projets. Si son imagination devance souvent l'avenir immédiat et se perd en rêves lointains, il juge toujours une situation donnée avec clairvoyance et sang-froid. Il comprend donc très bien qu'en soumettant les Austro-Slaves au tsar, on les livrerait à la pire réaction et on ne ferait que grossir les forces de la contre-révolution. Mais il sait aussi que l'idée de transformer l'Autriche en un État de prépondérance slave, ne vaut pas mieux.

La confiance dans la parole des Habsbourg, donnée seulement dans une heure de détresse, lui paraît futile et ridicule. En réalité, l'empereur ne pourrait pas la tenir, même s'il en avait la volonté, car la meilleure partie de ses États, y compris la Bohême, appartient à la Confédération Germanique, dont il est le membre le plus important ; en se faisant empereur d'un État slave, il devrait donc ou renoncer à ses possessions allemandes ou les laisser assujettir par les Slaves, solution d'autant plus impossible que les Allemands forment l'armature de l'Autriche.

En admettant même que tous ces obstacles fussent surmontables, ce ne serait pas encore une solution de la question slave, puisque les Polonais et les Yougoslaves autrichiens resteraient séparés de leurs frères sous la domination turque. Bakounine comprend avec un sens vraiment prophétique que dans ce fouillis de peuples le salut des Slaves pas plus que celui des autres peuples ne peut venir d'un État unitaire, pas même du point de vue d'un pur nationalisme. Voilà pourquoi il préconise une fédération de communautés libres ! C'est une idée grandiose et dont la réalisation épargnerait à l'Europe beaucoup de sang.

Il se garde bien de dire publiquement que pour lui la fédération ne serait que le commencement de la grande révolution agraire dont il voit les champions dans les paysans slaves ; la témérité de ces idées effrayerait la plupart de ses amis. Aussi se place-t-il dans ses interventions surtout sur le plan national et démocratique. Comme il n'a pas de parti derrière lui, son influence au congrès de Prague, qui est réelle, ne résulte en vérité que de l'effet de sa parole et de sa personnalité, car, même à l'aile gauche, il est presque le seul démocrate « rouge » parmi ces démocrates « bleus », ce qui, d'après l'expression du jour, signifie qu'ils s'intéressent uniquement à la démocratie politique.

Les gauches obtiennent que les représentants des Slaves non-autrichiens soient admis de plein droit au congrès. Ce sont pour la plupart des Polonais et quelques Serbes. A côté de Bakounine, il y a encore un autre Russe, un pope qui en réalité est originaire de la Bukovine et qui disparaîtra bientôt de la scène publique, sans laisser de traces. Comme il appartient à une secte, Bakounine croit qu'il pourrait devenir utile, car il pense que dans la Russie orthodoxe où le tsar est en même temps le chef suprême de l'Église, les sectes sont une force révolutionnaire ; c'est d'ailleurs une erreur que les révolutionnaires russes nourriront encore longtemps.

Bientôt il devient clair, cependant, que le congrès est incapable d'arriver à des solutions pratiques. S'occupant uniquement des questions nationales, les intérêts des différents peuples slaves ne peuvent que se heurter. Les délégués Polonais, qui se disent les représentants de la nation slave la plus civilisée, exigent la préséance, les Tchèques ne sont pas moins superbes et bien que tous soient d'accord dans leur haine contre les Allemands, les Croates veulent mettre sur le même plan leur haine contre les Hongrois par lesquels ils se sentent autant opprimés que les autres par les Allemands. Le nationalisme slave rejoint par ce détour la contre-révolution, car les Hongrois sont en ce moment à la pointe de la Révolution en Europe centrale.

En vain Bakounine, d'accord avec les Polonais, conseille de négocier avec les Hongrois, en vain il prêche qu'il ne faut pas combattre les peuples mais l'Allemagne des princes ainsi que la Russie du tsar ; en vain il démontre que les Slaves ne peuvent réaliser leurs aspirations nationales que par la Révolution et en faisant bloc avec toutes les forces révolutionnaires. Ses propositions sont rejetées et tout ce qu'il obtient, c'est que le manifeste publié à la clôture du congrès se déclare contre le panslavisme russe et contre toute liberté qui impliquerait l'oppression d'autres nationalités. Mais le manifeste formule comme revendication principale l'union des Slaves autrichiens, sans s'occuper ni des autres Slaves ni de la Révolution mondiale.

Bakounine n'a donc atteint aucun de ses buts. Il a trouvé, cependant, une tribune d'où il pouvait développer ses idées, au moins en partie, et il a gagné des partisans, surtout dans la jeunesse, qu'il organise aussitôt en société secrète.

Le congrès se termine le jour de la Pentecôte. Une grande messe est alors célébrée en plein air. Au retour, les assistants conspuent les troupes autrichiennes et leur commandant, le prince Windischgraetz. Des bagarres éclatent ; elles deviennent particulièrement violentes devant l'hôtel *A l'Étoile bleue* où résident beaucoup de délégués du congrès. La troupe occupe les rues et bientôt des coups de feu sont échangés. Plus tard on racontera même que Bakounine a tiré le premier d'une des fenêtres de l'*Étoile bleue*.

Les soldats pénètrent dans la salle du Musée, où le congrès a tenu ses séances, et détruisent tous ses dossiers. Alors les manifestants, surtout des étudiants tchèques, envahissent l'arsenal et s'arment. Des barricades se dressent. On lutte un peu partout et le soir la troupe est obligée d'abandonner le centre de la ville et de se retirer dans les faubourgs de l'autre côté de la Moldau. Des pourparlers sont entamés, mais, pendant qu'ils se déroulent, la troupe commence le bombardement de la ville et l'attaque. La bataille de rues dure cinq jours.

Bakounine est contre cette insurrection improvisée. Il la croit prématurée et vouée à l'échec, surtout parce que, faute d'accord avec les démocrates allemands de Prague, elle se présente forcément comme un mouvement purement tchèque et dirigé contre les Allemands. Ceci ne l'empêche pas, une fois la bataille commencée, d'y prendre part.

Le voilà donc sur la barricade, le fusil à la main. Il va de soi qu'en sa qualité d'ancien officier il donne des conseils militaires, mais il ne réussit pas à instaurer un commandement et à discipliner les insurgés. Toute son action se borne à se battre dans le rang.

Ses prévisions s'avèrent d'ailleurs justes. Les Allemands de Prague sont convaincus qu'il ne s'agit que d'un complot tchèque et que les soldats autrichiens sont par conséquent leurs alliés et leurs sauveurs. Ils aident la troupe autant qu'ils le peuvent et beaucoup même prennent part aux combats. Contre les forces réunies de l'armée et de la population allemande la défaite des Tchèques est inévitable. Le cinquième jour, Windischgraetz prend les dernières barricades et devient de nouveau maître absolu de Prague et de la Bohême entière.

C'est le signal de la contre-révolution. Quelques semaines plus tard, le même Windischgraetz conquiert Vienne et, à quelque temps de là, c'est le peuple de Paris qui est battu dans les journées de juin.

Bakounine a eu raison : le destin de la Révolution se décide à l'Est de l'Europe et, si elle ne l'atteint pas, elle doit périr. Pour le moment, ce n'est que la première phase qui est perdue, mais plus que jamais il est prouvé que la Révolution ne peut vaincre dans un seul pays, qu'elle est condamnée à reculer de ses positions avancées, si elle ne marche pas partout au même pas, et qu'il faut, par conséquent, pousser le mouvement en Allemagne et arracher à la réaction ses réserves slaves. Bien qu'il croie réalisable cette tâche énorme, Bakounine ne se fait pas d'illusions. Dans le train qui emmène les congressistes, obligés de se sauver, il déclare carrément que jusqu'à nouvel ordre la Révolution est défaite en Bohême et qu'elle n'y peut ressusciter que quand elle aura été victorieuse ailleurs.

Personnellement il sort grandi de Prague. La légende le suit. On raconte qu'il était le chef de l'insurrection et qu'il se trouvait sur la barricade à côté d'une jolie Tchèque, dont il chargeait le fusil en plaisantant, pendant que lui-même tirait sans jamais manquer un coup.

Plus significative encore est une autre anecdote. En Allemagne, il serait passé par un village, où les paysans voulaient attaquer le château sans savoir comment s'y prendre ; il serait alors descendu de voiture, aurait posté les assaillants aux bons endroits, et leur aurait donné des conseils ; puis il serait reparti et de sa voiture il aurait vu le château pris et incendié.

L'imagination populaire le reconnaît déjà comme le chef de la révolution agraire, dont il ose à peine parler devant ses intimes.

L'APPEL AUX SLAVES

Les révolutions ne sont pas un jeu d'enfants, ni un débat académique où les seules vanités s'entretuent, ni une joute littéraire où l'on ne verse que de l'encre. La révolution, c'est la guerre, et qui dit guerre dit destruction des hommes et des choses. Il est sans doute fâcheux pour l'humanité qu'elle n'ait pas encore inventé un moyen plus pacifique de progrès, mais jusqu'à présent tout pas nouveau dans l'histoire n'a été réellement accompli qu'après avoir reçu le baptême du sang. D'ailleurs la réaction n'a rien à reprocher sous ce rapport à la révolution. Elle a versé toujours plus de sang que cette dernière.

BAKOUNINE.

Non seulement la légende mais aussi la calomnie suivent Bakounine. Les bruits sourds, répandus dès son discours devant les Polonais de Paris, n'ont jamais cessé de courir, sans dépasser toutefois des racontars. Maintenant qu'il revient de la barricade, ils réapparaissent et c'est dans le journal de Marx qu'ils prennent corps. L'accusation est nette : elle désigne Bakounine comme un agent de la Russie.

La *Neue Rheinische Zeitung* n'apporte aucune preuve de cette suspicion, la plus terrible pour un révolutionnaire ; il affirme seulement que l'on avait assuré à son correspondant parisien que George Sand possédait des documents compromettants sur

Bakounine et qu'elle les avait montrés à des amis : il en résulterait que Bakounine serait directement responsable des arrestations de nombreux Polonais à Paris.

Bakounine lit cet article à Breslau, où il s'est rendu, bien que, si près de la frontière, le danger d'être livré à la Russie soit plus grand que jamais. Dans sa réplique il ne tire aucun orgueil de sa conduite à Prague qu'il ne mentionne même pas. Il se contente de déclarer que le temps viendra bientôt où chacun aura à démontrer sa position non par des paroles mais par des faits. En outre, il s'adresse à George Sand, qui écrit tout de suite à la *Neue Rheinische Zeitung* que toutes ses insinuations étaient fausses, qu'elle ne possédait aucun document concernant Bakounine et qu'elle n'avait jamais eu le moindre doute sur la loyauté de son caractère et la sincérité de ses opinions.

Dans une lettre qu'elle lui adresse directement, elle est encore plus explicite sur « l'infâme et ridicule calomnie » qu'elle déclare ignorer absolument. Et elle continue : « Je suis tentée de vous gronder pour avoir douté un instant de moi en cette circonstance, mais nous sommes si calomniés et si persécutés, nous tous qui avons embrassé la cause démocratique de l'humanité, que nous devons nous tendre la main et ne pas nous laisser diviser et démoraliser par nos adversaires. Non, je n'ai jamais eu la moindre accusation contre vous entre les mains et je ne l'aurais pas accueillie, soyez-en certain. Je l'aurais jetée au feu sans la lire jusqu'au bout, ou je vous l'aurais envoyée, si je l'avais crue digne de réponse. L'article du *Nouveau Journal Rhénan* auquel je donne le plus formel démenti, est une invention gratuite, odieuse, et dont je me trouve personnellement blessée. Je veux croire que le correspondant qui a fourni cette note doit être fou pour avoir rêvé une pareille absurdité sur votre compte et sur le mien. Je regrette seulement de n'avoir pas été ici à même de me disculper, dès le premier jour, du vilain rôle qu'on m'attribue à votre égard et que je repousse avec indignation, avec chagrin, je vous assure. Peu de temps après votre bannissement de Paris par Louis Philippe, vous avez dû recevoir une lettre de moi, où je vous exprime l'estime et la sympathie que vous méritez et que je n'ai jamais cessé d'avoir pour votre caractère et vos actes. »

La *Neue Rheinische Zeitung* publie la lettre qu'elle a reçue, en se rétractant sans élégance. Pour toute excuse le journal déclare : « Nous avons rempli ainsi le devoir de la presse d'exercer sur les hommes publics une stricte surveillance et nous avons donné en même temps par là à M. Bakounine l'occasion de dissiper un soupçon qui avait été véritablement émis dans certains cercles parisiens. »

Quelques mois plus tard, Bakounine rencontre Marx à Berlin chez des amis communs. Marx lui explique que l'article calomnieux était paru en son absence. Bakounine accepte cette justification et les deux hommes s'embrassent. Il va sans dire que la calomnie pèse lourdement sur lui : ce qu'il en reste menace toujours son honneur et entrave son action politique. Mais il pense que Marx représente une force utile de la Révolution et il est persuadé que les questions personnelles perdent leur importance devant les besoins de la cause.

Cette générosité lui vient de la profonde conviction que sa vie ne lui appartient pas. Certes, la mélancolie qui se traduit dans ses lettres à Priamoukhino est en grande partie déterminée par sa nostalgie des êtres chéris, dont il est séparé à jamais. Elle est pourtant au fond de son caractère, bien qu'elle soit le plus souvent cachée sous une sérénité extérieure. Toute son insouciance, cette gaieté contagieuse aussi bien que sa vitalité qui charment tous ceux qui l'approchent, ont à la base une mélancolie qui le rend indifférent et insensible à tant d'adversités. Depuis la Révolution cette tristesse latente s'est transformée en une sorte de volupté de la mort. Bakounine croit qu'il périra dans ce grand mouvement qui a saisi l'Europe. C'est ce sentiment qui l'empêche de former de vastes projets et de s'occuper beaucoup du lendemain. Il se considère comme condamné avec toute sa génération qui n'est bonne qu'à détruire et à être l'engrais pour des récoltes futures.

A Breslau, il essaie en vain d'organiser un mouvement de sympathie pour les Slaves. Aussi se rend-il, en été 1848, à Berlin, afin de poursuivre cette politique sur un terrain plus vaste. « Hier le Russe Bakounine est venu, superbe et gai, plein de force, de courage et de douces espérances. Son corps géant lui permet tous les efforts », note Varnhagen.

Il renouvelle ses anciennes connaissances et en fait de nouvelles, parmi lesquelles Max Stirner, le philosophe de l'individualisme anarchiste. Leurs relations ne deviennent pas intimes, mais Stirner est fort impressionné par ce révolutionnaire qui doit lui apparaître comme la personnification de ses théories libertaires.

Naturellement, il fréquente beaucoup les milieux de gauche. Un soir, dans une réunion amicale de plusieurs députés du parlement prussien, quelqu'un propose de faire un punch russe. Bakounine s'en charge. On lui apporte alors du rhum, du sucre, des épices et une grande bassine en cuivre. Puis il éteint les lumières et allume le rhum. En bras de chemise, les manches retroussées, le géant qui, éclairé seulement par des flammes bleues, remue le liquide avec une grande cuillère apparaît aux assistants comme un délégué de l'enfer, d'autant plus qu'il récite les paroles de Méphistophélès « Ces gens ne pensent au diable que quand il les tient au collet. »

C'est plus qu'une citation, car il veut entraîner ces démocrates beaucoup plus loin qu'ils ne le soupçonnent. Puisque la Révolution a échoué aussi bien en Bohême qu'en Pologne, il se rabat sur l'Allemagne. Ce n'est qu'un autre point d'appui pour la libération des Slaves et, par conséquent, pour la Révolution mondiale, mais il se garde bien de dévoiler toute sa pensée. Les démocrates de Berlin sont des bourgeois qui ne veulent pas la révolution sociale, mais surtout une Allemagne unie et constitutionnelle.

Bakounine, par contre, est plus que jamais convaincu que la décadence de la Révolution est la faute des modérés et qu'un renouveau n'est possible que par un soulèvement spontané des masses. Comme il se rend compte que les ouvriers industriels en Allemagne ne sont en tout cas pas assez nombreux pour agir seuls, il en conclut qu'il faut gagner les paysans. Ainsi arrive-t-il aux mêmes idées pour l'Allemagne que pour les pays slaves : déchaîner une jacquerie avec toutes ses horreurs, mettre la terreur à l'ordre du jour, ne pas reculer même devant les journées de Septembre.

Le seul auquel il confie ces idées est Herwegh. « La réaction, lui écrit-il, est une pensée qui par l'âge est devenue une imbécillité. Mais la révolution est plutôt un instinct qu'une pensée ; elle agit, elle se répand comme instinct, et comme instinct elle livrera aussi ses premières batailles. […] Je ne crois ni en des constitutions ni en des lois. La meilleure constitution ne pourrait pas me satisfaire. Il nous faut autre chose : des passions et de la vie et un monde nouveau, sans lois et par conséquent libre. »

C'est déjà une profession de foi anarchiste. Dans une autre lettre à Herwegh elle est encore plus concrète. « Seule une guerre paysanne anarchique […] peut sauver l'Allemagne. […] Les mauvaises passions feront naître une guerre paysanne et je m'en réjouis puisque je ne crains pas l'anarchie mais je la désire de toute mon âme. Elle seule peut par la force nous arracher à cette médiocrité maudite dans laquelle nous avons végété depuis si longtemps. »

En dépit de ce programme, il déteste les Allemands. S'il est encore relativement indulgent pour le peuple, il n'éprouve que de la haine pour les bourgeois démocrates. A ses yeux, ils n'ont rien fait pour ce commencement de révolution qui leur est tombée du ciel et qu'ils considèrent comme un ressort de leurs revendications patriotiques et nationalistes. Il feint donc d'être leur ami et de prendre au sérieux leurs discussions de clubs et de parlement, qu'il appelle en secret *des parlotes*, ainsi qu'il leur cache ses véritables desseins, d'après lesquels leurs fins ne sont pour lui qu'un moyen.

Ses amis russes, auraient-ils eu raison en le qualifiant de menteur ? Il serait trop superficiel de juger un homme tel que Bakounine selon des catégories si simplistes. Il n'existe pas de génie sans mystère, et malgré son caractère expansif et son besoin de se communiquer, il y a bien des choses en lui qu'il n'avoue pas. En politique on est souvent obligé d'employer la ruse, si peu politicien qu'on soit. Au fond, nul plus que Bakounine n'est avide de sincérité. Il porte ses secrets comme un fardeau et, de temps en temps, il se rachète par des confessions qui vont jusqu'à l'humiliation.

En se présentant aux démocrates prussiens comme un allié qui ne demande pas que le mouvement en Allemagne dépasse le cadre national, il réussit à leur faire publier une adresse aux Slaves révolutionnaires. L'ambassadeur de France, Emmanuel Arago, avec lequel il en parle, est contre ces marques de sympathie, parce qu'il craint qu'une insurrection slave puisse causer une guerre européenne. De telles objections ne font, bien entendu, aucun effet sur Bakounine. Ses tentatives pour entraîner les démocrates allemands à faire cause commune avec les Slaves reste, cependant, sans succès.

Sa situation personnelle est d'ailleurs très difficile. D'un côté, il ressent toujours les calomnies de la *Neue Rheinische Zeitung* qui, bien que démenties, ne sont pas réduites au silence ; de l'autre, le gouvernement russe répand le bruit qu'il avait participé aux préparatifs d'un attentat contre le tsar. Coincé entre ces deux soupçons, Bakounine se heurte partout à des obstacles. Ses inquiétudes ne percent pas dans sa conduite. Pour le monde il garde un masque optimiste et, à des connaissances russes qui passent par Berlin, il dit : « Au revoir dans la République slave ». Mais en réalité, il est tourmenté par toutes sortes de doutes, il désespère même des Slaves, puisque les Croates au moins apparaissent de plus en plus comme les meilleurs soldats de la contre-révolution. Doit-il retourner à Paris, vaincu qui n'a rien accompli, souillé du soupçon le plus déshonorant ? Ce serait la faillite de toute son existence, la justification de ses calomniateurs, la preuve qu'il n'est réellement qu'un fanfaron bavard et fainéant. Mieux vaudrait mourir quelque part où l'on se bat, chez les Hongrois par exemple, mais il n'a pas même l'argent pour y aller. Jamais il n'a été si las, si désabusé.

Par surcroît, cette fois encore, il ne peut rester à Berlin. Le gouvernement russe prend trop d'ombrage de son activité. On se demande à Saint-Pétersbourg si l'on doit lui offrir l'absolution pour le faire rentrer dans la patrie ou si l'on doit l'enlever et le ramener en Russie de force, et l'ambassadeur prussien exprime à plusieurs reprises le désir que cet homme soit éloigné « qui, écrit-il, est certainement un des plus dangereux ennemis de l'ordre et de la sécurité et dont la présence ne peut que susciter de la préoccupation et de la méfiance à Saint-Pétersbourg ». Sur ces instances, il est en effet expulsé de Prusse et, lorsqu'il se rend à Dresde, il reçoit, à peine arrivé, un autre arrêt d'expulsion de la Saxe. L'indignation de la presse démocrate met seulement en évidence que l'influence des démocrates faiblit de plus en plus. Bakounine ne va cependant pas en Belgique, comme on le lui avait demandé. Il trouve un refuge à Koethen, dans le petit duché d'Anhalt, dernier îlot démocratique de cette Allemagne qui devient toujours plus réactionnaire et où il vit les mois suivants dans une demi-légalité relativement tranquille.

Bientôt il est rejoint par d'autres réfugiés. La contre-révolution a atteint Berlin, et l'armée de Frédéric Guillaume vient de chasser le parlement prussien. Mais les bourgeois révolutionnaires n'inspirent qu'un mépris dédaigneux à Bakounine. Lorsqu'un démocrate de Berlin raconte comment les soldats ont pénétré dans sa maison, en démolissant tout, et lui ont volé tous ses papiers ainsi que 30.000 thalers, il se gausse des gens qui n'ont d'autres réflexes que de s'écrier : « Comment ! l'argent aussi ? On vous le rendra certainement ! » Il n'a, en effet, pas complètement tort quand il voit là le véritable esprit des démocrates quarante-huitards de l'Allemagne.

La Révolution n'est pas encore tout à fait perdue ; à Rome d'où le pape vient d'être chassé et où la République a été proclamée, elle a même remporté une victoire. Mais tout le monde comprend que l'heure des batailles décisives s'approche. En France, la république bourgeoise, qui a vaincu le prolétariat, ne se maintient que par des concessions croissantes à la réaction bonapartiste. En Allemagne, la plupart des princes, le roi de Prusse surtout, commencent à jeter le masque et à se dresser contre les résolutions de l'Assemblée nationale de Francfort. L'empereur d'Autriche est redevenu le champion de la contre-révolution. Et le tsar se prépare à intervenir pour lui venir en aide et pour écraser la Hongrie. Bien des démocrates sont désormais convaincus que leur dernière ressource est une deuxième révolution, non plus celle des modérés, mais une vraie révolution qui ne recule pas devant les moyens extrêmes.

Cette situation est favorable aux projets de Bakounine. Cependant, aucune organisation internationale ne correspond à la complexité de la Révolution mondiale. Tout au plus existent des relations personnelles de quelques chefs, et Bakounine est un de ces hommes peu nombreux qui comprennent la connexion des révolutions nationales et qui demandent une action concertée.

Car les événements s'enchaînent. Les Habsbourg réinstallés à Vienne, les Croates qui, sous Jelatchitch, leur ont reconquis la capitale et, sous Radetzky, Milan, peuvent peut-être encore espérer triompher sur les Hongrois ; mais le rêve des Tchèques de transformer l'Autriche en empire slave et de devenir son épine dorsale est terminé. D'autre part, cet accroissement de la puissance des Habsbourg compromet gravement la réalisation de l'unité allemande et l'antagonisme entre Vienne et Berlin, qui sera l'enjeu de Sadowa, devient de plus en plus fort.

A Francfort, c'est la lutte entre les Grands-Allemands qui ne conçoivent l'unité qu'avec l'Autriche, et leurs adversaires, appelés les Petits-Allemands, qui sont prêts à renoncer à l'Autriche et vont jusqu'à offrir la couronne de l'empire à Frédéric-Guillaume de Prusse. Parmi ces précurseurs de la solution bismarckienne il y a bien des démocrates comme Ruge, mais déjà ils sont disposés à sacrifier la liberté à l'unité, ne fût-elle que partielle.

Ce programme est naturellement inacceptable aussi bien pour les Grands-Allemands que pour tous les vrais démocrates. Ils sont donc obligés de chercher le salut dans la République et de combattre et le roi de Prusse et l'empereur d'Autriche. En même temps, ils doivent tout faire, afin de séparer les parties allemandes de l'empire autrichien. Voilà ce qui les rapproche des idées de Bakounine. Enfin, les intérêts des démocrates allemands et des Slaves autrichiens coïncident de cette façon. Que les Slaves détruisent l'Autriche et l'unité allemande devient réalisable.

Il est évident que ce terrain d'entente reste plus que fragile. Même ce que Bakounine avoue de ses aspirations n'est accepté que par une partie des démocraties allemandes et encore avec force hésitations. Et parmi les Slaves, sauf les Polonais, il existe à peine un mouvement démocrate. Toujours est-il que les milieux qu'il a fréquentés à Berlin commencent à s'intéresser à ses projets slaves et lui demandent de les publier dans un appel aux Slaves. L'intermédiaire de cette correspondance est le journaliste Mueller-Struebing, un vieil ami de Bakounine avec lequel il est en relations depuis son premier séjour à Berlin.

L'oisiveté forcée des premières semaines dans l'Anhalt, interrompue seulement par des chasses aux lapins, est terminée. Bakounine a de nouveau un but et il le poursuit avec toute sa ferveur. *L'Appel aux Slaves* n'est pas une profession de foi ni une confession : cette fois-ci il s'agit d'une brochure de propagande, née de circonstances déterminées et qui tient compte des données de la situation. Aussi porte-t-elle les traces d'un compromis.

Dans sa forme primitive elle contient encore une partie du programme révolutionnaire proprement dit de Bakounine. « Deux grandes questions s'étaient posées comme d'elles-mêmes dès les premiers jours du printemps : la question sociale, et celle de l'indépendance de toutes les nations, émancipation des peuples à l'intérieur et à l'extérieur à la fois. Ce n'étaient point quelques individus, ce n'était pas non plus un parti, c'était l'instinct admirable des masses qui avait élevé ces deux questions au-dessus de toutes les autres et qui en demandait la prompte solution. Tout le monde avait compris que la liberté n'était qu'un mensonge là où la grande majorité de la population est réduite à mener une existence misérable, là, où, privée d'éducation, de loisirs et de pain, elle se voit pour ainsi dire destinée à servir de marchepied aux puissants et aux riches. La révolution sociale se présente donc comme une conséquence naturelle, nécessaire de la révolution politique. De même, on avait senti que tant qu'il y aura en Europe une seule nation persécutée, le triomphe décisif et complet de la démocratie ne serait possible nulle part. L'oppression d'un peuple ou même d'un simple individu est l'oppression de tous et l'on ne peut violer la liberté d'un seul sans violer la liberté de chacun. [...] La question sociale, question bien difficile, hérissée de dangers et grosse de tempêtes, ne peut être résolue ni par une théorie préconçue, ni par aucun système isolé. Pour la résoudre, il faut la bonne volonté et le concours unanime, il faut la foi de tout le monde dans le droit de tous à une égale liberté. Il faut renverser les conditions matérielles et morales de notre existence actuelle, renverser de fond au comble ce monde social décrépit, devenu impuissant et stérile et qui ne saurait contenir, ni comporter une si grande masse de liberté. Il faut auparavant purifier notre atmosphère et transformer complètement le milieu dans lequel nous vivons, car il corrompt nos instincts et nos volontés, en rétrécissant nos cœurs et nos intelligences. La question sociale apparaît donc d'abord comme le renversement de la société. »

Mais à l'instigation de ses amis berlinois, il supprime ces passages hardis. Dans sa forme définitive l'*Appel* s'adresse donc surtout aux Slaves, en les exhortant à faire la Révolution sociale pour arriver à leur libération nationale. Une fois dans la voie du compromis, Bakounine, désireux de ménager les Polonais, va jusqu'à déconseiller une révolte des paysans ruthènes contre leurs propriétaires fonciers qui sont des Polonais et qu'il feint de considérer comme démocrates.

L'*Appel aux Slaves* est pourtant, en dépit de ces concessions, le premier document qui préconise la constitution en États des Slaves non russes, États qui ne seront formés qu'après les traités de 1919. Bakounine démontre que les Balkans sont terre slave, où les Turcs ne présentent qu'une infime minorité. Tout en prêchant une alliance ce avec les Hongrois, il prouve, chiffres en main, qu'ils dominent des millions de Slaves qui ont le même droit à l'indépendance que les Magyars. Il réclame surtout que les Tchèques, les Slovaques, les Moraviens deviennent une nation ; il affirme même le caractère purement tchèque de la Bohême. Il n'y a pas de doute que le mouvement national des peuples opprimés est une force révolutionnaire, mais, en 1848, ces idées qui sont la préfiguration d'une réalité postérieure ne paraissent à beaucoup que les fantaisies d'un utopiste.

L'Appel aux Slaves provoque une longue critique de la *Neue Rheinische Zeitung*, critique dont l'auteur est Engels, mais qui reflète aussi bien les pensées de Marx. « Bakounine est notre ami » débute cet article, pour l'appeler tout de suite « un panslaviste démocrate » ce qui n'est pas une qualification impropre. Plus étonnantes sont les idées que l'un des auteurs du *Manifeste Communiste* développe ensuite. « Nous le répétons : sauf les Polonais, les Russes et peut-être les Slaves de la Turquie, aucun peuple slave n'a un avenir. […] Des peuples qui jamais n'ont eu d'histoire […] qui n'ont aucune vitalité, n'arriveront jamais à une indépendance quelconque. » Engels est particulièrement hostile aux Tchèques qui sont pourtant le peuple des Hussites. « Cette *nation* qui historiquement n'existe pas du tout réclame son indépendance » s'écrie-t-il. Et il se dresse contre la formation d'États slaves qui sépareraient l'Autriche et la Hongrie de la mer. « Et tout cela pour remercier les Allemands qui se sont donné la peine de civiliser les Tchèques et Slovènes entêtés et d'introduire chez eux le commerce, l'industrie, la culture agricole et l'instruction. »

Le critique marxiste va jusqu'à appeler les Croates une nation contre-révolutionnaire de par leur nature. Puis il conclut : « Aux phrases sentimentales de fraternité qui nous sont offertes ici au nom des nations contre-révolutionnaires de l'Europe nous répondons : que la haine des Russes était et reste la première passion révolutionnaire des Allemands ; que depuis le Révolution elle est amplifiée par la haine des Tchèques et des Croates et qu'avec les Polonais et les Magyars, nous ne pouvons sauvegarder la Révolution que par le terrorisme le plus décidé contre ces peuples slaves. »

Si Bakounine est un nationaliste slave, Marx et Engels sont des nationalistes allemands et ce qui pour l'un est la haine des Allemands est pour les autres la haine des Slaves. Il est vrai que Bakounine se trompe lorsqu'il croit à la possibilité de déchaîner la Révolution chez les Slaves. Mais Marx et Engels se trompent autant lorsqu'ils croient au caractère révolutionnaire des Allemands. Toute la question est en ce moment de savoir s'il est préférable de faire la guerre aux Slaves ou d'essayer de les rallier à la Révolution. Encore quelques mois et les événements démontreront que la guerre est perdue dès le début et que « le terrorisme le plus décidé » n'est qu'une menace impuissante. Par contre, il n'est pas prouvé que les Slaves n'auraient pas pu être soulevés, si les démocrates allemands avaient suivi Bakounine dès le commencement, en tenant compte des aspirations nationales des Slaves, aussi justifiées en somme que celles de tous les autres peuples.

Au début de 1849 il est probablement trop tard pour corriger les erreurs de l'année passée, même si Bakounine pouvait poursuivre sa politique avec des moyens et des appuis beaucoup plus grands que ceux dont il dispose. La majorité des Slaves autrichiens est désormais convaincue qu'elle a davantage à gagner avec les Habsbourg qu'avec la démocratie.

Toujours est-il que la *Neue Rheinische Zeitung* ne reflète que l'état d'esprit d'une fraction des révolutionnaires allemands. D'autres sont plus favorables aux idées de Bakounine, notamment le journaliste Julius, le député Enno Sander et les membres du *Comité central des démocrates d'Allemagne*, Hexamer et d'Ester, réfugiés comme lui dans l'Anhalt. Bakounine les avait déjà connus à Berlin. Maintenant il les gagne à ses projets et collabore avec eux. Par leur intermédiaire, il entre en contact avec nombre de journaux et de clubs allemands qui désormais font preuve d'une plus grande compréhension des revendications slaves. Bakounine se trouve ainsi au centre des préparatifs révolutionnaires en Allemagne. Il est même choisi comme chef militaire de l'insurrection attendue, soit à Berlin, soit à Breslau.

A la recherche de soutiens, il envoie *l'Appel* à Flocon qui ne lui répond pas, mais en publie de longs extraits dans la *Réforme*. Proudhon aussi écrit un long article dans *Le Peuple*, où il expose sa parfaite communauté de vues avec Bakounine. Les Polonais traduisent même la brochure. Bakounine, cependant, ignore tout cela et s'imagine que ses anciens amis l'ont abandonné à cause des calomnies répandues sur son compte. Par contre il trouve des partisans parmi les Tchèques qui eux aussi font paraître *l'Appel*. Il réussit même à fonder avec eux une nouvelle société secrète.

Comme le danger existe que le gouvernement prussien s'empare des émigrés de l'Anhalt, il se rend, en compagnie de d'Ester et de Hexamer à Leipzig et plus tard à Dresde. A la suite d'une interpellation de la Chambre, le gouvernement de Saxe a déclaré que son arrêt d'expulsion était dû à une méprise et qu'il pourrait retourner dans la Saxe, pourvu qu'il se tienne tranquille. Il préfère pourtant être prudent, en vivant à l'écart, ne fréquentant que peu de personnes et ne sortant que pendant la nuit. C'est l'illégalité avec toute la vie fiévreuse de la conspiration : réunions secrètes, lettres sous doubles enveloppes, méfiance de chaque étranger. Enfin il est au centre d'une conspiration, entouré surtout d'étudiants qui le considèrent comme leur chef.

La société secrète tchèque doit, selon le projet de Bakounine, se diviser en trois branches : l'une qui s'occupera des paysans, la deuxième des petits-bourgeois, la troisième de la jeunesse, travaillant chacune à l'insu des autres. L'organisation doit être hiérarchique et centralisée. A sa tête se place un comité central qui distribue les ordres auxquels chaque membre est tenu d'obéir. A l'insu de ses amis tchèques, Bakounine dépêche en même temps un Allemand à Prague avec la mission de former une société parallèle parmi les Allemands de Bohême. Car sa grande préoccupation est de rallier les démocrates tchèques et allemands de la Bohême, tout en utilisant comme force motrice la haine des Tchèques contre les Allemands.

Une année de révolution est la meilleure école pour le révolutionnaire. Maintenant Bakounine n'est plus le jeune homme enthousiaste et plein d'espoir qui accourait à pied à Paris, emporté par l'ivresse de Février. Entre temps l'action et aussi bien des déceptions l'ont mûri. Son énergie est restée intacte, elle est même plus farouche que jamais, mais elle s'est enrichie d'une grande expérience. Ce n'est plus un rêveur aux idéals un peu vagues, c'est un chef décidé, conscient de ses capacités, qui, en ce printemps de 1849, entre dans la phase décisive de sa vie. Ses idées sont toujours les mêmes, mais elles sont plus claires, plus concrètes qu'auparavant.

Aussi choisit-il comme premier terrain d'action la Bohême, parce qu'il est d'avis qu'elle présente les conditions les plus favorables au déclenchement de la Révolution slave. Les Polonais sont partagés entre trois États et épuisés par leur défaite. Les Tchèques, par contre, forment un bloc, et la malheureuse insurrection qui a souligné la fin du congrès slave ne les a guère affaiblis ; la domination des Habsbourg qui ont encore besoin de leurs sujets slaves n'est pas trop inclémente. Le nationalisme tchèque peut donc s'épanouir presque sans entraves. Économiquement et spirituellement la Bohême est d'ailleurs le plus avancé des pays slaves et Prague est considérée par tous les Slaves hors de Russie comme leur capitale.

Bakounine se trompe cependant lorsqu'il croit que le nationalisme tchèque tend à prendre une forme révolutionnaire. Il est vrai que la jeunesse universitaire commence à se méfier des Habsbourg. La Bohême possède en outre une industrie et par conséquent un prolétariat travaillé par des revendications sociales. Enfin, il y a la masse des paysans qui, à peine affranchis du servage, vivent encore dans les conditions d'un régime féodal.

Bakounine est en tout cas convaincu que cette situation offre toutes possibilités à l'action de sa société secrète. Et cette fois ses projets ne s'arrêtent pas à la préparation de la révolution. Il a tout un plan pour la diriger et pour la développer. C'est un plan grandiose, impitoyable et d'un réalisme inflexible.

La Révolution qu'il prépare ne vise pas seulement au renversement politique de la domination autrichienne en Bohême, mais à la destruction totale de la société établie. Les paysans seront excités à donner l'assaut aux demeures seigneuriales, à brûler les châteaux et à s'approprier la terre. Les propriétaires fonciers seront chassés, d'autant plus qu'ils sont pour la plupart des Allemands fidèles aux Habsbourg. Seront expulsés de même tous les féodaux, les officiers, les fonctionnaires, les magistrats et la partie du clergé qui sympathise avec l'Autriche. Seuls quelques fonctionnaires particulièrement qualifiés seront conservés pour renseigner la nouvelle administration « comme des bibliothèques vivantes ». Tous les tribunaux seront supprimés, tous les procès suspendus, toutes les dettes au-dessus de mille gulden annulées. Selon une idée qui restera chère à Bakounine pendant toute sa vie, seront détruits surtout tous les cadastres, tous les titres de propriété, toutes les hypothèques, tous les dossiers de l'administration, tous les casiers judiciaires, tous les documents d'état civil. Aucune trace de la société existante ne doit rester, afin qu'elle ne puisse être rétablie même en cas de victoire de la réaction.

La Bohême entière sera transformée en « camp révolutionnaire ». La jeunesse et les chômeurs seront enrôlés dans une armée pour faire la guerre révolutionnaire contre les armées autrichiennes et russes, bien que ces dernières soient slaves, « aussi longtemps qu'elles auraient à la bouche le nom funeste de l'empereur Nicolas ». La grande masse de la population restera chez elle, mais armée, pour pouvoir sauvegarder les conquêtes de la Révolution.

Le gouvernement sera assumé par le comité de la société secrète. Il sera dictatorial. Tous les clubs, toutes les réunions, tous les journaux seront supprimés, aucune discussion ne devant entraver la grande lutte. La propagande, néanmoins, jouera un rôle très important. Des hommes de toutes les classes, choisis selon leur caractère et leur aptitude, parcourront le pays, pour porter partout les directives du comité central et pour improviser une organisation révolutionnaire et militaire.

Bakounine est convaincu que ce camp révolutionnaire, par sa seule existence, exercera une attraction irrésistible sur les peuples voisins de la Bohême, slaves ou allemands. Il part du principe que le meilleur propagandiste de la révolution est la révolution elle-même, et sa tendance inhérente à s'étendre lui semble particulièrement grande en ce printemps de 1849. Ainsi, une fois éclatée dans un pays et poussée ici à l'extrême, elle doit faire tache et gagner enfin l'Europe entière.

La difficulté principale en Bohême résulte des rivalités nationales. Il consacre donc une grande partie de son activité à les apaiser. C'est à ses amis allemands, à d'Ester et Hexamer surtout, qu'incombe la mission de réconcilier les démocrates tchèques et allemands. Lui-même écrit de nombreux articles dans ce sens, le plus souvent dans la *Dresdner Zeitung* qui, pendant ces mois, est entièrement sous son influence. En outre, il entre en relations avec les Hongrois, pour arriver à un accord entre eux et les Tchèques. Ses intermédiaires sont deux émigrés polonais, Krzyzanowski et Heltman, qu'il gagne à ses idées lors d'une rencontre fortuite à Dresde. Les chefs de l'émigration polonaise sont en effet dans les meilleurs termes avec le gouvernement révolutionnaire de la Hongrie. Krzyzanowski et Heltman lui promettent même d'obtenir du comité polonais de Paris de l'argent pour ses préparatifs et l'envoi d'officiers pour la future armée tchèque.

Malheureusement, tous ses amis allemands et polonais ne sont que des personnages de deuxième ordre, sans envergure et à l'influence limitée. Ce qui est pire encore, c'est que les Tchèques aussi qui collaborent avec lui sont ou des jeunes gens sans expérience ou des hommes sans initiative comme Arnold, l'étudiant Fric et les frères Straka, qui tous n'acceptent ses idées hardies qu'avec force réserve et ne le suivent qu'en hésitant. Mais Bakounine est décidé de se mettre personnellement à la tête du mouvement. Il fera partie à la fois du comité central tchèque, du comité central allemand et du comité slave qu'il veut former à Prague comme centre de liaison de tous les Slaves. Aussi aura-t-il tous les fils en main.

Est-ce le rêve d'un futur dictateur ? Son ambition est pourtant tout à fait impersonnelle. Son but unique c'est la révolution, c'est la grande destruction du monde actuel. S'il est prêt à assumer la responsabilité suprême aussi bien qu'à se sacrifier, c'est parce qu'il est conscient de ses capacités. Au fond de son être il ne croit pas à un avenir brillant ; le destin qu'il pressent est sombre. Et parce qu'il va à la rencontre de ce destin, à la rencontre du peloton d'exécution, du gibet, des casemates d'une forteresse, il se considère comme un homme élu du sort, comme un instrument de la fatalité, comme un chef.

Les moyens financiers dont il dispose sont infimes. Il n'a pu se rendre de Koethen à Leipzig que grâce à une petite somme envoyée par Reichel, et ni les Tchèques, ni les Polonais, ni les Allemands ne veulent lui adresser des subsides de quelque importance. Ce qu'il peut dépenser pour sa grande entreprise ne dépasse pas en tout quelques centaines de thalers. Plus tard, dans la forteresse, il s'étonnera lui-même de la témérité de son action et de ses espoirs. Pourtant, de nouveau libre, il recommencera. Car, quoiqu'en dise la réaction, c'est ainsi que des générations de révolutionnaires vivent, luttent et disparaissent, et ce n'est que rarement qu'ils ont la chance de rencontrer des conditions où leurs idées sont adoptées par les masses.

LA BARRICADE

La Russie est, comme on le sait, opprimée par les Allemands ; mais le jour où le vieux cri germanique se fit entendre : « Qui veut mourir avec nous pour la liberté de l'Allemagne ? » un Russe se présenta, se jeta aux premiers rangs, et pas un patriote allemand n'y fut avant lui. Quand l'Allemagne sera l'Allemagne, ce Russe y aura un autel.

MICHELET.

Depuis le mois de mars, Bakounine habite Dresde, ville plus révolutionnaire et mieux située pour ses desseins tchèques que Leipzig. La capitale des rois de Saxe, qui longtemps régnaient aussi sur la Pologne, a conservé un certain intérêt pour les affaires slaves ; nombre de réfugiés polonais y résident. Ce n'est certes pas un centre mondial, mais son glorieux passé et son élégante architecture confèrent à la ville un caractère cosmopolite et artistique. Ses musées sont célèbres et ses habitants ont un goût prononcé pour la musique qui les élève parfois au-dessus des petitesses quotidiennes. C'est ici que Bakounine est devenu révolutionnaire, c'est ici que son destin s'accomplit. Rien n'indique pourtant qu'il le pressent. Le drame de sa vie prend corps à son insu. Si cette vie est une œuvre d'art avec des péripéties, des points culminants, des périodes de calme, il ne l'édifie pas consciemment. Il l'accepte seulement, et il en est moins l'artisan que l'objet.

Il habite dans un pavillon au jardin zoologique chez la veuve d'un fonctionnaire, dont le fils est un de ses partisans. La maison est complètement isolée ; c'est un endroit rêvé pour une cachette et aussi pour des réunions secrètes. Quand il sort, il prend soin de se déguiser. Quelquefois il s'habille en pasteur anglican, sans qu'il réussisse à se rendre méconnaissable.

Sa santé est quelque peu ébranlée. Il souffre des yeux, et quand il discute avec ses amis, il se protège souvent contre la lumière en se servant de ses mains comme d'un abat-jour. Comme toujours, il est sans argent. Souvent même il ne peut manger. Il est bien entouré d'hommes dévoués : le chef d'orchestre Roeckel va jusqu'à vendre ses meubles pour lui venir en aide. Mais ces modestes moyens servent avant tout à la propagande.

Par Roeckel il fait la connaissance de son collègue Richard Wagner. Ils deviennent assez amis, mais Bakounine reste récalcitrant. Plus tard, au cours de son procès, il déclarera : « J'ai reconnu tout de suite en Wagner un fantasque et, bien que j'aie causé assez souvent politique avec lui, je ne me suis jamais allié avec lui pour des actions communes. » En réalité, il est plus attiré par l'artiste que par le révolutionnaire, car même en pleine activité conspirative Bakounine n'oublie pas son amour de la musique. Souvent il demande à Wagner de se mettre au piano, et quand l'ami dirige la Neuvième Symphonie de Beethoven, il assiste à la répétition générale, au risque d'être reconnu. Il en est tellement enthousiasmé qu'après l'exécution il embrasse Wagner au milieu de la salle, en s'écriant : « Tout périra, rien ne subsistera. Une seule chose restera éternellement : la Neuvième Symphonie ! »

Wagner qui est en ce moment un révolutionnaire fervent a beaucoup d'admiration pour Bakounine. Il ne le comprend pourtant pas du tout et reste ébahi et déconcerté devant ce phénomène. Malgré tout son génie musical, il a l'âme d'un petit bourgeois et l'insouciance de l'aristocrate chez Bakounine le trouble autant que l'extrémisme du rebelle. Si radical qu'il se croie, il frissonne, lorsqu'il entend le Russe prêcher l'incendie des châteaux et répondre à un interlocuteur qui voudrait protéger la propriété : « Tu n'auras donc qu'à élever soigneusement une barrière autour de ton champ et à recréer la police. » Le futur seigneur de Bayreuth est aussi scandalisé quand, lors d'un dîner, son hôte mange la charcuterie sans la découper en petites tranches et sans en faire parcimonieusement des sandwichs. Bakounine a quelque mépris pour cet ami. Il refuse d'écouter son projet d'un opéra sur Jésus de Nazareth et le raille en lui conseillant de faire des variations sur un thème où le ténor chanterait « Tuez-le ! » et le soprano « Pendez-le ! », tandis que la basse répéterait « Feu ! Feu ! »

Mais la musique, les plaisanteries, les conversations amicales, il ne les entend que distraitement, comme un capitaine du haut de sa passerelle devant la tempête. Il a les yeux sur la Bohême, et comme il n'en reçoit que des nouvelles vagues et imprécises, il se décide à y aller personnellement, pour examiner la situation et hâter les préparatifs. C'est un voyage dangereux, car sa participation à l'insurrection de l'année passée est loin d'être oubliée. Aussi se sert-il du passeport d'un commerçant anglais. Il sacrifie même sa barbe et sa crinière, et comme il ne peut pas se risquer chez un coiffeur, c'est le fidèle Roeckel qui se charge de cette transformation. Il le fait tant bien que mal et Bakounine saigne stoïquement sous son rasoir, tandis que les amis l'entourent avec le sombre pressentiment de ne pas le voir revenir de Prague.

Là, il se convainc très vite qu'aucune de ses directives n'est réalisée. Les démocrates tchèques avec lesquels il entre en contact sont effrayés par la hardiesse de ses projets ; bientôt ils lui paraissent aussi bavards et désorganisés que les Allemands. Les seuls qui acceptent son programme sont les frères Gustave et Adolphe Straka. Bakounine reste pourtant persuadé que toutes les données de la révolution sont réunies en Bohême, mais le temps presse et il ne croit pas qu'on puisse attendre jusqu'à ce que tous les préparatifs soient faits pour transformer le pays entier en camp révolutionnaire. Il modifie donc son plan et demande aux Straka, tout en continuant la propagande générale, de songer avant tout à la conquête de la ville de Prague. Dans ce but ils devront former plusieurs groupes d'insurgés, chacun composé de quelques centaines d'hommes, des ouvriers de préférence. Au moment propice ces groupes devront s'emparer de la ville. Bakounine espère qu'une fois la capitale gagnée et un gouvernement révolutionnaire constitué, la Révolution s'étendra sur le pays tout entier.

Malheureusement, il n'est pas possible qu'il demeure à Prague et surveille lui-même l'exécution de ce programme. Trop de personnes l'ont approché et son séjour n'est plus un secret. Il n'y aurait pas de sens à s'exposer plus longtemps aux dangers d'une arrestation. Aussi est-il obligé de repartir pour Dresde. Il a été à peu près une semaine à Prague.

De Dresde il continue ses efforts. Cependant, la société secrète est découverte en Bohême. Roeckel, qu'il a dépêché à Prague, est arrêté en route. La contre-révolution commence son œuvre qui se terminera par de nombreuses condamnations à mort, commuées finalement en emprisonnements à vie ou à très longue durée. Mais de tout ce qui se passe en cette Bohême qu'il avait choisie comme terre élue de la révolution, Bakounine n'apprend plus rien. Déjà il est engagé lui-même dans la lutte suprême. C'est en Allemagne et pour l'Allemagne qu'il la livre.

L'Assemblée Nationale de Francfort a enfin achevé ses travaux. La constitution allemande tant désirée est prête. La question qui se pose maintenant est de savoir si elle sera acceptée aussi bien par les princes que par le peuple. Le roi de Prusse refuse ; il offre même son armée aux autres souverains allemands qui sont moins forts dans ce conflit avec leurs sujets. En même temps, une armée russe franchit les Carpathes et marche vers la Hongrie, cependant qu'une armée autrichienne l'attaque de l'ouest. La Révolution de 48 est acculée à sa lutte finale.

Pour son malheur elle n'a pas de direction centralisée. Elle se bat séparément, et séparément elle est vaincue. Même en Allemagne la résistance contre les princes n'est aucunement organisée. Bien que tout le monde ait prévu la conflagration, bien qu'il y ait toutes sortes d'organisations publiques et secrètes, la campagne pour la constitution n'a aucune unité et s'éparpille en insurrections locales, isolées et sans liaison.

Les Saxons avaient vécu jusqu'ici dans une confiance démesurée. Ils croyaient en la loyauté de leur roi et ils étaient fiers de leur parlement. Ils étaient bien décidés à défendre la constitution, mais tout en parlant depuis des mois de la lutte imminente, ils ne la prenaient pas très au sérieux, sûrs que tout s'arrangerait à l'amiable. Lorsque, au début de mai, le roi soudainement dissout le parlement, le premier mouvement est celui de la stupeur. Puis le bruit se répand que des troupes prussiennes marchent vers la Saxe, bruit qui devance les événements, mais qui est parfaitement justifié, car le roi de Saxe négocie avec son cousin de Prusse à ce sujet. Alors le peuple de Dresde réagit.

Dès le 2 mai, des révoltes éclatent, comme toujours spontanément. Petit à petit, elles prennent un caractère révolutionnaire. Le cri traditionnel « des armes ! » retentit, mais les chefs démocrates, contrairement à l'avis de Bakounine, hésitent encore à attaquer l'arsenal. Une fois déchaîné, le mouvement ne peut cependant plus être arrêté. La troupe essaie d'occuper les points stratégiques de la ville, la garde nationale sort en armes et essuie le feu des soldats, des barricades surgissent du sol. Dresde est en insurrection.

Il n'y a pas de bataille de rues proprement dite. La journée — c'est le 4 mai — ne se passe qu'en bagarres. Mais la cour et le gouvernement prennent peur et, dans la nuit, le roi et ses ministres fuient leur capitale, tandis que la troupe bat en retraite. Presque malgré eux, les révolutionnaires sont ainsi maîtres de la ville. Surpris et quelque peu effrayés par cette victoire facile, ils sont dans le plus grand désarroi. Un gouvernement provisoire est élu qui se compose de deux membres du parti constitutionnel-monarchique, Heubner et Todt, et d'un seul démocrate, Tzschirner. C'est seulement plus tard que le mouvement prend un caractère nettement démocratique. Tout d'abord le gouvernement provisoire perd des heures précieuses en entamant des négociations avec le roi qui, bien entendu, est très content de faire traîner les choses jusqu'à l'arrivée de l'aide prussienne.

Bakounine, bien qu'il s'attendît au conflit, a été surpris comme tout le monde, par les émeutes et leur rapide transformation en insurrection. Au début, il suit les événements en simple spectateur. Sans crainte désormais d'être reconnu et appréhendé, il se promène, en compagnie de Wagner, à travers la ville. Son œil exercé remarque toutes les fautes politiques et surtout militaires que le gouvernement provisoire commet. Il ne sait cependant pas encore quelle décision il doit prendre. Les seuls parmi les chefs des démocrates saxons avec lesquels il est intime sont Roeckel qui est en Bohême et le rédacteur de la *Dresdner Zeitung* Wittig. Il connaît superficiellement Todt et quelques autres, sans avoir eu avec eux de relations suivies. Doit-il se joindre au mouvement qui vient d'éclater ou rester à l'écart ?

Quand on pense aux théâtres différents et aux formes variées de son activité depuis un an, on est tenté de le croire un aventurier en quête de sensations. Pour un peu on le tiendrait pour un homme blasé et insatisfait qui suit la révolution, parce qu'elle représente un phénomène particulièrement émotif. Mais Bakounine n'est ni un lansquenet ni un neurasthénique. Il est un révolutionnaire qui, dès les premiers jours de la Révolution, a une ligne politique très nette. Son but est toujours le même : soulever les Slaves et, à l'aide de leurs forces barbares, détruire toute la société établie de l'Europe. Seuls ses points de départ ont varié selon les conditions du moment. Maintenant il se considère, à juste titre, comme le chef de mouvement tchèque. La question qui se pose à lui est donc de savoir s'il ne compromet pas son travail en Bohême en se battant à Dresde. Un instant il songe à quitter la ville et à se réserver pour cette tâche. D'autre part, n'est-ce pas lui qui a toujours déclaré que la Révolution est une et qu'elle s'étendra automatiquement après avoir éclaté n'importe où ? Il se peut très bien que la Saxe donne le signal à la Bohême, dont il ignore que ses efforts y échouent à l'instant même. Et puisqu'il est un chef révolutionnaire, peut-il rester à l'écart, voire partir, alors qu'on se bat ? Enfin, il y a la mystique de la barricade qui attire tout révolutionnaire. Le peuple a pris les armes, la liberté combat avec ses défenseurs, qu'importe que ce soit en Russie, en France, en Autriche ou en Allemagne !

C'est l'heure suprême dont il a rêvé dans sa solitude, dont l'attente l'a consolé dans son désespoir, c'est l'heure qu'il a invoquée dans ses discours et dans ses articles, qui l'a enflammé, pour laquelle il a vécu — l'heure de la décision et du sacrifice. Alors Bakounine répond : « Présent ! »

Avec Heltman et Krzyzanowski, qu'il a gagnés à son point de vue, il se met à la disposition du gouvernement provisoire. D'autres réfugiés polonais suivent leur exemple, et l'aide de ces experts militaires est volontiers acceptée, car la Révolution manque d'officiers. Tzschirner conclut même avec eux une sorte de traité, en leur déclarant qu'il lutte pour la république démocratique et en leur promettant de donner après la victoire des armes et de l'argent pour la révolution bohémienne. Il demande toutefois de ce pas parler de ces projets à ses collègues Heubner et Todt.

Bakounine et ses camarades sont installés derrière un paravent dans la grande salle de l'Hôtel-de-Ville où siège le gouvernement provisoire. Ils forment l'état-major dont les ordres sont transmis au commandant des milices, Heinse, qui n'est nullement à la hauteur de sa tâche. Aucun des chefs saxons ne l'est en vérité. Pour la plupart ils ne sont ni compétents ni courageux. Le seul qui donne toute sa mesure est Heubner qui n'est entré dans le gouvernement que par devoir et que les événements entraînent bien au delà de ses opinions modérées.

Mais il y a Bakounine. Sa personnalité s'impose. Bientôt il est le véritable chef de l'insurrection. Il est sur les barricades et, à l'Hôtel-de-Ville, il encourage et il commande. « Ce diable ne connaissait pas de ménagement », dit un témoin. Et un autre raconte : « Plus la catastrophe s'approchait, plus la conduite de Bakounine devenait décidée. Tout tremblait devant cet homme. »

Sur son ordre, on emmagasine des réserves de poudre dans l'Hôtel-de-Ville. Le conseil municipal demande de les transporter autre part, mais Bakounine répond qu'il n'existe plus de conseil municipal, et lorsque le messager insiste, il le menace : « Écoutez, je vous ai déjà observé longtemps. Vous êtes de l'autre parti. Un mot de plus et alors… »

Beaucoup plus tard on raconte encore à Dresde qu'il reçut les conseillers municipaux, assis sur un baril de poudre et fumant un cigare. Une autre anecdote prétend qu'il voulait poser sur une barricade la Madone Sixtine de Raphaël, le plus célèbre tableau du musée de Dresde, pour empêcher les Prussiens de tirer là-dessus. Mais il y a aussi des histoires sur sa bonté. Un milicien aurait été arrêté parce qu'il avait tiré sur un pigeon, pour essayer son fusil. On l'aurait pris pour un espion et amené à l'Hôtel-de-Ville, où, par trop troublé, il se serait embrouillé dans son explication. Bakounine l'aurait alors sauvé en se mettant derrière lui et en lui soufflant ce qu'il devait dire.

Tout cela sent évidemment la légende. Elle démontre pourtant quelle forte impression Bakounine fait pendant ces jours. Le mélange de peur et d'admiration qu'il inspire se reflète jusque dans les mémoires du commandant des troupes prussiennes, le comte de Waldersee. « Non seulement le commandant de la garde communale, écrit-il, mais aussi le gouvernement provisoire lui-même était véritablement terrorisé par lui. La façon dont il exerçait son commandement est attestée par les ordres d'incendie qui ont été retrouvés et qui furent en partie exécutés. Un nombreux quartier général improvisé, composé pour la plupart de jeunes gens ou d'étrangers, s'était installé avec lui dans l'Hôtel-de-Ville, y recevait des rapports, donnait des ordres et délivrait des permis d'armes, de munitions, de vivres et d'autres choses nécessaires. »

Ce qui est exact c'est que les révolutionnaires, pour des raisons militaires, ont brûlé plusieurs édifices, dont l'opéra et une partie du Musée. Bakounine conteste l'avoir ordonné, mais il ne décline pas sa responsabilité. Il la revendique. « Je n'ai pas ordonné les incendies, écrit-il au tsar, mais je n'ai pas permis non plus que, sous prétexte de les éteindre, on livrât la ville aux troupes. » Et dans une lettre à un ami il déclare : « Une fois engagé dans cette lutte, je la prenais au sérieux et je trouvais naturel qu'on brûlât un théâtre et quelques maisons dont la destruction était nécessaire pour notre défense. La guerre n'est pas un jeu d'enfants et il faut être très naïf pour s'en étonner. »

Il ne se fait pas d'illusions. La ville est encerclée et les défenseurs sont trop faibles pour pouvoir résister longtemps. Si les assaillants avaient eu plus de mordant, ils auraient pris Dresde en quelques heures. Après cinq jours cependant, leur entrée est inévitable. Todt, Tzschirner, Heltman, Krzyzanowski et nombre d'autres chefs se sauvent. Seul des membres du gouvernement provisoire Heubner reste.

Bakounine pourrait s'enfuir lui aussi, mais il refuse. Il ne veut pas quitter Heubner qu'il a appris à aimer, bien qu'il ne le connaisse que depuis quelques jours et bien qu'il ne partage pas ses opinions. Surtout, il ne veut pas abandonner son poste. Plus tard il dira qu'il désirait défendre son honneur et prouver qu'il n'était pas un lâche. Mais pense-t-il vraiment en ce moment aux bruits infâmants qui le désignent comme mouchard ou aux reproches d'avoir refusé le duel avec Katkoff ? On en doute. S'il reste, c'est parce qu'il est un chef et un révolutionnaire. Non seulement il ne craint pas la mort, son instinct qui est toujours infaillible lui dit aussi, peut-être sans qu'il s'en aperçoive clairement, que la Révolution n'est pas perdue tant que des révolutionnaires savent mourir pour elle. Ainsi est-il décidé à donner l'exemple. Il propose même que les derniers défenseurs s'enferment dans l'Hôtel-de-Ville et le fassent sauter.

Sa proposition rejetée, il conduit les miliciens hors de la ville. C'est une retraite en ordre ; les révolutionnaires emmènent leurs armes et même leurs blessés. D'un point de vue militaire c'est un chef d'œuvre. Le nombre des combattants atteint à peine deux mille hommes, et Bakounine lui-même s'étonne que cette retraite de la ville encerclée réussisse si bien.

Bakounine, Heubner, Wagner et un ancien député du nom de Sennig suivent la petite armée dans une voiture. Ils sont fatigués. Seul Wagner s'écrie : « La guerre ! Toujours la guerre ! »

Bakounine propose de se frayer à travers l'Erzgebirge un passage en Bohême dont il est toujours sans nouvelles. D'autres sont pour la dissolution de la milice qui, d'ailleurs, petit à petit se disperse. A la fin, on décide de marcher vers Chemnitz qui passe pour un centre révolutionnaire.

A Freiberg, Wagner se sépare de ses compagnons et se rend seul à Chemnitz, d'où son beau-frère l'aide à s'enfuir. Bakounine, Heubner et deux autres le suivent, mais sans aucune précaution. Leur confiance dans les habitants de la ville est si grande qu'ils devancent même leur troupe, pour trouver des cantonnements et pour organiser la continuation de la lutte.

Chemnitz est dépourvue de sa garde nationale. Celle-ci se trouve quelque part en Saxe, en route pour venir en aide à Dresde. En revanche, les arrivants sont reçus par le conseil municipal qui leur demande de ne pas faire de leur ville un champ de bataille. Bien entendu, ces bourgeois s'affirment de bons démocrates, ce qui ne les empêche pas d'exiger de leurs hôtes de se retirer. Autrement, déclarent les conseillers, ils ne pourraient pas garantir leur sécurité. Les négociations traînent en longueur jusqu'à ce que Bakounine les interrompe par ces mots : « Allons nous coucher ! » Lui et ses camarades sont exténués. Depuis six jours et six nuits ils n'ont pas dormi.

Ils descendent à l'hôtel de *l'Ange bleu*. Au milieu de la nuit, des citadins armés pénètrent dans leurs chambres, les surprennent en plein sommeil et les mettent en état d'arrestation. On trouve chez eux de nombreux documents, le sceau du gouvernement provisoire et vingt-six thalers. Cette fois au moins, nul ne prétendra que ces révolutionnaires ont pris la fuite, les poches pleines d'argent.

Les prisonniers sont livrés aux soldats prussiens qui les escortent à Dresde. Enchaîné, Bakounine explique aux officiers que dans une révolution seul le succès décide ce qui a été crime ou héroïsme. Sa tête a été mise à prix pour dix mille roubles par le tsar. Les journaux du temps affirment que la ville de Chemnitz aurait réclamé cette somme, ce qui reste encore à vérifier.

La Révolution est terminée en Saxe. Ce qui reste des défenseurs de Dresde se sauve ou est arrêté. Encore quelques mois, et le grand mouvement commencé en février 48 s'éteindra dans toute l'Europe. Des milliers de révolutionnaires sont exécutés ou disparaissent pour de longues années dans des forteresses. Quand ils en sortiront, ils seront brisés à jamais. Peu nombreux sont ceux qui trouveront le chemin du prolétariat. Car 1848 aura été la dernière révolution bourgeoise : la prochaine fois ce sera la Commune.

Bakounine est parmi les rares pour qui la longue nuit de la prison ne représentera qu'une interruption de son œuvre. Il modifiera beaucoup ses idées, mais il restera fidèle à l'œuvre à laquelle il s'est voué. A ce moment où commence son Golgotha, il n'a pas tout à fait trente-cinq ans. Quel long chemin depuis le jour où il a quitté le régiment pour découvrir « la vocation de l'homme ! » Combien de souffrances, de doutes, de soucis pour aboutir à ces cinq jours de lutte ! Mais ces cinq jours suffiraient à lui assurer l'immortalité.

TROISIÈME PARTIE

LE PRISONNIER

Je ne désirais qu'une seule chose : ne pas me récon-
cilier, me résigner, me transformer, ne pas m'abaisser
à chercher de réconfort dans une quelconque illusion
— conserver jusqu'à la fin, tout entier, l'esprit sacré
de la révolte.

BAKOUNINE.

GOLGOTHA

*Nous prendrons tous le chemin que tu prendras peut-
être maintenant. Que Dieu nous accorde que le nôtre
soit aussi honorable ! Mais toi, si tu le prends, pars
avec le sentiment d'avoir semé en moi et en d'autres
le germe de tant de bien que nous conserverons aussi
longtemps que nous respirerons.*

REICHEL.

Une fois encore Bakounine revient ainsi à Dresde. Tous les
édifices qui s'y prêtent sont transformés en prisons. Leur nombre
ne suffit pourtant pas. Les révolutionnaires arrêtés y sont entassés
sans égards, et les geôliers assouvissent sur eux leur vengeance
en les maltraitant. Seuls les chefs sont isolés et échappent aux
mauvais traitements.

Bakounine est surveillé d'une façon toute spéciale. Il est
transféré d'abord à la prison municipale dans la *Altstadt*, puis à
la caserne de cavalerie dans la *Neustadt*. De tous les prisonniers
il est le seul qui porte jour et nuit des chaînes. Il les garde même
pendant la demi-heure de sa promenade quotidienne dans un
couloir, toujours suivi de soldats armés de fusils. Encore n'a-t-il
reçu la permission de prendre l'air que sur les instances d'un
médecin. Le gouvernement saxon, bien que victorieux, a peur de
ce prisonnier. On change continuellement ses gardiens, mais les
bruits de sa libération imminente ne cessent de circuler.

Les autorités militaires proposent enfin de l'emmener à la forteresse de Koenigstein, bien qu'il relève de la juridiction civile. Il y est transféré pendant la nuit, encadré de deux officiers et de deux sous-officiers, pistolets en main, et escorté de tout un détachement d'infanterie. Avant d'entrer dans la forteresse, on lui bande par surcroît les yeux. Heubner et Roeckel partagent son sort.

Au Koenigstein, il est traité assez humainement. On lui donne une cellule propre et aérée, où il peut lire, écrire et fumer. Il n'est enchaîné que pendant la promenade quotidienne, mais même ici il ne peut faire un pas sans être suivi par un sous-officier et deux soldats armés.

Après des années sans répit, après l'excitation de la bataille, la prison représente une sorte de repos et de calme. C'est la tranquillité, presque la paix. Bakounine ne se retrempe pourtant pas dans la philosophie dont il est parti. Il s'occupe plutôt de sciences positives, de mathématiques surtout. En outre il apprend l'anglais, et il fait sa lecture préférée des œuvres de Shakespeare et des livres d'histoire. « Je crois que je ne pourrais pas ouvrir maintenant un ouvrage philosophique sans vomir », dit-il dans une des nombreuses lettres dans lesquelles il décrit son état d'esprit. Dans le silence qui l'entoure, il a la nostalgie de la musique. « Je ne parle pas de la sculpture, à moins que M. de Lamartine ne se laisse sculpter comme la plus grande phrase du siècle. [...] La musique seule a une place dans le monde contemporain, précisément parce qu'elle ne prétend pas de dire des choses déterminées et n'exprime que l'état d'âme générale, la grande et douloureuse nostalgie qui règne dans le présent, et c'est pourquoi elle doit être aussi un art grand et tragique. »

Jamais il n'a été si serein que pendant ce temps où il attend la mort. Il est certain de sa condamnation et il se prépare à la fin sans crainte et sans regret. « La mort, si elle devait venir, n'a rien d'effrayant pour moi. Je la préférerais à un long emprisonnement, c'est-à-dire à un tombeau vivant. » La seule chose dont il se repent est d'avoir exposé des jeunes gens aux dangers de la lutte. Ainsi prie-t-il Reichel de demander à son vieil ami Biernazky qu'il ne lui en veuille pas d'avoir entraîné son petit-fils dans la voie de la Révolution ; son excuse était de l'avoir fait pour les raisons les plus pures.

Le géant qui a besoin de grands espaces n'a peur que de devoir passer le reste de sa vie dans une cellule étroite où il étouffe. « Il faut avoir été en prison, s'écrie-t-il, pour savoir vraiment apprécier la liberté. Par quelques amis j'ai ici presque tout ce qu'on peut désirer raisonnablement : une chambre convenable, des livres, des cigares. Et pourtant je serais prêt à ne manger pendant des années que du pain sec et d'habiter dans une forêt, pour être seulement libre. »

Et dans un autre lettre, ses réflexions deviennent une confession qui révèle ses pensées les plus profondes et un des leitmotiv de sa vie. « Il faut avoir vécu une année entière dans une captivité isolée et avoir, comme moi, devant soi encore un nombre infini d'années pareilles, pour comprendre et sentir parfaitement comment la communauté des hommes est nécessaire pour le bonheur, le bien-être et la moralité de chacun. Car quel est le but majeur de la vie humaine ? L'humanité. […] La communauté même avec les hommes les plus mauvais est meilleure et rend plus moral que la solitude. […] C'est rarement que les autres sont plus mauvais que nous-mêmes, et puisque nous devons nous supporter nous-mêmes, ce qui, comme tu sais, est un devoir très lourd, nous devons apprendre à supporter aussi les autres — à les supporter aussi longtemps qu'ils ne sont pas des oppresseurs et qu'ils se contentent d'être libres à leur façon. […] Nous les haïssons (les hommes) souvent, parce que nous avons besoin de les aimer ; nous les méprisons, parce que nous voudrions les honorer, et nous ne trouvons rien en eux, parce que nous leur demandons tout. Mais si nous essayons d'exiger moins, nous trouverons, je crois, davantage et, ce qui est le principal, nous nous libérerons en leur société de nous-mêmes. »

Les mois passent. Si le prisonnier est seul, il ne l'est cependant pas spirituellement. Il ne sait rien de sa famille. Mais son défenseur, l'avocat Otto, lui devient un ami qui l'aide même de son argent et par son intermédiaire Bakounine reçoit de nombreuses preuves d'affection et d'admiration. Reichel, Herwegh, Herzen, les amis de Koethen et beaucoup d'autres lui envoient des livres et de l'argent. Seuls les Polonais refusent de s'occuper du champion de la liberté slave. « Mes amis les plus sûrs restent, malgré tout, des Allemands », dit-il.

Les lettres les plus émouvantes qu'il reçoit sont celles de Reichel, de sa sœur Mathilde, qui essaie en vain de lui rendre visite, et de Jeanne Pescantini qui a de nouveau quitté son mari. Les deux femmes n'ont pas cesser de l'aimer et ce sont presque des lettres d'amour qu'elles lui envoient, d'autant plus touchantes qu'elles sont empreintes d'une résignation désespérée.

Jeanne voudrait le convertir aux consolations de la religion, mais, même maintenant, Bakounine répond par des réflexions politiques. « Je ne déteste rien tant que l'hypocrisie d'un mensonge réchauffé, écrit-il. Mais nous avons tous besoin de religion ; dans tous les partis on sent qu'elle fait défaut. Très peu d'hommes croient en ce qu'ils font, et la plupart agissent, ou bien selon un système abstrait comme si la vie vivante n'était rien d'autre que l'emploi de pauvres abstractions, ce qui les rend aussi impuissants, ou bien selon leurs intérêts matériels. Les derniers ont encore la meilleure part, car ils semblent avoir, au moins pour le moment, le sol ferme sous leurs pieds. Mais ce sol est miné depuis longtemps et engloutira bientôt aussi bien les matérialistes que les chevaliers de l'abstraction. »

Entre temps le procès se poursuit. Comme Bakounine a été arrêté avant que l'état de siège fût proclamé, il relève de la compétence des tribunaux civils. Mais le gouvernement saxon, qui ne doit sa victoire qu'aux troupes prussiennes, a peur de l'opinion publique, qui demeure toujours démocrate. Aussi n'ose-t-il pas traduire ses prisonniers devant les jurés, bien que les assises soient une des conquêtes qui subsistent de 48. Le procès est donc instruit selon l'ancienne procédure, sans séance publique. Les accusés n'apparaissent pas devant leurs juges et n'entendent pas les dépositions des témoins ; ils sont seulement interrogés par un juge d'instruction et ne peuvent se défendre que par écrit, soit personnellement, soit par l'intermédiaire de leurs avocats. Dans ces conditions, le procès traîne naturellement en longueur. Bakounine se défend d'ailleurs à peine, bien qu'on l'accuse des méfaits les plus absurdes. Le grief d'avoir manqué de respect aux conseillers municipaux de Dresde y joue un grand rôle. Certains témoins affirment même qu'il aurait pris des conseillers au collet et qu'il les aurait mis à la porte de l'Hôtel-de-Ville.

Bakounine ne nie rien de ce qui le concerne personnellement. Il évite cependant le plus possible d'entrer dans les détails, car sa grande préoccupation est de ne pas compromettre d'autres personnes. Quant au but de son action, il déclare sans détour qu'il désirait l'unité d'une Allemagne démocratique, la libération des Slaves, la destruction de tous les États, maintenus seulement par la force, et avant tout la destruction de l'empire autrichien. Sept ans plus tard, un de ses juges louera encore devant Varnhagen son courage, sa sincérité et sa loyauté envers ses camarades.

Au milieu de janvier 1850, le jugement est enfin rendu. Bakounine, Heubner et Roeckel sont condamnés à mort. Les journaux annoncent que l'exécution est imminente. Reichel et sa sœur lui écrivent des lettres d'adieu. De Suisse, Richard Wagner lui envoie un dernier salut. Varnhagen pleure sur son portrait.

Bakounine déclare tout de suite qu'il accepte la sentence, ce qui met le gouvernement saxon dans l'embarras. L'opinion publique est loin d'être apaisée et l'on ne désire pas l'exciter de nouveau. Le juge explique donc à Bakounine qu'il ne peut pas renoncer légalement au pourvoi en cassation. Même maintenant il ne termine cependant pas la défense qu'il avait commencée à écrire, soit parce qu'il ne reçoit pas toute la documentation et surtout tous les journaux qu'il a réclamés, soit parce qu'il ne peut vaincre son antipathie innée contre le travail d'écrire.

Trois mois plus tard, le verdict est confirmé en deuxième instance. Il ne reste plus que le recours en grâce auprès du roi, mais Bakounine le refuse et déclare qu'il préfère être fusillé. Pour ne pas se désolidariser de Heubner et Roeckel, il accepte à la fin de signer le recours, sous condition toutefois qu'aucun des condamnés ne fera prévaloir des raisons personnelles. Au mois de juin, la peine capitale des trois condamnés est alors commuée en travaux forcés à perpétuité. Heubner sera définitivement gracié en 1859, Roeckel seulement en 1862. Ni l'un ni l'autre ne reprendront leur activité politique.

Le sort de Bakounine cause au gouvernement saxon les plus grandes préoccupations. Le conseil des ministres en discute à plusieurs reprises. En fait, le gouvernement a peur de son célèbre prisonnier et ne sait qu'en faire. De plus, on craint que les prisons saxonnes ne soient pas assez sûres pour l'empêcher de s'enfuir, d'autant plus que l'on croit toujours qu'il a des amis nombreux et décidés à tout. On le laisserait bien au Koenigstein, mais à la forteresse la peine ne serait pas assez sévère, surtout aux yeux des gouvernements étrangers.

Car, par surcroît, Bakounine cause à la Saxe des difficultés d'ordre international. Des observateurs prussiens, autrichiens et russes ont suivi le procès, et la Russie et l'Autriche réclament toutes les deux son extradition. Le tsar est particulièrement désireux qu'on lui livre ce sujet qui a été déjà une fois condamné par contumace à la déportation et qui, depuis, s'est rendu coupable des crimes de lèse-majesté et de haute trahison. Le ministre russe à Dresde va jusqu'a menacer le gouvernement saxon de la rupture des relations si on ne lui livre Bakounine. Comme la Russie passe pour un pays barbare, on préfère toutefois le remettre à l'Autriche et laisser au gouvernement de Vienne le soin de le livrer au tsar. Puis, lorsque toutes les mesures sont prises, l'extradition est encore une fois ajournée : le ministère demande justement des crédits à la Chambre et redoute les attaques de l'opposition.

Bakounine ignore naturellement toutes ces transactions dont il est l'enjeu. Quand, dans la nuit du 12 juin il est réveillé, il pense d'abord que l'heure de l'exécution est arrivée. Cependant, on l'enchaîne et on le fait monter dans une voiture fermée qui le conduit, entourée de tout un détachement d'infanterie, à la frontière autrichienne. Là seulement il reçoit communication et de sa grâce et de l'extradition. « Il se montra silencieux et réservé », constate dans son rapport l'officier de l'escorte saxonne. Le lendemain Bakounine arrive à Prague.

A Prague, il est emprisonné au Hradschine. Dans la même prison se trouvent Arnold, Gustave Straka et d'autres révolutionnaires tchèques. Mais Bakounine est soigneusement isolé. Sa cellule, au premier étage, est gardée de tous les côtés. Une sentinelle est postée jour et nuit devant la porte, et des soldats sont consignés dans les deux cellules avoisinantes. Dans le jardin, une autre sentinelle surveille sa fenêtre, bien qu'elle soit munie de doubles barres de fer et de planches en bois qui ne lui laissent voir qu'un petit coin de ciel. Une troisième sentinelle est postée dans le grenier au-dessus de la cellule. Comme le bruit d'un projet d'évasion ne cesse de circuler, ces mesures sont encore renforcées. Pour qu'il ne puisse pas s'enfuir par le cheminée, on y pose une grille ; la porte de sa cellule est nantie de deux serrures dont les clés sont gardées par deux personnes différentes, et le commandant lui-même doit venir l'observer tous les quarts d'heure à travers le judas, également protégé par une double grille.

Un adjudant, un caporal, un soldat de première classe et six hommes assurent la surveillance du prisonnier. L'entrée dans la cellule n'est permise aux gardiens que dans les cas les plus urgents, et personne, pas même les magistrats, ne peut y pénétrer seul et sans que les six hommes soient sous les armes devant la porte. Ce n'est que rarement que le prisonnier peut sortir de sa cellule pour faire une courte promenade dans le couloir, sous les yeux de sa garde. On pousse la précaution jusqu'à fermer la caserne à six heures de l'après-midi, pour que nul étranger ne puisse s'y introduire.

Comme Bakounine relève en Autriche de la justice militaire, il n'a même pas de défenseur. Il ne voit de ses juges que l'officier chargé de l'instruction. Toute sa correspondance lui est interdite, et seuls de vagues bruits sur son sort parviennent aux amis. Sans argent, il ne peut bientôt plus améliorer l'ordinaire de la prison, insuffisant à nourrir ce corps gigantesque, et ses vêtements tombent en loques. Mais même dans ces conditions, le charme de Bakounine conserve toute sa force sur les hommes. L'officier qui est son juge d'instruction correspond en son nom avec ses amis et leur demande pour lui de l'argent et une robe de chambre. Reichel, Herwegh et Herzen s'empressent de répondre à l'intermédiaire bénévole. Celui-ci d'ailleurs ne comprend pas que le prisonnier soit si léger, qu'il dépense tout de suite ce qu'il reçoit en cigares et en livres de mathématiques.

Les amis d'Allemagne ne peuvent plus rien envoyer ; leurs relations avec l'homme dangereux les ont rendus suspects et ils sont tous étroitement surveillés. Même les banquiers qui reçoivent les virements de Herzen à Prague sont soupçonnés.

Le bruit que l'on prépare sa libération continue à courir, et le ministre de l'Intérieur s'affole de plus en plus. En tout autre circonstance, la conduite du gouvernement autrichien serait du plus haut comique. Ne va-t-on pas jusqu'à se méfier du ministre russe à Dresde qu'un indicateur dénonce comme conspirant pour l'évasion de Bakounine ? Non seulement les agents de police, mais les agents diplomatiques eux-mêmes se préoccupent des racontars qui circulent au sujet du prisonnier de Prague. Un jour, l'ambassadeur autrichien à Berlin écrit à son ministre que le préfet de police de la capitale prussienne lui a révélé l'existence d'un vaste complot : les chefs révolutionnaires de tous les pays travailleraient à la libération de Bakounine qui, avec Mazzini, serait l'homme le plus dangereux de l'Europe. Des personnalités de marque et surtout des femmes auraient réuni une grosse somme d'argent et ils seraient arrivés à soudoyer des geôliers du prisonnier. Et l'ambassadeur rapporte la proposition de son interlocuteur d'assembler d'urgence les chefs de police de tous les pays intéressés afin de se concerter sur les moyens d'anéantir ce complot.

Il n'y a pas l'ombre d'une vérité dans toutes ces histoires, mais la nervosité du gouvernement autrichien atteint désormais son comble. Le président du conseil donne alors l'ordre de transférer le prisonnier à la forteresse d'Olmutz que l'on tient pour un lieu plus sûr que la prison de Prague. Une nuit, Bakounine est donc transporté par un capitaine, deux caporaux et douze grenadiers à Olmutz. L'officier qui l'escorte charge devant lui son révolver, et lorsque Bakounine lui demande s'il croit qu'il puisse s'enfuir, enchaîné et entouré comme il l'est, le capitaine lui répond : « Non, mais vos amis pourraient essayer de vous libérer, et en ce cas j'ai l'ordre de vous tirer une balle dans la tête. »

Dans le désarroi on a oublié d'aviser le commandant de la place d'Olmutz qui est très surpris de l'arrivée du prisonnier. En hâte, on lui prépare une cellule, tandis que les différents ministères échangent une longue correspondance sur les mesures à prendre. Enfin, on l'installe dans une casemate d'un ravelin de la forteresse. Dans trois autres casemates se trouve la garde qui, uniquement pour Bakounine, se compose d'un adjudant, de deux caporaux, de trois soldats de première classe et de quarante hommes. Pour la promenade il est conduit dans une cour où personne ne peut le voir. Le ministre de la guerre demande même que tout voyageur venant à Olmutz soit surveillé. Toutes ces précautions ne semblent pourtant pas encore suffisantes. Jour et nuit, Bakounine doit sur les deux bras porter des chaînes qui sont fixées au mur de sa cellule.

Il a été neuf mois à Prague. Il reste encore deux mois à Olmutz. Mais le gouvernement autrichien veut se débarrasser de lui le plus vite possible, et le président du conseil ordonne, par-dessus la tête du ministre de la guerre, de hâter le procès. L'attitude de Bakounine est pendant tout ce temps la même qu'en Saxe : il avoue tout ce qui le concerne personnellement et ne dit rien qui puisse compromettre ses camarades. Le juge d'instruction témoigne « qu'il s'est comporté avec violence et décision, mais très convenablement ».

Le 15 mai 1851 on lui communique en même temps qu'il est condamné à mort, que la sentence est commuée en travaux forcés à perpétuité et qu'il sera livré à la Russie. Il avait toujours protesté avec la dernière véhémence contre une telle extradition et même déclaré qu'il préférerait le suicide. Mais les bruits qu'il avait essayé de se donner la mort en avalant des têtes d'allumettes sont dénués de fondement, et après cette année dans les prisons d'Autriche il se réjouit de tout changement, convaincu que son sort ne peut devenir pire.

Le jour même du verdict, il est transporté à la frontière russe, toujours flanqué d'une importante escorte. Là, il est attendu depuis sept semaines par un colonel et six gendarmes de la garde, ainsi que vingt cosaques. Les chaînes autrichiennes lui sont enlevées et remplacées par celles de la patrie.

Il est chez lui, dans cette Russie qu'il a quittée il y a onze ans et où il revient pour mourir comme les décembristes, ou pour pourrir dans une prison. Il n'a plus d'espoir. Pourtant, c'est son pays ; il entend la langue maternelle, il respire l'air dans lequel il a grandi. « Mes enfants, dit-il aux soldats, chez soi on meurt plus facilement ! » Mais l'officier lui déclare rudement qu'il lui est défendu de parler à ses gardiens.

Dans le plus grand secret, on lui fait traverser la Pologne. Sauf les autorités et quelques diplomates, nul n'apprend son passage par Varsovie. Après une longue semaine, le voyage prend fin. Le voilà à Saint-Pétersbourg, dans ce ravelin Alexis de la forteresse Pierre-et-Paul que le séjour de tant de révolutionnaires rendra sacré. Ici il n'y a plus de procès. En attendant la sentence du tsar, il n'entend que le bruit de la Néva qui baigne les murs de sa prison.

La brève épopée de sa vie semble finie. Mais son image grandit. Bakounine, enchaîné au fond d'une forteresse, haï et redouté par tous les gouvernements, partout condamné à mort, traqué et surveillé comme une bête féroce, devient le symbole de la Révolution. Son sort représente toutes les déceptions de 48 et son martyre donne aux vaincus l'exemple du courage et de l'espoir. « Sachez, ami, écrit Michelet à Herzen, que dans cette maison […] la première place, à la droite de mon foyer de famille, est occupée par un Russe, notre Bakounine. […] Sainte image, mystérieux talisman, qui ranime toujours mes regards, qui remplit toujours mon cœur d'émotion, de rêveries, d'un océan de pensées ! C'est l'Orient, c'est l'Occident, c'est l'alliance des mondes. »

LA CONFESSION

*Il écrit maintenant ses mémoires, non pour les faire
paraître, évidemment, mais à l'intention du tsar. Il
améliore son cas de façon très intelligente. Agile comme
un serpent, il se tire des situations les plus difficiles, là
en plaisantant les Allemands, là par la pénitence venue
d'un cœur pur, là encore par des louanges enthousiastes.
Il n'y a pas à dire, il est intelligent.*

Lettre d'une dame de la cour.

Bakounine se trouve depuis deux mois dans la forteresse,
lorsque, un jour, il reçoit une visite dans sa cellule. Ce n'est ni un
magistrat ni un officier, mais le ministre de l'Intérieur, le comte
Orloff lui-même, et il vient comme messager direct du tsar. Le
but de sa visite est très étrange : Nicolas Ier, qui est quelque peu
flatté qu'un de ses anciens officiers soit devenu un révolutionnaire
célèbre, demande à son prisonnier de lui raconter sa vie et de lui
écrire, non pas comme à son juge, mais « comme à son confesseur ».

Bakounine, épuisé par ses souffrances et son isolement, n'a
qu'un seul désir : mourir. Mais Orloff lui explique qu'il n'y a
pas de peine capitale en Russie, ce qui n'est d'ailleurs exact que
théoriquement, au point de vue légal. Les décembristes ont bel et
bien été pendus ; en outre il existe le châtiment corporel, poussé
souvent jusqu'à la mort. Bien que cette peine soit réservée aux
hommes du peuple, elle pourrait être appliquée à Bakounine, qui
a perdu ses droits de noblesse. Le ministre de l'Intérieur lui fait

savoir, cependant, qu'il restera probablement en prison toute sa vie ; peut-être obtiendra-t-il par une confession la grâce d'être envoyé en Sibérie. Orloff est très aimable. Il lui parle comme un aristocrate à un autre aristocrate et il prend courtoisement congé, lorsque Bakounine lui promet enfin de réfléchir sur sa proposition.

Bien entendu, le tsar désire surtout des révélations sur la politique russe de son prisonnier et sur les personnes qui y ont été impliquées. Il n'est pas question pour Bakounine de compromettre qui que ce soit. D'autre part, le gouvernement possède un dossier bien nourri sur son compte, ainsi que les dépositions de tant d'autres condamnés. Ne serait-il pas irraisonné de se taire maintenant sur ce qu'il a déjà avoué en Saxe et en Autriche ? En arrangeant habilement les choses connues, sans rien y ajouter d'important, il donnera l'impression de ne pas être obstiné. Il pourra même glisser dans sa confession quelques vérités que le tsar n'a encore jamais entendues.

C'est probablement la dernière occasion qu'il aura d'exprimer ses pensées. Il ne peut les adresser qu'au tsar, certes, mais, qui sait ? il y aura peut-être des indiscrétions. En tout cas, ce sera en même temps ses mémoires et son testament. Depuis plus de deux ans qu'il est prisonnier, il médite sans cesse. Il reconsidère toute sa vie, tout ce qu'il a fait, tout ce qu'il a omis : c'est un long tourment, un supplice sans fin. Doit-il renoncer à l'unique possibilité qu'il a de se procurer enfin une plume et du papier et de pouvoir faire noir sur blanc cet examen de conscience ?

Évidemment, en écrivant au tsar, il faut le faire en criminel repentant, il faut le flatter, s'humilier, renoncer à toute fierté et même à toute dignité. Mais à quoi bon rester orgueilleux ? Que sa conduite soit courageuse ou lâche, nul ne s'en apercevra : jamais il ne comparaîtra devant des juges, jamais un journal russe ne mentionnera seulement son nom. Donner l'exemple ? Mais à qui ? Personne ne sait mieux que lui, hélas, qu'il n'y a pas de parti révolutionnaire en Russie. Les décembristes représentaient une génération entière ; lui, il est seul. Autour de lui, c'est le silence, et la grande Russie est aussi muette que les murs de la forteresse

Pierre-et-Paul. Nulle part le pays n'a bougé, pendant que la tempête de 48 ébranlait le monde. Les quelques révoltés sont à l'étranger ou en Sibérie. Tout au plus y a-t-il des mécontents, décidés, au fond, à s'incliner en grognant. Pour poser les fondements d'un mouvement, pour entreprendre quoi que ce soit, il faut vivre, il faut avoir sa liberté d'action, fût-ce même la plus restreinte. Peut-être peut-il l'obtenir, au moins en Sibérie... Tout, plutôt que la solitude d'une cellule où l'on ne peut parler à personne — même les travaux forcés, même le châtiment corporel....

Il se décide à écrire.

Ainsi naît un des plus curieux documents de toutes les littératures, document écrit avec une verve extraordinaire, plein d'image saisissantes, empreint à la fois de désespoir et d'une vitalité indestructible. C'est un mélange de flagornerie et d'auto-accusations, de souvenirs et de critique, de descriptions et de prophéties dont une grande partie sera confirmée par l'avenir. Bakounine défend son action révolutionnaire et la fait comprendre. Il attaque ses ennemis, mais il ne renie pas ses camarades et à quelques-uns il érige de véritables monuments d'amitié. Il ne parle de son passé que comme d'une maladie qui l'aurait atteinte, de ses actes comme de crimes, ce qui ne l'empêche pas de développer en même temps son programme politique. Quelques fois il semble qu'il veuille gagner Nicolas lui-même à ses idées.

« Cela vaut la peine que tu le lises, c'est très curieux et instructif », écrit le tsar, à l'usage de son fils aîné, sur l'exemplaire copié pour lui. Puis la *Confession* jaunit dans les archives. Quand, soixante-dix ans plus tard, après la Révolution de 1917, elle sera découverte, elle laissera d'abord ébahis tous ceux qui la lisent. De vieux révolutionnaires sont consternés par ce qu'ils appellent une trahison. La plupart cependant tombent d'accord qu'il s'agit d'une ruse motivée et justifiée par les circonstances.

En vérité, Bakounine prend si bien le masque du pécheur repenti qu'une lecture superficielle de la *Confession* peut induire en erreur sur ses vraies intentions. Comme il ne fait jamais rien à moitié, il devient maintenant le pénitent parfait et il ne recule devant aucune humiliation. Inconsciemment, il se pique à son propre jeu, il se confond avec son rôle, et le penchant slave à s'accuser, à se mettre à nu, le pousse parfois jusqu'à une sincérité à peine concevable. Assurément, si par la suite il n'avait plus rien fait dans la vie, il aurait laissé derrière lui une grande énigme. Pourtant, de temps en temps, il s'oublie et se trahit, et à travers ses prétendus remords percent des professions de foi qui prouvent qu'il est resté fidèle à l'idéal qui l'a animé. Si bien qu'il joue son rôle, pas un instant il ne se laisse entraîner à dire ce qu'il veut taire, à révéler les dessous de son action ou à incriminer d'autres personnes.

« Vous pourriez me demander : que penses-tu maintenant ? » écrit-il au milieu de ses aveux. Et le tsar y note : « N.B. » Puis il continue : « Sire, il me serait difficile de répondre à cette question. Durant les deux années et plus de mon emprisonnement j'ai eu le temps de réfléchir à bien des choses et je peux affirmer que jamais, dans ma vie, je n'ai réfléchi aussi sérieusement que pendant cette époque : j'étais seul, loin de toutes les séductions du monde et déniaisé par une expérience réelle et dure. Et je conçus de plus grands doutes encore sur la vérité de mes idées lorsque, rentrant en Russie, j'y trouvai, au lieu du traitement dur et grossier auquel je m'attendais, un accueil si humain, si noble et si miséricordieux. J'ai appris en cours de route bien des choses que j'avais ignorées jusque-là et auxquelles je n'aurais point cru à l'étranger. Bien des choses, bien des choses ont changé en moi ; mais puis-je affirmer en toute conscience qu'il n'est pas resté en moi bien des vestiges de l'ancienne maladie ? »

La question qu'il pose ici, la suite de sa vie y répond. Il n'est pas de ces révolutionnaires qui partent d'opinions froidement conçues. Quelque chose de plus profond l'anime, et, même quand il s'égare, il ne peut pas changer. Aussitôt qu'il en aura la possibilité, il affirmera qu'il est resté ce qu'il était et qu'il n'a perdu ni sa foi ni sa force. La *Confession* reste toutefois un des documents les plus révélateurs de sa vie, non seulement parce qu'elle donne de nombreux détails sur son évolution et son action jusqu'à 1849, mais aussi parce qu'elle dévoile certains traits de son caractère qui autrement seraient restés inconnus. Elle démontre surtout que cet homme qui passe la plus grande partie de son existence à l'étranger est dans l'âme foncièrement Russe. Il en a la nature « large », la mélancolie, le goût du tourment intérieur, le penchant à s'humilier, la disposition à l'exagération ; mais aussi la ruse, l'art de la simulation, la finesse psychologique et le raffinement politique.

Il commence par remercier avec effusion le tsar pour le bon traitement dont il jouit dans la forteresse et pour la permission de lui écrire. Il n'aurait jamais osé, dit-il, s'adresser à l'auguste souverain contre lequel il a commis des crimes immenses et inexpiables. Mais, puisque l'empereur le permet, il lui écrira comme à un père spirituel, dont on n'attend le pardon que dans un autre monde, et il jure qu'aucun mensonge ne sortira de sa plume. Il demande seulement qu'il n'ait à confesser que ses propres péchés et non ceux d'autrui. « Du naufrage complet que j'ai subi je n'ai sauvé qu'un seul bien : mon honneur et la conviction que nulle part, ni en Saxe ni en Autriche, je n'ai jamais trahi, dans le but ou de me sauver ou d'adoucir mon sort. Et si je savais que j'eusse trahi la confiance de quelqu'un ou même transmis une parole que l'on m'aurait confiée par imprudence, j'en souffrirais plus que de la torture. Et, Sire, plutôt que d'être lâche, je préfère être à vos yeux un criminel méritant le châtiment le plus dur. »

« Par cela, note le tsar, il détruit déjà toute ma confiance ; s'il sent toute la gravité de ses péchés, seule une confession complète et non conditionnelle peut être considérée comme une vraie confession. »

C'est la seule critique de Nicolas. Bakounine calcule, au reste, très habilement avec la vanité autocratique de son confesseur qui maintes fois marque son acquiescement, surtout à propos des diatribes contre le monde pourri de l'Occident.

Bakounine raconte ensuite sa jeunesse et ses souvenirs d'Allemagne et de Suisse, poussé d'abord par le mal philosophique, puis par le mal politique dont « actuellement encore j'ignore moi-même si je peux me considérer comme guéri complètement ».

Arrivé à sa rencontre avec Weitling, dont il vante les qualités morales et intellectuelles, il parle du mouvement ouvrier. Tout en se défendant d'avoir adhéré au communisme, il le justifie. Dans la décrépitude, l'absence de foi et la dépravation des pays occidentaux, dit-il, « il n'y a que le peuple grossier et inculte, appelé "populace", qui ait conservé en soi de la fraîcheur et de la force, ceci d'ailleurs moins en Allemagne qu'en France. En outre, tous les arguments et toutes les considérations qui ont servi à l'aristocratie contre la monarchie et ensuite au tiers-état contre la monarchie et contre l'aristocratie, servent aujourd'hui — et avec plus de force peut-être — aux masses populaires contre la monarchie, l'aristocratie et la bourgeoisie. Voilà en quoi consiste, à mon avis, l'essence et la force du communisme, sans parler de la misère grandissante de la classe ouvrière, résultat naturel de l'augmentation du nombre des prolétaires, augmentation qui, à son tour, est intimement liée au développement de l'industrie telle qu'on la rencontre en Occident. Le communisme est venu et il vient d'en haut, pour le moins autant que d'en bas ; en bas, dans les masses du peuple, il croît et vit comme un besoin vague, mais énergique, comme un instinct d'élévation ; dans les classes élevées, comme dépravation, égoïsme, instinct d'un malheur menaçant et mérité, crainte vague et impuissante produite par la décrépitude et par le remords d'une conscience chargée. »

Bakounine continue en décrivant son séjour à Paris et à Bruxelles. Enfin la Révolution éclate. Et en évoquant les journées de Février à Paris, il devient lyrique et son récit prend les accents d'un poème. « Cette ville énorme, le centre de la culture européenne, était soudain devenue un Caucase sauvage : dans chaque rue, presque partout, des barricades dressées comme des montagnes et s'élevant jusqu'aux toits ; sur ces barricades, entre les pierres et les meubles endommagés, tels des Géorgiens dans leurs gorges, des ouvriers en blouses pittoresques, noirs de poudre et armés jusqu'aux dents ; de gros épiciers au visage abêti par l'épouvante, regardaient peureusement par les fenêtres. Dans les rues, sur les boulevards, pas une seule voiture ; disparus tous les vieux fats, tous les odieux dandys à lorgnon et à badine et, à leur place, mes nobles ouvriers, masses enthousiastes et triomphantes brandissant des drapeaux rouges, chantant des chansons patriotiques et grisés par leur victoire ! Et au milieu de cette joie sans bornes, de cette ivresse, tous étaient tellement doux, humains, compatissants, honnêtes, modestes, polis, aimables et spirituels, que chose pareille ne peut se voir qu'en France, et encore, seulement à Paris. » ... Sait-il encore qu'il parle au tsar ?

Il semble l'oublier de plus en plus, lorsqu'il parle des ouvriers. « J'eus donc ainsi l'occasion de voir les ouvriers et de les étudier du matin au soir. Sire, je vous l'assure, jamais et nulle part, dans aucune autre classe sociale, je n'ai trouvé autant de noble abnégation, ni tant d'intégrité vraiment touchante, de délicatesse dans les manières et d'aimable gaîté unie à pareil héroïsme que chez ces simples gens sans culture, qui ont toujours valu et qui vaudront toujours mille fois leurs chefs ! Ce qui frappe surtout en eux, c'est leur profond instinct de la discipline ; dans leurs casernes, il ne pouvait y avoir ni ordre établi, ni lois, ni contraintes, mais plût à Dieu que n'importe quel soldat régulier sache obéir avec autant d'exactitude, deviner aussi bien les désirs de ses chefs, obéissant avec autant de minutie, et de passion. Dans leur pénible service, pendant des journées entières, ils enduraient la faim et ils n'en étaient pas moins aimables et toujours gais. Si ces gens, si ces ouvriers français avaient trouvé un chef digne d'eux, capable de les comprendre et de les aimer, ce chef aurait pu accomplir, avec eux, des miracles. »

Par la suite il raconte très exactement sa participation aux événements de 1848 ; c'est un tableau plutôt sombre, où les déceptions l'emportent sur les succès. Naturellement, il développe amplement sa politique slave. Il nie cependant avoir été partisan de la guerre révolutionnaire contre la Russie, ce qui est faux et prouve que pas toutes les affirmations de la *Confession* ne correspondent à la vérité. Par contre, il est sincère, lorsqu'il se défend d'avoir préparé un attentat contre le tsar. En réalité, il n'avait aucune possibilité d'organiser un tel complot, mais il allègue, bien entendu, d'autres raisons et va jusqu'à prétendre qu'au fond il était toujours un admirateur de Nicolas.

Bakounine est ainsi amené à parler de ses projets russes. Il reste dans le vrai quand il assure qu'il n'avait pas de relations en Russie et que ses espoirs en un soulèvement contre le pouvoir tsariste n'avaient aucun fondement. « Je me suis créé une Russie imaginaire et prête à la Révolution. Ainsi, je me trompais moi-même et les autres avec moi », avoue-t-il, et, on peut l'en croire, il a souffert d'une situation qui l'obligeait souvent à feindre une influence qu'il ne possédait pas. Mais il proclame sans détour : « Je voulais la révolution en Russie. »

Imperceptiblement, il hausse le ton, et la *Confession* devient une accusation pathétique, et qui ne perd rien de sa force parce qu'elle s'adresse au tsar. « En parcourant le monde, écrit-il, on découvre partout beaucoup de mal, d'oppressions, et d'injustice, mais peut-être plus encore en Russie que dans les autres États. Non que le peuple, en Russie, soit plus mauvais qu'en Europe occidentale ; au contraire, je crois que le Russe a plus de bonté, plus de cœur, plus de grandeur d'âme que l'Occidental ; mais en Europe occidentale, il existe un remède contre le mal : la publicité, l'opinion publique, et enfin la liberté, qui anoblit et qui élève tous les êtres. Ce remède n'existe pas en Russie. L'Europe occidentale semble parfois plus mauvaise, mais c'est parce que tout le mal y ressort au grand jour et que peu de choses y restent secrètes. En Russie, par contre, toutes les maladies pénètrent à l'intérieur et rongent la constitution même de l'organisme social. Le moteur essentiel en Russie, c'est la peur, et la peur détruit toute vie, toute intelligence, tout mouvement noble de l'âme. Il est dur et douloureux de vivre en Russie pour quiconque aime la vérité ; pour quiconque aime son prochain ; pour quiconque respecte également dans tous les hommes la dignité et l'indépendance de l'âme immortelle ; pour quiconque, en un mot, ne souffre pas seulement des vexations dont il est lui-même victime, mais encore de celles qui atteignent ses voisins ! La vie sociale, en Russie, est une chaîne de persécutions mutuelles : le supérieur opprime l'inférieur ; celui-ci supporte, n'ose pas se plaindre, mais opprime, en revanche, celui qui est encore au-dessous de lui, lequel supporte à son tour, mais se venge également sur celui qu'il domine. Mais la plus grande souffrance est celle du peuple, du pauvre paysan russe qui, se trouvant au plus bas de l'échelle sociale, ne peut opprimer personne et doit endurer des vexations de la part de tous, suivant le proverbe russe : *Seul le paresseux ne nous bat pas !* »

Dans ce pays, où nul n'ose parler et à peine penser librement, où même les ministres et les généraux tremblent devant l'autocrate régnant, Bakounine rompt le silence général et parle à Nicolas comme personne ne l'a jamais fait. Ce prisonnier, ce « criminel repenti », cet homme enchaîné qui a devant lui le sort le plus incertain, reste, quoiqu'il en dise, le seul révolutionnaire en Russie, le plus courageux entre tant d'esclaves. Du fond de la forteresse Pierre-et-Paul, il crie à la face de l'empereur omnipotent : « Sire ! il est difficile, il est presque impossible, en Russie, pour un fonctionnaire de ne pas être un voleur. [...] En Russie, les vols, les injustices et les oppressions prospèrent et croissent comme un polype aux ramifications innombrables et qui ne meurt jamais, en dépit des mutilations et des coups. »

Et en des termes émouvants, il professe son amour pour le paysan russe, « bon et opprimé par tous ». « J'éprouvais pour cette classe beaucoup plus de sympathie que pour les autres, incomparablement plus que pour celle des nobles russes, débauchés et sans caractère. Je fondais sur les paysans tous mes espoirs d'une résurrection, toute ma foi en la grandeur de l'avenir russe ; je voyais en eux de la fraîcheur, une âme large, une intelligence lumineuse et que la dépravation étrangère n'avait pas contaminée ; c'est dans ce peuple que je voyais la force russe — et je pensais à ce qu'il eût pu devenir si on lui avait donné la liberté et la propriété, si on lui avait appris à lire et à écrire ! Et je me demandais pourquoi le gouvernement actuel, autocratique, investi d'un pouvoir sans borne, que ne limitent ni la loi, ni les choses, ni un droit étranger, ni l'existence d'un seul pouvoir rival — n'employait pas sa toute-puissance à la libération, à l'élévation et à l'instruction du peuple russe ? »

Bakounine s'interrompt pour assurer de nouveau au tsar combien il se repent de ses péchés. Puis il reprend le développement de son programme. Il conteste tout droit de conquêtes territoriales à la Russie tsariste qui n'apporte aux peuples asservis ni liberté, ni instruction, ni prospérité des masses. Il réclame même l'autonomie de la Pologne et de l'Ukraine, tout en préconisant, d'ailleurs d'une façon assez nationaliste, l'Union fédérée de tous les Slaves avec Constantinople comme capitale. « Pour le dire d'un mot, Sire, je m'étais persuadé que la Russie, afin de sauver son honneur et son avenir, devait faire la révolution, secouer Votre Pouvoir Impérial, abolir le gouvernement autocratique. »

Pour la première fois, Bakounine expose alors comment il concevrait le gouvernement futur de son pays. « Je crois qu'en Russie, plus qu'ailleurs, un fort pouvoir dictatorial sera de rigueur, un pouvoir qui sera exclusivement préoccupé de l'élévation et de l'instruction de la masse ; un pouvoir libre dans sa tendance et dans son esprit, mais sans formes parlementaires ; imprimant des livres de contenu libre, mais sans liberté de la presse ; un pouvoir entouré de partisans, éclairé de leurs conseils, raffermi par leur libre collaboration, mais qui ne soit limité par rien ni par personne. Je me disais que toute la différence entre cette dictature et le pouvoir monarchique consisterait uniquement en ce que la première, selon l'esprit de ses principes, doit tendre à rendre superflue sa propre existence, car elle n'aurait d'autre but que la liberté, l'indépendance et la progressive maturité du peuple, tandis que le pouvoir monarchique, au contraire, s'efforçant toujours de rendre sa propre existence indispensable, est par conséquent obligé de maintenir ses sujets dans un perpétuel état d'enfance. »

C'est donc Bakounine qui, le premier, a conçu les idées que la Révolution de 1917 remettra à l'ordre du jour. Ce qui succéderait à la dictature, il déclare l'ignorer lui-même. Il ajoute toutefois qu'il ne se sentait pas l'étoffe d'un dictateur. « Je ne dis pas que je fusse dépourvu d'amour-propre, mais jamais ce sentiment ne m'a dominé ; au contraire, j'étais obligé de lutter contre moi-même et contre ma nature chaque fois que je me préparais à parler publiquement ou même à écrire pour le public. Je n'avais pas non plus de ces vices énormes, à la Danton ou à la Mirabeau, je ne connaissais point cette dépravation illimitée et insatiable qui, pour se satisfaire, est prête à bouleverser le monde entier. Et si j'avais de l'égoïsme, cet égoïsme était uniquement besoin de mouvement, besoin d'action. [...] Chercher mon bonheur dans le bonheur d'autrui, ma dignité personnelle dans la dignité de tous ceux qui m'entouraient, être libre dans la liberté des autres, voilà tout mon credo, l'aspiration de toute ma vie. Je considérais comme le plus sacré des devoirs de me révolter contre toute oppression, quel qu'en fût l'auteur ou la victime. Il y a toujours eu en moi beaucoup de Don Quichotte, non seulement en politique mais encore dans ma vie privée ; je ne pouvais voir d'un œil indifférent la moindre injustice, à plus forte raison une criante oppression ; bien des fois, sans en avoir la compétence ni le droit, je me suis mêlé, de façon irréfléchie, des affaires des autres et j'ai commis ainsi, au cours d'une existence agitée mais vide et inutile, pas mal de bêtises, encouru beaucoup de désagréments et me suis fait plusieurs ennemis, sans haïr pour ainsi dire personne ».

Dans la détresse de sa solitude, Bakounine croit peut-être lui-même que ses idées révolutionnaires étaient vagues et futiles. Il résulte pourtant de chacun de ses mots que, si ses efforts restaient vains, ses projets étaient néanmoins clairs et précis. Ainsi pose-t-il lui-même la question : « Ne sais-tu pas jusqu'à quel degré de barbarie et de brutalité féroce peuvent atteindre les paysans russes en révolte ? Et ne te rappelles-tu pas ces paroles de Pouchkine : *Que Dieu nous préserve de l'insurrection russe, insensée, impitoyable ?* » Et il répond : « Je veux croire que je n'en aurais pas été capable ; et pourtant si, peut-être. [...] J'étais prêt à me raccrocher à n'importe quel moyen qui se fût présenté à moi : conspiration dans l'armée, mutinerie des soldats russes, excitation à la révolte des prisonniers russes, s'il s'en trouvait, pour former avec eux le premier noyau d'une armée révolutionnaire russe, enfin l'insurrection des paysans. En un mot, Sire, mon crime envers Votre Pouvoir Sacré ne connaissait, en pensée et en intention, ni mesure ni limite. »

Le reste de la *Confession* raconte les péripéties de son action en Bohême et sa participation à l'insurrection de Dresde, dont il ne parle pas sans orgueil. Et après avoir ainsi, comme il dit, « soulagé son âme », il supplie le tsar sur le ton le plus humble de le condamner à toute autre peine qu'à la réclusion et de lui permettre de revoir ses parents et Tatiana.

Cette dernière faveur seule lui est accordée et il reçoit la visite de sa mère, de Tatiana, et de son frère Nicolas. Son père, vieux et aveugle, est trop faible pour quitter Priamoukhino. Après tant d'années, Bakounine peut donc embrasser ceux qu'il aime. Le comprennent-ils encore ? Ses opinions aussi bien que sa façon de vivre l'ont éloigné des siens, et même dans la forteresse il reste l'homme célèbre que le destin a élevé au-dessus de ce milieu de gentilshommes campagnards dont il est issu.

Le ministre comte Dolgoroukoff recommande bien sa déportation en Sibérie. Mais le tsar déclare : « C'est un brave garçon, plein d'esprit, mais c'est un homme dangereux qu'il faut garder sous les verrous. »

Les années les plus terribles de la vie de Bakounine passent sans événements. Dans la prison, les jours se suivent, les uns aux autres pareils, sans différence, sans changement, sans espoir. Il peut lire, mais le manque d'exercice détruit sa santé. Son cœur et son foie sont affectés et la mauvaise nourriture lui donne le scorbut. Il perd presque toutes ses dents. Souvent son estomac refuse toute nourriture et il vomit ce qu'il a mangé. Ce corps qui autrefois résistait à toutes les fatigues s'enfle et se déforme ; lorsque le hasard le met une fois en face d'un miroir, il se voit vieux et laid. Parfois il se compare à Prométhée. Il conçoit même une tragédie sur le destin du révolutionnaire mythologique et compose le chœur des nymphes qui apportent leur consolation à la victime de Jupiter. Vingt ans plus tard encore, dans les heures de détresse, il en fredonnera la mélodie.

Tourguénieff, l'ami fraternel de leurs années d'étudiants à Berlin, lui envoie des livres et use de son influence pour demander sa grâce. Mais en même temps il publie un roman *Roudine* où il décrit le cercle de Stankiévitch. Bakounine y apparaît sous la figure d'un fantasque fainéant et bavard, ce qui provoque des sévères remontrances de la critique. Alors seulement Tourguénieff change la fin du roman et fait mourir Roudine sur une barricade, en héros.

A Londres, un certain Urquhardt, qui a des accointances avec l'entourage de Marx, va jusqu'à affirmer que le défendeur de Dresde a été reçu par le tsar à bras ouverts, qu'il n'est pas du tout en prison et qu'il fête sa trahison en sablant le champagne avec des femmes galantes. Bien entendu, Herzen, Mazzini et d'autres réfugiés protestent contre cette calomnie ; Marx lui-même proclame son indignation, et parle de Bakounine comme de son « ami intime ». Mais seuls des bruits contradictoires sur son sort parviennent au monde extérieur. La forteresse Pierre-et-Paul est un tombeau. Bakounine est un mort vivant. Nul n'ose espérer le revoir jamais.

Il souffre. Être condamné à l'inaction complète, c'est pour lui, qui cherchait surtout l'action, qui détestait même la table à écrire, le pire des supplices. Toujours il avait aimé la compagnie des hommes et les conversations animées pendant des nuits sans fin ; maintenant il supporte avec peine la solitude et la vie réglementée. La peur le prend de s'abrutir, de perdre ses facultés intellectuelles et morales, de devenir un être émoussé, sans sensibilité et sans foi.

De temps en temps, il peut écrire aux siens, mais ce sont des lettres qui sont soumises à la censure de ses geôliers et qui, par conséquent, n'expriment rien de son véritable état d'âme. Une fois cependant, il réussit à faire parvenir en secret une lettre à Tatiana. Là, enfin, il se montre, non sans imprudence, tel qu'il est, tel qu'il est resté.

« Je suis encore en possession de toutes mes facultés intellectuelles et morales, écrit-il ; mais je sais que cela ne peut plus durer longtemps ainsi. Mes forces physiques ont déjà beaucoup baissé ; le tour de mes forces morales ne peut tarder à venir. Vous comprendrez, je l'espère, que tout homme qui se respecte un peu doit préférer la mort la plus cruelle à cette lente et déshonorante agonie. Ah ! mes chers amis, croyez bien, toute mort est préférable à l'isolement tant prôné par les philanthropes américains. Pourquoi ai-je attendu si longtemps ? (allusion au suicide). Eh ! qui le dira ; vous ne savez pas combien l'espérance est tenace dans le cœur de l'homme. Laquelle, me demanderez-vous ? Celle de pouvoir recommencer ce qui m'a déjà amené ici, seulement avec plus de (illisible) et plus de prévoyance peut-être, car la prison a eu au moins ceci de bon pour moi qu'elle m'a donné le loisir et l'habitude de réfléchir, elle a pour ainsi dire consolidé mon esprit ; mais elle n'a rien changé à mes anciens sentiments, elle les a rendus au contraire plus ardents, plus absolus que jamais et désormais tout ce qui me reste de vie se résume en un seul mot : la liberté. »

Voilà sa vraie confession.

EN SIBÉRIE

Bien que je ne sois pas vieux par l'âge — j'ai quarante-quatre ans — les dernières années de ma réclusion ont épuisé mes dernières forces, brisé le reste de ma jeunesse et de ma santé ; je me fais l'effet d'un vieillard et je sens qu'il ne me reste plus longtemps à vivre. Je ne regrette pas une vie sans activité et sans utilité ; un seul désir vit encore en moi : respirer une dernière fois en liberté.

Bakounine.

La guerre de Crimée éclate. Elle prend bientôt une mauvaise tournure pour la Russie, et le gouvernement craint que les flottes française et anglaise n'attaquent Saint-Pétersbourg. On redoute qu'elles n'arrivent à libérer Bakounine et on le transfère au printemps de 1854, à la Schlusselbourg qui passe pour plus sûre que la forteresse Pierre-et-Paul.

Un an plus tard, Nicolas Ier meurt, en pleine défaite. Bakounine comme beaucoup de ses contemporains croit qu'il s'est suicidé. La guerre a en effet révélé toutes les tares de l'autocratie policière et le vainqueur de la Révolution de 48 disparaît au moment même où tout son système s'écroule. Tout le monde est d'accord qu'il est désormais impossible de continuer les anciennes méthodes et, avec l'avènement d'Alexandre II, passe un souffle presque libéral sur la Russie. On parle de l'amnistie des décembristes, de l'abolition du servage, de toutes sortes de réformes et même d'une constitution. L'espoir renaît aussi dans l'âme de Bakounine.

Mais celui que les courtisans appellent le « tsar libérateur » et qui plus tard sera tué, en plein cœur de sa capitale, par des révolutionnaires exaspérés n'est en réalité ni libéral ni clément. Ce n'est que la peur qui lui dicte des réformes, accordées d'ailleurs contre son gré, différées sans cesse et de plus en plus limitées. L'amnistie de Bakounine lui répugne particulièrement et il efface lui-même son nom de la liste des graciés. « Tant que votre fils vivra, il ne sera jamais libre », dit-il à la mère, venue se jeter à ses pieds.

La famille multiplie ses efforts. De nombreux parents et amis emploient toute leur influence pour obtenir au moins la déportation du prisonnier en Sibérie. Mais le tsar persiste dans son refus. Bakounine écrit alors directement à Alexandre. Auparavant il fait promettre à son frère Paul de lui procurer du poison, pour qu'il puisse se suicider si cette dernière tentative échoue.

Cette fois ce n'est plus une confession qu'il adresse au tsar ; c'est un cri de désespoir, une supplication sans crainte d'atteindre l'ultime degré d'humiliation. « Devant Vous, Sire, je n'ai pas honte d'avouer ma faiblesse ; je le confesse ouvertement, l'idée de mourir dans la solitude de la réclusion m'épouvante — cette idée m'effraye plus que la mort elle-même — et du plus profond de mon cœur, du plus profond de mon âme, je supplie Votre Majesté de me délivrer, s'il est possible, de ce châtiment suprême et le plus atroce. »

Enfin le tsar cède et commue sa peine en déportation à perpétuité en Sibérie. C'est en 1857. Bakounine a presque quarante-quatre ans. Il a passé huit ans en prison, toujours dans un isolement complet.

Sur le chemin de la Sibérie, il peut s'arrêter un jour à Priamoukhino. Accompagné de gendarmes, il s'incline devant la tombe de son père qu'il n'a plus revu depuis qu'il était parti d'ici pour étudier à Berlin la philosophie de Hegel. Une dernière fois il peut embrasser sa mère pour laquelle il n'éprouve plus d'animosité, ses frères, tous mariés et dans la force de l'âge, Varvara qui semble avoir oublié les anciennes vicissitudes de son ménage, et Tatiana devenue une vieille fille desséchée et résignée.

Ne voulait-il pas se vouer corps et âme au bonheur de ces chers êtres ? Comme tout cela est loin ! La destinée l'avait marqué pour d'autres actions, d'autres sacrifices. Maintenant il est vieux avant l'âge, de santé faible et pourtant dévoré par un feu intérieur qui ne s'éteint pas. Ici, il n'a plus qu'à prendre congé. Devant lui est la Sibérie, immense et inconnue. Sera-ce la fin ? Il traverse le parc où, enfant, il a joué, il regarde les prairies, les forêts, le fleuve, il retrouve même sa nourrice et c'est avec elle qu'il passe la nuit à jouer aux cartes.

Les vivants de Priamoukhino lui sont devenus étrangers, mais les souvenirs sont lourds et des ombres sortent du passé. Stankiévitch, Biélinski, son père... D'autres s'associent à leurs images : des camarades morts à Paris, à Prague, à Dresde... Est-il encore chez lui dans cette maison blanche à colonnes grecques où il est né ? C'est beau Priamoukhino ; ses frères surtout sont des hommes intelligents, voire libéraux et qui l'aiment beaucoup. Pourtant, même s'il pouvait rester, sa place n'est plus ici. Il appartient à un autre monde... Il faut dire adieu aux lieux de son enfance, aux souvenirs de sa jeunesse. Cette fois il s'en va pour toujours... Jamais plus il ne reverra Priamoukhino, ni la Russie, ni sa mère, ni Tatiana, ni ses autres frères et sœurs. Seul Paul lui rendra encore une fois visite.

Après un interminable voyage, il arrive à la ville de Tomsk, dans la Sibérie occidentale, qui lui est désignée comme lieu de séjour. Bakounine rencontre ici les derniers décembristes et plusieurs exilés polonais. Il fréquente aussi quelques jeunes gens de la région qui plus tard formeront un parti réclamant la République fédérale de Sibérie et qui à leur tour seront punis par la déportation à Arkhangel.

Il habite une maisonnette en bois qu'il s'est fait construire. La permission de quitter Tomsk et de faire des randonnées dans les environs lui est cependant refusée. Lorsqu'il allègue la nécessité de trouver un emploi pour gagner sa vie, l'administration lui offre un petit poste de fonctionnaire. Mais Bakounine refuse. Il s'est bien abaissé pour demander la grâce du tsar ; devenir fonctionnaire lui semblerait une honte insupportable.

Un jour, le gouverneur général de la Sibérie orientale, le comte Mouravieff qui, ayant colonisé la région de l'Amour, porte le nom de Mouravieff-Amourski, passe par Tomsk. C'est le propre cousin et un ami d'enfance de Bakounine. Il est le fils de ce Nicolas Nazarévitch Mouravieff qui exerçait une si grande influence sur l'évolution intellectuelle du jeune Michel, lorsqu'il était à l'École d'Artillerie à Saint-Pétersbourg. Le gouverneur général ne renie pas le déporté qui a été son camarade de jeunesse et il profite de toute occasion pour lui témoigner son estime et son affection. Peut-être lui rappelle-t-il le sort de Mouravieff-l'Apôtre, pendu pour avoir participé à l'insurrection décembriste, et les quatre autres membres de sa famille qui durent prendre le chemin de Sibérie.

Plus importantes encore pour Bakounine deviennent ses relations avec la famille de l'exilé polonais Xavier Kviatkowsky aux deux filles duquel il donne des leçons de français. L'une d'elles, Antonia, l'attire de plus en plus et, après quelques mois, il demande sa main qui lui est accordée. Le mariage est fêté avec les maigres splendeurs que les circonstances permettent ; Bakounine illumine même sa maison pour l'entrée de la jeune mariée.

En dépit de ces noces quelque peu bourgeoises, c'est une union assez étrange et dont les raisons échappent aux amis, lorsqu'ils rencontrent le couple. Il est vrai que leurs appréciations datent de beaucoup plus tard. Ce n'est pourtant que dans les romans que l'on apprend exactement pourquoi deux êtres se sentent poussés l'un vers l'autre. On comprend encore la jeune fille qui, jolie et frivole, vit dans un milieu où les hommes à marier sont rares. Bien qu'il ait vingt-cinq ans de plus qu'elle et qu'il soit obèse et usé, Bakounine représente peut-être à ses yeux un parti intéressant. Il est d'ailleurs parfaitement concevable qu'elle subit elle aussi le charme de l'illustre déporté dont la gloire et les souffrances sont devenues légendaires. Mais quels sont les motifs de Bakounine ? Est-ce la peur de la solitude et le besoin d'avoir une compagne qui partage ses soucis et ses espoirs ? Ou est-il si amoureux que cette fois il désire lui-même les chaînes auxquelles il s'est toujours dérobé ? Ce n'est certes pas qu'il veuille s'établir, fonder une famille, avoir un foyer. Il reste l'homme de sa destinée, toujours en mouvement, se déplaçant sans cesse. Il n'aura jamais un véritable chez soi.

Toujours est-il qu'il est très épris de sa jeune femme. Il la considère comme une camarade et une collaboratrice, vouée entièrement à ses idées d'autant plus qu'elle est Polonaise et fille d'un condamné politique. Mais bientôt il doit comprendre qu'il s'est trompé et qu'Antonia s'intéresse plus aux plaisirs mondains qu'à la révolution ou même aux lectures sérieuses. Leurs chemins se séparent de plus en plus. Bakounine l'assure, d'ailleurs, dès le début de leur mariage, qu'il respectera absolument sa liberté personnelle, droit dont elle usera largement. Rien ne prouve cependant qu'il ne s'agit que d'un mariage blanc, comme certains bruits le prétendent. Et si insouciante qu'elle soit, Antonia n'essaiera jamais de rompre les liens qui les unissent, de même que Bakounine la considère toujours comme sa femme. Il lui restera attaché toute sa vie ; quelques signes indiquent même qu'il ne cesse jamais de l'aimer.

La loi mystérieuse à laquelle obéit l'existence de Bakounine ne lui permet, en vérité, aucune pause sentimentale, aucun répit, aucun repos. A peine marié, il est déjà obligé de se débattre à nouveau avec des embarras pécuniaires. Les ressources qu'il reçoit de sa famille se raréfient. Comme ses frères ont libéré les serfs de Priamoukhino, avant même que le servage soit aboli officiellement, ils ont eux-mêmes des difficultés financières. Bakounine voudrait bien chercher du travail dans les mines d'or aux environs de Tomsk, mais la permission de s'éloigner de la ville lui est toujours refusée. En 1859, il obtient enfin le droit de se fixer à Irkoutsk, où Mouravieff-Amourski règne en maître absolu.

La capitale de la Sibérie orientale, située entre le lac Baïkal et la Mongolie, est bien une des villes les plus froides du monde. Au moins Bakounine y jouit-il d'une certaine liberté ; il peut même faire de longs voyages dans la région. La possibilité de s'enfuir est en effet minime dans ce pays montagneux et sans limites. Point de villes ; vers le sud s'étend le désert de Gobi et vers l'est il faut traverser des milliers de kilomètres avant d'arriver à la mer. La situation matérielle de Bakounine s'améliore toutefois un peu dans cette petite ville perdue, où les déportés font partie de la bonne société. Il devient employé de commerce, mais on imagine facilement qu'il ne se distingue pas beaucoup dans ce métier.

En même temps, il est le commensal de Mouravieff-Amourski. Les anciennes relations des deux cousins sont vite rétablies et leur intimité efface la différence entre le gouverneur général et le condamné politique. De longues heures durant ils parlent politique. Souvent, le gouverneur civil est de la partie, les dames elles aussi sont présentes, et ces grands dignitaires du tsar écoutent et discutent le programme du révolutionnaire. Les tentatives de Mouravieff-Amourski de faire gracier son parent et d'obtenir pour lui la permission de rentrer en Russie restent cependant sans succès.

Bakounine songe sérieusement que son cousin qui est si haut placé pourrait devenir une figure centrale de la révolution russe. Se laisse-t-il entraîner par l'enthousiasme de son amitié et le voit-il sous un faux aspect ? Le gouverneur général de la Sibérie orientale est en tout cas un homme curieux. Comme tant de *bâtisseurs d'empire* il représente un mélange de qualités opposées, et Herzen n'a peut-être pas tort, quand il l'appelle à la fois « démocrate et tartare, libéral et despote ». Il est certain que le régime dictatorial de Mouravieff-Amourski suscite beaucoup de plaintes. Mais Bakounine prétend qu'elles proviennent de commerçants contre lesquels le gouverneur avait défendu les intérêts des paysans.

Herzen qui, à Londres, publie sa célèbre revue *Le Kolokol* reçoit enfin d'Irkoutsk les premières nouvelles de l'ami. Mais, déjà, Bakounine semble avoir oublié les souffrances de ses prisons. Il en parle à peine. Après tant d'années, il reprend simplement son activité là où il a dû l'interrompre et ses lettres volumineuses sont avant tout des documents politiques. Leur sujet principal est la personnalité de Mouravieff-Amourski. « C'est un des nôtres », s'écrie-t-il, et il décrit son programme politique qui réclame : 1° L'affranchissement absolu des paysans en leur donnant les terres qu'ils cultivent ; 2° des tribunaux publics avec des jurés auxquels tous les fonctionnaires seraient soumis ; 3° l'enseignement populaire pratiqué sur l'échelle la plus large ; 4° le self-government, l'abolition de la bureaucratie et, autant que possible, la décentralisation de l'empire russe, sans constitution ni parlement. Par contre, il serait établi « une dictature de fer » qui rétablirait la Pologne et libérerait tous les Slaves, en faisant une guerre à mort à l'Autriche et à la Turquie.

Est-ce vraiment le programme de Mouravieff-Amourski ou plutôt celui de Bakounine ? Il rappelle en tout cas les idées qui l'ont inspiré en 48 et qu'il a exprimé dans la *Confession*. Elles sont, évidemment, loin de l'anarchisme, mais Bakounine n'est pas encore anarchiste, et il n'y a pas de doute que pour la Russie de 1860 de pareilles réformes seraient, en dépit de leur caractère panslaviste, extrêmement hardies et même révolutionnaires. Car Bakounine et, d'après lui, Mouravieff-Amourski ne pensent à aucun moment que ce programme pourrait être réalisé avec le tsar et les classes dirigeantes de la Russie. Tout leur espoir, ils le mettent dans « la hache du paysan ». Mais opposer les paysans aux autres forces des pays slaves, c'est la révolution, et « la dictature de fer » elle aussi rejoint l'ancien programme de Bakounine.

Il n'a donc changé, ni dans ses principes ni dans sa fougue. Il est pourtant probable qu'il a surestimé les dispositions de son cousin. Tout en élaborant des projets audacieux, Mouravieff-Amourski n'est qu'un mécontent qui ne pense pas à traduire ses pensées par des actes. Mais il faut croire que l'influence que Bakounine exerce sur lui est assez profonde. S'il ne peut se décider à le suivre sur sa voie dangereuse, il refuse toutefois de changer sa situation puissante et indépendante de gouverneur général de Sibérie contre un portefeuille de ministre. Lorsqu'il est rappelé, il n'accepte pas le ministère de l'Intérieur qui lui est offert et préfère se fixer à Paris, où il restera vingt ans, jusqu'à sa mort.

On ne peut pas dire que son départ menace la situation de Bakounine à Irkoutsk, d'autant moins que le nouveau gouverneur général, le général Korsakoff est aussi son parent, puisqu'une nièce de celui-ci vient d'épouser son frère Paul. Mais l'espoir de rentrer en Russie et d'y organiser un mouvement, appuyé sur la position et l'influence de Mouravieff-Amourski, s'est évanoui. Ce n'est cependant que cette illusion qui, pendant presque trois ans, lui a fait supporter la vie à Irkoutsk.

Depuis longtemps déjà il est entièrement repris par la politique. Maintenant, l'appel de la liberté devient irrésistible. « Il est temps de me retremper dans la vie active », écrit-il à Herzen.

QUATRIÈME PARTIE

RECOMMENCEMENT

Il est resté remarquablement jeune et a conservé toute sa bonne humeur.

RUGE.

RETOUR AU MONDE

Après neuf ans de silence et de solitude, Bakounine se retrempa. [...]. Il débattait, prêchait, commandait, criait, prenait des décisions, apportait des corrections, organisait et excitait à l'action, le jour, la nuit, à chaque minute. Dans ses rares moments libres il s'élançait vers sa table de travail et écrivait à la fois cinq, dix, quinze lettres qu'il envoyait dans tous les pays du monde.

HERZEN.

La seule possibilité de s'enfuir est de gagner la côte et d'y trouver un bateau qui traverse l'Océan Pacifique. L'entreprise est difficile, car elle demande un ensemble de circonstances favorables. Il ne peut être question d'une évasion clandestine ; il est impossible de s'éloigner d'Irkoutsk en secret, et même si l'on y arrivait, on n'irait pas loin. Ce qu'il faut surtout, c'est de la ruse, et cette fois-ci encore Bakounine prouve que, malgré sa franchise habituelle, il en est capable. Pour être tout à fait sûr, il tait ses projets même à Antonia.

Il n'y a d'ailleurs que peu de préparatifs à faire. La chose principale dont il a besoin est l'argent. Il emprunte donc à des amis — là où il est, il a des amis — quelques milliers de roubles. Puis il demande, en sa qualité d'employé de commerce, un laissez-passer pour un voyage d'études jusqu'au port de Nicolaïevsk, et il n'hésite pas, lorsque le gouverneur général l'exige, à donner sa parole d'honneur qu'il rentrera avant l'hiver. Certes, il regrette de mentir, mais il pense qu'il n'est pas obligé de renoncer à la liberté et de terminer sa vie en Sibérie, parce qu'il a donné cette parole à un homme qui, bien que bienveillant, est un fonctionnaire du tsar, donc un adversaire.

Il part avec une mission officielle dont le chef est chargé de le surveiller. Celui-ci est cependant le seul qui connaisse sa situation exacte. Soit par courtoisie, soit par négligence, on a omis de mentionner dans ses papiers qu'il est condamné politique ; il n'y est désigné que comme lieutenant en retraite. Il est vrai que les autorités de Nicolaïevsk sont prévenues de son arrivée, mais un heureux hasard fait que la lettre ne parvient à destination que quand il a déjà pris le large.

Tout le monde ignore donc que Bakounine n'est pas un simple voyageur. Joyeux compagnon, il prend part à toutes les réceptions données en l'honneur de la mission officielle, et, à Nicolaïevsk, les autorités lui donnent volontiers la permission de s'embarquer sur un bateau gouvernemental, lorsqu'il exprime le désir de se rendre dans un port, situé plus au sud de la Sibérie. Son gardien ne s'occupe plus de lui, car il est tombé amoureux d'une jeune fille de Nicolaïevsk, et ses fiançailles sont fêtées par un grand bal qui dure jusqu'au petit matin. C'est précisément la nuit où le bateau part qui emmène Bakounine.

Quand on comprend qu'il a pris la fuite, il est déjà loin. Au surplus, la chance lui reste fidèle. Le bateau gouvernemental remorque un navire américain qui va au Japon, et Bakounine profite de la première occasion pour y monter. C'est la sécurité. Enfin, il est libre.

Quelques semaines plus tard, il est au Japon, puis à San Francisco, puis à New York. Partout il rencontre des quarante-huitards. Mais, déjà, il ne se contente plus de renouer d'anciennes relations. Puisque liberté et activité sont pour lui des synonymes, il s'occupe de la diffusion du *Kolokol* de Herzen et s'efforce de poser les bases d'une organisation internationale pour préparer la révolution. Vers la Noël de 1861, après un voyage de cinq mois, il arrive à Londres.

C'est de là qu'il écrit à Antonia : « Mon cœur soupire après toi. Je ne rêve qu'à toi jour et nuit. Aussitôt que tu seras arrivée, nous irons en Italie, la vie y est plus gaie et meilleur marché, et il y aura beaucoup à faire. N'aie pas peur, mon âme, tu auras une femme de chambre, nous trouverons de quoi vivre… Viens, je t'attends. »

Mais en même temps, il écrit à une amie d'Irkoutsk : « Si elle (Antonia) n'éprouve pas un besoin réel de me rejoindre, si son voyage demande le moindre sacrifice, si elle est heureuse sans moi, qu'elle ne pense pas à moi, qu'elle reste, au nom du Ciel ! Vous dites qu'elle attend de moi une parole définitive ; la voici : elle est libre selon son droit, selon l'équité, et selon mon cordial désir ; elle peut disposer d'elle-même en ne songeant qu'à son bonheur qui m'est plus précieux que tout. » Et il se déclare prêt à lui donner toute sa fortune, si elle préfère rester à Irkoutsk, fortune qu'il croit grande, puisqu'il surestime beaucoup la valeur de ce que ses frères lui doivent de l'héritage paternel. « Mais, continue-t-il, si Antonia a le désir de me rejoindre, qu'elle vienne vite, je la recevrai avec joie ; elle ne doit pas douter de mon amour. »

Ce n'est qu'au printemps de 1863 qu'elle arrive à Londres. A ce moment Bakounine est déjà reparti vers d'autres horizons.

Londres est, depuis la victoire de la contre-révolution, le centre de l'émigration européenne. Nombre d'hommes politiques y ont trouvé un refuge ; les chefs surtout y sont presque au complet, pour autant qu'ils ne sont pas dans les prisons des pays où ils ont lutté. Sauf Herzen auquel Ogareff s'est joint depuis longtemps, Bakounine revoit beaucoup d'amis avec lesquels il a collaboré avant et pendant l'année fatale de 1848 : Ruge, Golovine, Gustave Vogt, Louis Blanc, Caussidière et tant d'autres. Il rend naturellement tout de suite visite à Mazzini et Aurelio Saffi qui, sans le connaître personnellement, l'ont défendu contre les calomnies d'Urquhardt.

Herzen et Mazzini tiennent Marx et Engels pour responsables de ces diffamations et conseillent à Bakounine de les éviter. Toute cette émigration cosmopolite est en effet très désunie, les efforts pour une action commune ayant échoué à maintes reprises. Les différends sont aussi bien d'ordre politique que personnel. Ainsi, Mazzini et Herzen détestent cordialement Marx et Engels, et ceux-ci le leur rendent bien. Urquhardt récidive d'ailleurs dans son journal. Comme l'article calomniateur n'est pas signé, Bakounine somme l'auteur de se faire connaître ; il lui donnerait alors la réplique « non pas la plume à la main, mais avec la main sans plume ». Les attaques contre son honneur cessent désormais, au moins pour quelque temps.

Bien que Bakounine ne reprenne pas ses relations avec Marx et Engels, il traduit leur *Manifeste Communiste* en russe. Mais il est naturel qu'il s'attache particulièrement à Herzen qui exerce par son *Kolokol* une influence dont le déporté a ressenti les effets jusqu'aux confins de la Sibérie.

Herzen a mûri par la souffrance. A Paris, il a assisté à la bataille de Juin, à la suite de laquelle il a été expulsé, et la défaite de la Révolution a ébranlé ses convictions les plus chères. L'ancien *occidental* est profondément déçu, surtout de la France dans laquelle il avait mis tant d'espoirs ; de plus en plus il s'est rallié lui aussi à l'idée que l'Occident est pourri et que seuls les barbares, c'est-à-dire les Russes, peuvent donner à la révolution ce renouveau qui sauvera le monde. Mais son sort personnel a été plus cruel encore que ses désillusions politiques. Il s'était d'abord réfugié en Suisse, ne vivant qu'en compagnie de sa femme et de Herwegh. Il adorait sa femme qu'il connaissait depuis son enfance et qu'il n'avait pu épouser qu'après avoir vaincu toutes sortes de difficultés. Or, il devait apprendre qu'elle le trompait avec Herwegh avec lequel même elle s'enfuit. Pendant que Bakounine se trouvait dans les prisons autrichiennes, Herzen était à Nice, où il attendait l'arrivée de sa mère avec un de ses fils, et le bateau qui les amenait sombrait dans le port, devant ses yeux ; il ne retrouva que les cadavres. Un peu plus tard, sa femme avec laquelle il s'était réconcilié, mourut. Tout ce qui lui était resté, c'étaient sa fortune et le travail. Le destin lui avait cependant réservé une revanche : par son roman *De l'autre Rive* et par ses *Mémoires* il a atteint la gloire. Avec Ogareff, poète et économiste, il a alors fondé le *Kolokol*, qui est devenu bientôt la voix la plus écoutée de l'opposition russe.

Ogareff, atteint d'épilepsie, est malgré ses grandes facultés intellectuelles, un homme doux et faible qui considère son amitié avec Herzen comme ce qu'il y a de plus précieux dans sa vie. Il lui a sacrifié sa première femme qui ne s'entendait pas avec l'ami. Puis il a épousé la meilleure amie de Mme Herzen. Et cette fois c'est Herzen qui cause à Ogareff la même douleur qu'il a subie de la part de Herwegh. Mais Ogareff sacrifie aussi sa deuxième femme à l'ami, tout en feignant de ne s'apercevoir de rien. L'oubli de ses malheurs, il le cherche dans la boisson.

Pendant dix ans le *Kolokol* a été la revue la plus importante de la Russie. Bien qu'elle paraisse à l'étranger et qu'elle ne puisse pas être introduite légalement en Russie, elle est lue de toute l'aristocratie. Le tsar lui-même compte parmi ses lecteurs. Démocratique et socialiste — bien que d'un socialisme fort mitigé — elle publie les polémiques les plus virulentes, appuyées sur des renseignements qu'elle reçoit de tous les côtés. A elle seule, elle représente l'opposition, et ses attaques sont souvent efficaces, surtout lorsqu'elles visent la gestion d'un haut fonctionnaire. Au retour de Bakounine, la revue est cependant déjà quelque peu en déclin.

Herzen a envoyé de l'argent à Bakounine en Amérique, pour qu'il pût continuer son voyage, et il l'a reçu comme un frère retrouvé. L'arrivée de l'ami lui cause toutefois quelques appréhensions, pressentiment qui s'avère parfaitement justifié. Bakounine a bien changé extérieurement : il a vieilli et grossi et, depuis longtemps, il a abandonné la tenue soignée de l'aristocrate ; mais il n'a rien perdu de son tempérament fougueux. Les anciens camarades sont tout étonnés que son esprit n'ait nullement souffert de son long emprisonnement. Ses énergies sont restées jeunes et, à peine débarqué, il pousse à l'action, comme autrefois, tous ceux qui l'approchent. Le *Kolokol* est beaucoup trop modéré à son goût. Il demande à Herzen et Ogareff de ne pas reculer devant des moyens extrêmes, de renforcer la propagande révolutionnaire, de créer une société secrète et une grande organisation internationale et surtout de s'occuper non seulement de la Russie, mais de tous les pays slaves et en particulier de la Pologne, noyau de toute révolution slave. Ogareff est bientôt gagné à ses idées, tandis que Herzen hésite.

Dans ce regain d'activité, Bakounine néglige tout à fait ses intérêts personnels. Sa situation est plus qu'incertaine, et c'est aussi pour cette raison qu'Antonia tarde à le rejoindre. On lui demande d'écrire ses souvenirs, mais les travaux purement littéraires ne l'ont jamais attiré. Quand il écrit, il le fait en homme d'action et pour des buts immédiats. S'exprimer pour formuler des idées, voire pour la seule volupté de la création, l'intéresse aussi peu que gagner de l'argent. Dans son appartement de Paddington Green il est le même bohémien que dans sa jeunesse, vivant au jour le jour, « tapant » les amis, pour donner ensuite tout ce qu'il a sur lui au premier venu qui est dans le besoin. Il lui suffit d'avoir un peu d'argent pour le thé et les cigarettes.

Comme l'héritage de son père n'est toujours pas réglé — il l'attendra encore longtemps — Herzen s'efforce de lui constituer une rente. Les frères de Bakounine ne sont pas en mesure d'y contribuer. Par contre, Tourguénieff se déclare prêt à l'aider. « Tu peux compter sur mon ancienne amitié pour toi qui, Dieu merci, ne peut être influencée par les idées politiques », lui écrit-il.

Entre temps Tourguénieff est devenu lui aussi un homme célèbre, mais, à l'opposé de Herzen et de Bakounine, il ne peut jamais se décider à prendre une position ferme. Il est contre le servage et il ne libère pas ses serfs ; il déteste l'absolutisme et il courtise le tsar ; il passe la plus grande partie de sa vie à l'étranger et il ne devient jamais un émigré ; il fréquente les révolutionnaires et il est en bonnes relations avec la réaction ; il aime et aide Bakounine et il l'a dénigré dans son *Roudine*. Oscillant ainsi entre les extrêmes, en opposition contre l'autocratie sans la combattre, adversaire des privilèges, tout en en profitant, l'auteur des *Récits d'un Chasseur* reflète parfaitement l'état d'esprit d'une large couche de l'aristocratie russe pendant les années 60. Aussi est-il étonné, irrité et assez ému, lorsque, un peu plus tard, Bakounine, ayant pris connaissance du *Roudine*, rompt avec lui.

Depuis la guerre de Crimée, la situation en Russie a profondément changé et Bakounine avec son instinct infaillible l'a mieux compris en Sibérie que Herzen avec son intelligence brillante ne l'a ressenti à Londres. Les aristocrates russes qui lisent le *Kolokol* étaient bien contents de jouer aux libéraux, aussi longtemps que leur opposition ne dépassait pas des conversations d'antichambres. Depuis que les grandes réformes sont vraiment à l'ordre du jour, ils se récusent. Ce n'est qu'une partie de la noblesse, *les nobles repentis*, qui restent fidèles à l'idéal des décembristes. Ayant ordonné la libération des serfs, sans leur donner les terres qu'ils travaillent depuis des siècles, le tsar croit cependant qu'il a fait assez de concessions ; tout au plus veut-il réaliser encore quelques petites réformes qui ne changent rien à la structure du régime absolutiste. Par conséquent, il rejette même le programme modéré des aristocrates réformistes, et lorsque les représentants de la noblesse de Tver le supplient de bien vouloir accorder une constitution à ses sujets, ils sont arrêtés et envoyés en Sibérie. Deux des frères de Bakounine se trouvent parmi eux.

Sous Alexandre II, tout comme sous Nicolas Ier, la Russie reste donc un pays sans liberté. Mais le temps est passé où Bakounine était le seul révolutionnaire russe. Une nouvelle génération est née qui, sous l'influence de Tchernichevski, déclare la guerre à mort au tsarisme et qui cherche tout le salut dans le peuple pour lequel elle demande *terre et liberté*, cri de ralliement qui devient le nom de la première organisation révolutionnaire russe. Herzen, qui voudrait croire que l'opposition entre le tsar et le peuple n'est pas irréductible, penche plutôt vers le réformisme des *nobles repentis*. Bakounine, par contre, est parfaitement dans la ligne de *Terre et Liberté*, lorsqu'il déclare « qu'il n'existe aucune réconciliation possible ».

Quoiqu'il collabore au *Kolokol*, il ne réussit pas à lui imposer sa conception. Herzen ne résiste pas entièrement à son influence, mais, bien que quelque peu désabusé, il reste convaincu que les réformes d'Alexandre II sont plus qu'un palliatif et qu'on peut les pousser plus loin encore par des appels à la bonne volonté du tsar. Bakounine, dans une brochure, s'adresse bien lui aussi au tsar. En lui demandant de se séparer de la classe dirigeante et de devenir le tsar du peuple, il réclame pourtant sciemment son suicide politique. La différence entre Herzen et lui est précisément que Herzen prend ses appels à Alexandre II au sérieux, tandis que Bakounine s'en sert comme d'un moyen de propagande.

Le titre de la brochure : *Romanoff, Pougatcheff, Pestel ?* révèle déjà les idées de son auteur. En opposant le tsar, d'origines allemandes et étranger au peuple, à Pougatcheff, paysan mi-révolutionnaire, mi-brigand, et à Pestel, chef révolutionnaire éclairé et réfléchi, il définit en effet les trois possibilités de l'évolution russe qui, pour longtemps encore, resteront les seules viables. Pougatcheff, dont les bandes résistèrent pendant des années aux armées de l'impératrice Catherine et dont le souvenir fait trembler tous les possédants de la Russie, représente pour Bakounine la révolution des paysans. Au fond, il la croit inévitable. Mais il se rend compte de ce qu'il y aurait de cruel et d'horrible dans une révolution des paysans russes, et c'est pour échapper à ce mal qu'il conseille au tsar de poursuivre le programme de Pestel.

Bientôt il cesse de s'adresser au tsar et à la classe dirigeante, même pour la forme. Dans une autre brochure *A mes amis russes et polonais* il déclare que la Russie est à la veille de grands événements. « Les ennemis de la Russie attendent avec joie la catastrophe. Mais cette catastrophe sera toute différente de celle de l'Autriche et de la Turquie, qui est également imminente. Des ruines de l'empire russe ressuscitera le peuple russe. » Il demande que la noblesse renonce à tous ses privilèges, à tous ses signes extérieurs et même à ses noms, et il proclame que la seule classe vivante en Russie est le peuple. Qu'on lui donne la terre et la liberté, afin que deux classes seulement subsistent, celle des paysans et celle des ouvriers ! Il est déjà très près de ses idées postérieures, quand il annonce enfin que la nouvelle société se basera sur l'autonomie des communes, fédérées en régions et dans le pays entier, pour être couronnée par une fédération de tous les pays.

Dans une troisième brochure, *La Cause Populaire*, il va plus loin encore. Les signes avant-coureurs d'une révolution en Russie lui semblent se multiplier. Il est vrai que les paysans, mécontents que l'on profite de leur soi-disant libération pour les spolier de leurs terres, brûlent en maints endroits les châteaux de leurs seigneurs. Bakounine développe encore une fois son programme qui est de plus en plus anarchiste, en s'écriant : « Si le sang est nécessaire pour la réalisation, le sang coulera ! »

Mais il ne s'occupe pas seulement de la propagande russe. Fidèle à ses idées de 48, il travaille pour la libération de tous les Slaves. Comme il attire toujours tous ceux qui sont avides d'action, il est bientôt entouré de révolutionnaires de tous les pays slaves, de Tchèques, de Serbes, de Bulgares, de Valaques et, naturellement, de Polonais. Herzen sourit des lettres qu'il écrit à Sémipalatinsk et à Arad, à Belgrade et à Constantinople, en Bessarabie, en Moldavie et à Biélaïa Krinitza, mais cette correspondance étendue prouve bien que Bakounine est de nouveau au centre d'une grande activité. Il reprend même sa tentative d'utiliser les sectes religieuses non orthodoxes de la Russie et rend visite à un évêque dissident qui se trouve précisément à Londres.

L'heure de passer de la propagande à l'action est, en effet, proche. En janvier 1863, juste un an après son arrivée à Londres, la Pologne se soulève contre l'oppression tsariste.

L'INSURRECTION POLONAISE

Bakounine rajeunissait ; il était dans son élément. Il aimait non seulement le rugissement de la révolte, le bruit des clubs, des places publiques, des barricades ; il aimait aussi le mouvement de la veille, la préparation : cette vie à la fois fiévreuse et contenue des conciliabules, ces nuits sans sommeil, ces pourparlers, ces discussions, ces pactes, ces ratifications, l'encre chimique et le code secret.

HERZEN.

Bakounine réapparaît en Europe comme un de ces oiseaux annonciateurs des tempêtes. Ce n'est pas seulement la Russie qui est secouée par les conséquences de la guerre de Crimée, mais dans toute l'Europe la stagnation de la décade d'après 48 semble terminée. La guerre de la France et de la Sardaigne contre l'Autriche a préparé l'unité nationale de l'Italie, et le nom de Garibaldi qui, parti avec mille hommes, avait abattu le royaume des Deux-Siciles était devenu un symbole de la liberté des peuples, connu jusqu'à Irkoutsk où Bakounine se morfondait dans l'exil. La réaction victorieuse est partout menacée de nouveau, et dans tous les pays se meuvent des forces nouvelles. Napoléon III est obligé de faire des concessions au libéralisme, le roi de Prusse et son président du conseil Bismarck sont en conflit non seulement avec le parlement, mais aussi avec le pays tout entier, l'empereur d'Autriche se voit contraint de donner une constitution et de composer avec la Hongrie, et le mouvement ouvrier se développe contre tous les obstacles : en France, le prolétariat conquiert le droit de grève ; en Allemagne, il se groupe autour de Lassalle dans un grand parti ; de Londres, la Première Internationale prend son vol. « L'électricité s'accumule dans l'air et l'atmosphère devient de plus en plus chargée », déclare Bakounine. Et, toujours optimiste, il s'écrie : « Le reflux est fini, la haute marée va commencer ! »

L'insurrection polonaise représente à ses yeux le début d'une nouvelle époque révolutionnaire. L'année 48 lui semble revenue. Or, il n'a pas seulement conservé ses principes d'alors, il emploie aussi la même tactique, en s'efforçant de profiter de la Pologne comme d'un tremplin pour soulever la Russie et tous les pays slaves qu'il continue à considérer comme le grand réservoir de la révolution mondiale. Les quinze ans de défaite, les prisons et l'exil sont effacés. Il a toujours la foi. C'est, de nouveau, comme s'il venait de prononcer son discours aux Polonais de Paris, lorsqu'il partait vers l'Est pour libérer les Slaves et pour accomplir ce qui avait été commencé sur les barricades de Février. Herzen lui-même, si sceptique qu'il soit, est entraîné par cette force puissante. « Il me faisait peur, dit-il. Je discutais tout le temps avec lui et je faisais, contre mon gré, ce que je ne voulais pas faire. »

En réalité, l'insurrection polonaise est un mouvement purement national. Les *blancs*, c'est-à-dire le parti des grands seigneurs, sont contre tout changement social ; un de leurs chefs déclare carrément à Bakounine qu'il préfère encore la domination russe à la révolution. Les *rouges*, c'est-à-dire le parti de la petite noblesse, veulent bien faire quelques concessions aux paysans, mais eux aussi redoutent de trop les radicaliser. Et les *blancs* comme les *rouges* comptent moins sur leurs propres forces contre la Russie que sur l'intervention des grandes puissances. Ils espèrent surtout dans la France de Napoléon III, duquel ils attendent jusqu'à une aide militaire, semblable à celle qu'il a prêtée à l'Italie.

Herzen comprend très bien cette situation. Aussi se contente-t-il de demander aux chefs polonais qu'ils garantissent le droit sur les terres aux paysans et l'autonomie aux provinces non polonaises.

Les Polonais apprécient l'appui de l'émigration russe. Ce n'est pourtant qu'en hésitant et après de longues tractations qu'ils acceptent ces conditions. Herzen n'a pas tort de penser qu'au fond ils détestent tous les Russes, qu'ils se passeraient volontiers même d'une alliance avec les Russes révolutionnaires et que, pas même libérés, ils songent déjà à des conquêtes territoriales.

Cependant pour Bakounine la question se pose tout à fait différemment. Toute sa vie il a lutté pour la liberté de la Pologne, mais jamais il ne l'a considérée comme une fin en soi. Il est d'accord avec Herzen, quand il ressent l'écrasement de la Pologne comme une honte et un malheur pour la Russie, parce que tout progrès dans la Russie arriérée est impossible aussi longtemps que le tsarisme opprimera un pays aussi avancé que la Pologne. Il est d'ailleurs naturel pour Bakounine de prendre parti « pour la victime contre le bourreau », même si la victime n'a pas des sentiments très élevés. Mais la Pologne représente surtout pour lui le point de départ naturel pour la révolution slave, précisément parce qu'elle est le plus avancé des pays slaves. Le prétendu réalisme des négociations de Herzen avec les Polonais l'intéresse à peine. Son but n'est pas la renaissance d'un État polonais, mais la révolution.

Il n'est pas un réaliste dans le sens des politiciens. Il voit cependant parfaitement clair, quand il répète sans cesse aux Polonais qu'ils n'obtiendront rien par l'intervention de gouvernements étrangers et qu'ils ne gagneront l'indépendance qu'avec la révolution et par la révolution. Aussi leur demande-t-il de faire la révolution et de s'allier avec la révolution russe que leur exemple ne manquera pas de déchaîner. Il veut même former une légion russe en Pologne et il conseille aux Polonais de renoncer à tout acte de vengeance sur les simples soldats et les officiers subalternes de l'armée russe. C'est toujours l'idée de la révolution des soldats et des paysans qui l'anime.

En déclarant la guerre au tsar et en demandant aux officiers russes de ne pas combattre les Polonais, Bakounine est convaincu de servir son pays. « Oui, écrit-il, je renie hautement ce patriotisme d'État impérialiste et je me réjouis de la destruction de l'empire, de quelque côté qu'elle puisse venir. Bien entendu, je n'irai pas en Russie avec les Français, les Anglais, les Suédois et leurs amis les Polonais, mais si je trouve le moyen de passer dans l'intérieur du pays pour soulever les paysans pendant cette guerre avec les étrangers, je le ferai avec une conscience parfaite de remplir un devoir sacré et de servir la grande cause nationale. »

Devant la guerre des puissances occidentales contre la Russie qui, à ce moment, semble imminente, Bakounine prend donc une position nettement révolutionnaire. En ces quelques mots il développe tout un programme qui justifie aussi bien son action actuelle que celle de 48. C'est la première fois qu'un révolutionnaire déclare que la révolution n'a rien à faire avec les conflits des États impérialistes, mais que son unique intérêt est d'en tirer profit à ses propres fins.

Bakounine n'est d'ailleurs pas le seul à croire qu'en cette année 1863 la Russie se trouve à la veille d'une révolution. Le gouvernement russe lui-même le craint et prend toutes sortes de précautions. La tête de Bakounine est de nouveau mise à prix. Sa valeur a même augmenté : ce ne sont plus dix mille roubles comme en 48, mais cinquante mille !

Il est vrai pourtant que dans son esprit il devance le temps. Herzen, mi-ironique, mi-admiratif, de sa plume étincelante le décrit dans ce tableau saisissant : « Bakounine n'avait en vue qu'un but encore éloigné, prenant le deuxième mois de la gestation pour le neuvième. Il se laissa entraîner, ne voyant les choses que comme lui-même les aurait désirées, sans se préoccuper des obstacles essentiels. Il voulait croire et il croyait en effet que sur le Volga, sur le Don et dans toute l'Ukraine le peuple se lèverait comme un seul homme. [...] Avec des bottes de sept lieues il marchait à travers les monts et les mers, à travers les années et les générations. Et au delà de l'insurrection de Varsovie il entrevoyait sa *belle fédération slave*, dont les Polonais ne parlaient pourtant qu'avec une sorte d'horreur et de répugnance. Il voyait déjà le drapeau rouge de *Terre et Liberté* flotter dans l'Oural et sur le Volga, en Ukraine et au Caucase et peut-être même sur le fronton du Palais d'Hiver et jusque sur la porte de la forteresse Pierre-et-Paul. » A un réaliste comme Herzen cette vision prophétique ne pouvait, en 1863, paraître que ridicule.

Les Polonais ont peur de cet allié dangereux. Ils pensent comme Caussidière qui, lui-même réfugié à Londres, ne veut pas se rappeler qu'il a dit après les journées de Février : « Le premier jour de la Révolution il fait tout simplement merveille, mais le deuxième jour il faudrait le fusiller. » Les chefs polonais de Paris surtout prennent ombrage de lui. Ils lui demandent de ne rien entreprendre sans s'être concerté avec eux et, lorsque Bakounine refuse, ils font tout pour l'empêcher d'aller en Pologne.

Bakounine se décide alors à attaquer la Russie d'un autre côté. Par le Danemark il va en Suède, pour soulever la Finlande qui à cette époque fait partie de l'empire du tsar.

A Stockholm il est reçu avec de grands honneurs. On lui offre des banquets, les journaux demandent sa collaboration, les ministres et même le frère du roi s'entretiennent avec lui. Le révolutionnaire, célèbre par ses exploits et par son martyre, apparaît comme une puissance. Son extérieur, imposant et débraillé, ne dément pas sa réputation, et ses discours enflammés provoquent des tempêtes d'enthousiasme. Il faut dire qu'il abuse de cette situation sans grands scrupules. Non seulement il exploite les sympathies des libéraux suédois pour la Pologne, mais il leur laisse entrevoir aussi la possibilité d'arracher la Finlande à la Russie. Pour mieux faire ressortir les chances de la Révolution russe, il se donne comme le représentant de *Terre et Liberté* qu'il décrit comme une grande organisation influente et avec des ramifications dans toutes les couches du pays, tandis qu'en réalité il n'en connaît aucun membre et ne réussit pas même à entrer en correspondance avec elle.

Cependant la politique suédoise, pour autant qu'elle désire contribuer à la libération de la Finlande et peut-être même de l'annexer, ne se départit pas d'une réserve prudente et laisse aux grandes puissances la préséance dans l'intervention contre la Russie. De même, les tentatives de propagande révolutionnaire en Finlande restent sans succès, ce qui était d'ailleurs à prévoir, puisque Bakounine n'y a aucune relation. Mais il s'est déjà trop avancé. Il ne veut pas, il ne peut pas accepter l'échec. En effet, il a encore une corde à son arc : entrer en Russie et y répéter l'exploit de Garibaldi. Il a presque cinquante ans, sa santé est ébranlée, les chances d'une telle entreprise sont infimes, le destin qui l'attend, s'il tombe dans les mains du tsar, est terrible. Il risque le tout pour le tout, convaincu que celui qui prêche la révolution n'a pas le droit de reculer et doit payer d'audace quel que soit le péril auquel il s'expose.

Le moyen d'aller en Russie, il le trouve en se joignant à l'expédition de volontaires qui, sous le commandement de l'émigré Lapinsky, part de Londres pour débarquer sur la côte baltique de la Russie. C'est une entreprise hasardeuse, dont la réussite serait un vrai miracle. Sa seule chance serait la surprise, pour que les faibles forces de l'expédition, une fois débarquées, ne rencontrent pas de résistance, avant qu'elles aient organisé un mouvement d'une certaine ampleur. Le secret est cependant mal gardé dès le commencement, et l'armement du bateau anglais que les volontaires ont affrété traîne en longueur. Lorsqu'il arrive enfin à Malmoe, où Bakounine l'attend, les agents russes sont depuis longtemps au courant.

Ce qui est pire encore c'est que les membres de l'expédition sont en désaccord et se disputent sans cesse. Au surplus, le capitaine anglais s'attarde à Malmoe et, enfin parti, avec Bakounine à bord, il conduit le bateau à Copenhague sous prétexte de charger de l'eau. Là, il met sac à terre avec tout l'équipage. Après de longues négociations entre Bakounine et le consul anglais, les marins réembarquent. Mais en haute mer le capitaine prend de nouveau peur ; il redoute d'affronter la flotte russe et aborde en Suède, malgré les protestations et les menaces des volontaires. L'expédition échoue ainsi d'une façon lamentable et quelque peu ridicule. Ses membres sont internés. Seul Bakounine, dont la présence à bord est restée secrète, peut retourner à Stockholm.

Désormais, il ne peut plus se faire d'illusions sur son rôle dans l'insurrection polonaise. Les Polonais se méfient de lui et contrecarrent tous ses efforts ; la Finlande ne bouge pas et la révolution russe semble de plus en plus loin ; en vain essaie-t-il sans cesse d'entrer en contact avec *Terre et Liberté*, dont il comprend enfin combien il a surestimé les forces. En même temps, l'impression qu'il a faite en Suède s'affaiblit. Il se brouille même avec le fils de Herzen qui, lui aussi, représente les révolutionnaires russes à Stockholm et joue au chef, traitant Bakounine en inférieur.

Herzen désapprouve bien la conduite de son fils et l'excuse par l'inexpérience du jeune homme, mais sa correspondance avec Bakounine, aussi bien que celle d'Ogareff, devient de plus en plus acerbe. Les deux amis regrettent amèrement de s'être ralliés, sous son influence, à la cause polonaise. Ils lui reprochent toute sa conduite. « Tu agis par ton énergie, non par raisonnement, lui écrit Herzen. La meilleure preuve en est dans l'alliance polonaise. Elle était impossible. Les Polonais n'ont pas agi sincèrement envers nous et le résultat en fut celui-ci : tu as manqué de t'y noyer et nous allions nous enliser comme dans les sables mouvants. Tu me reproches de ne pas t'avoir arrêté. Mais comment le faire ? Tu présentes un élément de la nature, tu briserais l'airain. Qui donc oserait t'arrêter ? »

Dans une autre lettre, Herzen le juge encore plus sévèrement. « Ne connaissant pas la Russie, ni avant ton emprisonnement, ni après ton exil en Sibérie, mais plein de passion et de fougue, avec des tendances à une large et noble activité, tu as vécu pendant un demi-siècle dans le monde des fantômes et des rêveries, en passant ta vie entière comme un étudiant, dominé par tes grandes aspirations et de petits défauts. [...] Après dix ans de réclusion, tu apparais comme le même théoricien avec *cet indéfini du vague*, un bavard [...], peu scrupuleux au point de vue de l'argent et aux instincts épicuriens, timide, il est vrai, mais d'autant plus persistant, enfin toujours poussé par le besoin d'action révolutionnaire. » Herzen se déclare contre les conspirations et il reproche à Bakounine de les adorer et d'être pourtant un mauvais et ridicule conspirateur.

Ogareff lui écrit sur le même ton. « Ta trop grande confiance en tout le monde, résultat de ta bonté, et ton insouciance d'enfant te donnent une éternelle inquiétude d'âme qui cause des entraves dans toutes tes affaires. Au surplus, tu n'agis pas d'après un plan tracé et tu te laisses facilement dominer par une influence étrangère. [...] Tes vantardises au sujet de la société *Terre et Liberté* ne lui furent d'aucune utilité. [...] Personne n'a voulu te prendre au sérieux. [...] Fais ton possible pour maîtriser cette agitation fiévreuse, mets plus de suite dans tes actes et ta pensée qui s'envole d'un sujet à l'autre ; dompte ta passion qui t'entraîne et applique-toi à un travail préparatoire. » Et Ogareff l'exhorte à oublier pour le moment ses tendances révolutionnaires qui n'ont réussi nulle part et à étudier plus profondément les problèmes de l'État et de l'organisation sociale.

A toutes ces attaques Bakounine répond : « Je ne possède pas les talents de Herzen, pris dans le sens le plus étendu du mot, et je ne peux prétendre l'égaler en ce qui concerne la littérature. Cependant je sens en moi une noble force autrement utile ; peut-être ne me la reconnaissez-vous pas, mais j'en ai moi-même conscience. Et je ne veux pas, je n'ai pas le droit de la vouer à l'inaction. »

Il comprend pourtant que sa présence à Stockholm ne sert plus à rien. Il a toujours l'espoir que l'insurrection polonaise s'élargira et que non seulement la Russie mais l'Europe tout entière entrera dans une période révolutionnaire. Cependant son échec personnel est indéniable. Se rend-il compte qu'il y a du vrai dans les reproches de Herzen et Ogareff ? Ce qui est sûr, c'est que, seul et contre tous, il ne peut rien faire.

Jusqu'ici il a toujours agi en marge de mouvements qui étaient dirigés par d'autres, en s'efforçant de les utiliser pour ses propres fins. Maintenant il comprend qu'il est impossible d'entraîner par la seule force de l'action des hommes qui, au fond, ont des conceptions tout à fait différentes. Il reconnaît surtout qu'un mouvement purement national comme celui des Polonais ne suffit pas pour déclencher automatiquement la révolution. Dorénavant il sait qu'il lui faut une organisation qui ne se développe pas seulement dans l'action et par des improvisations, mais qui, dès le commencement, poursuit les mêmes buts que lui.

C'est à ce moment qu'Antonia le rejoint. Elle a été retardée à Londres, car Herzen ne lui a communiqué l'adresse de son mari qu'après avoir demandé son autorisation. Les amis ne comprennent pas ses sentiments pour la jeune femme, mais Bakounine est heureux de la retrouver. Après une séparation de deux ans, sa présence lui est d'autant plus précieuse qu'il est isolé et déçu comme aux heures les plus noires de sa jeunesse. Antonia lui promet au moins un bonheur privé. Il n'a rien pu lui offrir, ni en Sibérie, ni après sa fuite, et il s'en repent. En partant avec elle pour l'Italie, il poursuit bien des desseins politiques, mais surtout il pense à elle et, pour la première fois de sa vie, aussi à lui-même.

Son état d'esprit ressemble à celui de son départ de Moscou en 1840. Dans son désarroi d'alors il trouvait sa voie en se transformant de révolté instinctif en révolutionnaire conscient. De l'expérience de 1863 sort une autre évolution : le révolutionnaire démocrate devient l'anarchiste.

Les époux réunis voyagent à travers toute l'Italie. Naturellement, ils rendent visite à Garibaldi, dont la demeure sur la petite île de Caprera est un lieu de pèlerinage pour les révolutionnaires et les démocrates du monde entier. Puis ils se fixent à Florence qui est à cette époque la capitale de l'Italie, puisque Rome est encore le patrimoine temporel du pape.

Florence n'attire pas seulement les touristes. Bakounine y rencontre des réfugiés de tous les pays qui ont trouvé une terre d'asile dans la nouvelle Italie, sortie des luttes pour son unité, comme État libéral. Les recommandations de Mazzini le mettent aussi en contact avec beaucoup d'Italiens, et comme partout et toujours il est bientôt entouré de tout un cercle cosmopolite.

Il habite une petite villa, au milieu d'un paysage qui plus que tout autre porte au calme et à la contemplation ; pour la première fois après tant d'années de souffrances et après l'agitation fébrile des derniers mois, il trouve un peu de répit. Mais il n'a pas le don de se reposer. A peine installé, il reprend cette vie agitée et active qui, jusqu'à la fin de ses jours, reste sa raison d'être. Plein de projets, sans cesse organisant, conspirant, pérorant, excitant, il est toute la journée en mouvement et trouve encore le temps d'écrire des brochures et d'innombrables lettres. Antonia l'aide un peu dans ses travaux, mais, plus indulgent que la plupart de ses amis, Bakounine comprend très bien que la jeune femme a encore des préoccupations plus futiles. L'existence qu'il peut lui assurer est d'ailleurs très incertaine. En vain il essaie d'arriver à un arrangement avec ses frères ; en attendant, il est de nouveau obligé d'avoir recours à des emprunts.

Comme il espère encore que le mouvement polonais se transformera en révolution, il continue à s'intéresser surtout à la Russie. Dans la jeunesse russe, il y a en ce moment deux courants, d'un côté des socialistes qui attendent tout de la révolution, de l'autre les individualistes qui croient qu'il faut d'abord instruire le peuple. Bakounine écrit deux brochures dans lesquelles il prend position dans cette discussion. Pour lui, il est impossible d'arriver à la liberté par l'instruction. Ce n'est que la révolution sociale, déclare-t-il, qui créera l'instruction populaire. Il reconnaît bien le rôle de la religion dans la passivité du peuple russe, mais il conteste toute valeur à la lutte antireligieuse que les individualistes veulent entreprendre, car la religion, affirme-t-il, n'est autre chose que la protestation du peuple contre la réalité. La tâche était précisément de faire comprendre cette réalité au peuple et de le convaincre que tout le mal ne vient pas seulement des seigneurs et des fonctionnaires mais du tsar lui-même. A l'instruction, Bakounine oppose donc la propagande pour détruire la légende de la bonne volonté du tsar. Mieux que tous les soi-disant réalistes il reconnaît ainsi le plus grand obstacle à la libération de sa patrie et, en proclamant la nécessité de détruire cette légende, il montre le chemin à suivre à des générations entières de révolutionnaires russes.

Son activité ne s'arrête pas à ces publications. Il continue à s'occuper de ses relations slaves, il organise le transport d'œuvres illégales en Russie et, en 1864, il retourne à Stockholm, tandis qu'Antonia reste en Italie. Son nouveau séjour en Suède n'est cependant que de courte durée. Il doit se convaincre que l'insurrection polonaise tend moins que jamais à se transformer en révolution populaire et qu'elle est perdue même comme mouvement national. Quelles que soient les fautes qu'il ait commises, sa prévision principale s'est donc avérée juste, à savoir que la Pologne ne pourrait vaincre que par la révolution.

L'espoir des Polonais dans une intervention des grandes puissances les a trompés. En transportant la lutte pour leur indépendance sur le terrain diplomatique, ils n'ont causé qu'un rapprochement entre la Russie et la Prusse de Bismarck qui ont conclu un pacte d'aide mutuelle contre les insurgés. En dernière instance, la politique des Polonais a même servi la réaction tsariste qui a puisé des forces nouvelles dans le sentiment national contre la menace de ses ennemis de la guerre de Crimée, alliés de la Pologne. L'ordre règne désormais à Varsovie et le nouveau gouverneur général du pays vaincu entreprend sa russification complète par tous les moyens de la terreur. C'est encore un Mouravieff et, par conséquent, un parent de Bakounine. Mais celui qui étouffe dans le sang les restes de l'insurrection et dont le chemin est marqué de gibets sans nombre ne ressemble ni à Mouravieff-l'Apôtre, ni à Mouravieff-Amourski. Bientôt il est universellement connu sous le nom de Mouravieff-le-Bourreau.

LA FRATERNITÉ INTERNATIONALE

Ne vieillis pas, Herzen, et ne maudis pas les jeunes !
Raille-les, lorsqu'ils se rendent ridicules, punis-les,
quand ils le méritent, mais incline-toi respectueusement
devant leur travail honnête, leurs aspirations, leur
héroïsme et leurs sacrifices !

BAKOUNINE.

Bakounine retourne à Florence par l'Angleterre et la France. Sans qu'il s'en doute, c'est un voyage d'adieu au cours duquel il prend congé de tant de vieux camarades qu'il ne reverra plus.

A Londres, il reçoit une lettre de Karl Marx qui lui demande un rendez-vous. Bakounine accepte ; il ne lui garde aucune rancune. Marx s'empresse d'ailleurs de l'assurer de sa sympathie et de lui déclarer qu'il n'est pour rien dans les calomnies d'Urquhardt. L'auteur du *Manifeste Communiste* ne vient cependant pas uniquement pour exprimer son estime au vieil adversaire qu'il n'a plus rencontré depuis 1848. Son but principal est de lui demander son adhésion à la Première Internationale. Bakounine s'y intéresse beaucoup, mais il ne peut pas encore se décider à entrer dans cette organisation. Il a lui-même des projets semblables, et tout en admirant les grandes qualités de Marx, il n'a pas confiance en sa sincérité. Aussi cette entrevue n'a-t-elle pas d'autre suite que l'échange de quelques lettres. Bientôt les deux hommes seront dressés l'un contre l'autre dans une lutte sans merci. Jamais, pourtant, ils ne se trouveront plus face à face.

Pour le moment, Marx le juge très favorablement. « Bakounine te fait ses amitiés, écrit-il à Engels. Il est reparti aujourd'hui en Italie où il habite. Je l'ai revu hier pour la première fois après seize ans. Je dois dire qu'il m'a beaucoup plu, mieux qu'autrefois. […] Somme toute, il est un des rares hommes que je trouve après seize ans révolus non pas en arrière mais en avant. »

A Paris, Bakounine rencontre Mouravieff-Amourski qui, dans son exil volontaire, rêve des projets qu'il faisait avec l'exilé d'Irkoutsk. Par contre, il ne rend pas visite à George Sand. Il n'a pas oublié son admiration pour elle et, à peine échappé de la Sibérie, il s'était rappelé à son souvenir. « J'adorais son esprit, j'aimais la bonté réelle de son cœur et j'avais foi en son caractère », dit-il. Mais entre temps, l'auteur du *Compagnon du Tour de France* est devenue une familière des Bonaparte, et Bakounine, dégoûté, l'évite.

L'évocation la plus émouvante du passé est la rencontre avec Proudhon, déjà atteint de la maladie mortelle qui l'emportera quelques semaines plus tard. Plus que jamais Bakounine le considère comme son précurseur et la visite qu'il fait à l'ami d'il y a vingt ans est comme l'ultime hommage de l'héritier spirituel à son maître.

Ce ne sont que des souvenirs qui accompagnent Bakounine dans son évolution. Celui dont un orateur dira sur sa tombe qu'il fut un « printemps éternel », n'est suivi sur son chemin par aucun des compagnons de ses premières armes. Pourtant, il n'est pas seul. Il n'est jamais seul ; il a toujours des partisans. Les générations se renouvellent, mais la jeunesse lui reste fidèle. C'est ainsi qu'il fait à Paris la connaissance des frères Reclus et, en Italie, il gagne d'autres amis.

Si Bakounine veut charmer, il est, en effet, irrésistible. « Vous êtes donc des nôtres ! » dit-il au jeune professeur Gubernatis après une conversation. Et Gubernatis pose le portrait du révolutionnaire russe entre ceux de Garibaldi et Mazzini et quitte sa chair d'université pour se vouer corps et âme à la révolution. « Le gros serpent m'enlaça de ses anneaux fatals », écrira-t-il plus tard, lorsqu'il sera revenu à la sagesse bourgeoise.

Bakounine passe les années suivantes d'abord à Florence, ensuite dans les environs de Naples, surtout à l'île d'Ischia. Dans sa vie si turbulente, c'est le moment le plus tranquille. De loin, on pourrait croire qu'il subit lui aussi l'influence du soleil napolitain qui a brisé tant d'autres énergies. Mais dans le calme de ce paysage qui invite à la méditation, il mûrit. Du silence de la prison, de la solitude spirituelle de la Sibérie, il était sorti à peine changé. Maintenant il tire les conclusions de son expérience. Il ne se transforme pas soudainement ; il n'accomplit que son évolution. Au fond, il a toujours été anarchiste. Désormais il en prend conscience.

Bakounine n'est pas un théoricien et la plupart de ses idées ont bien des précurseurs, dont Proudhon est le plus notable. En devenant anarchiste, il n'embrasse pourtant pas des théories d'autrui. Sa doctrine est l'émanation de sa personnalité : il se découvre lui-même — le voilà anarchiste ! Ainsi, il adapte un programme à son tempérament et, en même temps, il crée un mouvement auquel il transfère et ce tempérament et ce programme.

Avant lui l'anarchisme était une philosophie ou, tout au plus, une tendance politique qui correspondait à un instinct vague et obscur. Dorénavant l'anarchisme se confond avec l'action révolutionnaire. Bakounine n'est donc pas le premier anarchiste comme il n'est pas le premier révolutionnaire ; mais jusqu'à lui il y avait des anarchistes qui n'étaient pas des révolutionnaires, et que même peu nombreux étaient les révolutionnaires qui étaient des anarchistes conscients. Avec lui commence l'anarchisme révolutionnaire. Son apport aux théories sociales est par conséquent d'une originalité indéniable ; car c'est lui qui crée cette conception que l'anarchisme ne peut pas se passer de la violence et que la révolution doit aboutir à l'anarchie.

Son idée de l'anarchisme se résume dans le seul mot de *liberté*. Il reste fidèle à sa conviction que la destruction complète de la société existante est la première condition de la réalisation d'un monde meilleur ; il garde aussi l'opinion que la libre fédération des communes, des régions, des pays et des peuples est l'unique forme d'organisation capable de résoudre les problèmes sociaux et nationaux. Mais, dorénavant, la notion de liberté prime tout. Aussi chaque individu et chaque groupe ont-ils le droit absolu de s'associer ou de se séparer comme bon leur semble : aucune force n'est légitime, qui essaie de leur imposer la volonté d'autrui. La théorie de la dictature révolutionnaire, même temporaire, n'a plus de place dans ce système. La tâche primordiale de l'anarchisme est, au contraire, la lutte sans merci contre toute autorité, contre tout pouvoir établi et avant tout contre l'État qui, dans la société moderne, représente la forme suprême et l'organisation la plus parfaite de la domination. Il est logique que cette conception se dresse de même contre tout socialisme qui veut se servir de l'État ou imposer une autorité quelconque. En tant qu'anarchiste, Bakounine est résolument *antiautoritaire*.

Si rien de son activité ne perce au dehors, il ne se contente cependant pas de développer ses pensées. Il est toujours l'homme d'action et la théorie n'a pour lui aucune valeur en soi ; il s'efforce de la traduire en réalité. Son programme anarchiste est donc en même temps le programme d'une organisation qu'il crée, cette fois-ci encore, sous la forme d'une société secrète, la *Fraternité Internationale*.

« Cette société a comme but la victoire du principe de la révolution sur la terre, donc la dissolution radicale de toutes les organisations et institutions actuellement existantes, religieuses, politiques, économiques ou sociales, et la formation de la société d'abord européenne, ensuite universelle, sur la base de la liberté, de la raison, de la justice et du travail. »

La Fraternité se compose d'une famille internationale et de familles nationales, dont chacune a des centres locaux et nationaux. Il y a des frères actifs et des frères honoraires et, selon l'exemple des carbonari et des francs-maçons, il n'y manque rien de ce qui fait l'apanage des sociétés secrètes : la réception solennelle des nouveaux membres, le serment et les signes secrets, par lesquels les frères se reconnaissent. Les versements des membres sont faits selon leurs moyens et, si un frère se soustrait à ce devoir, on le lui reproche en séance publique « avec toute la délicatesse possible mais en même temps avec une entière et fraternelle franchise. »

Tout cela frise quelque peu le ridicule, mais il faut considérer que Bakounine se trouve dans cette Italie qui pendant le Risorgimento a été la terre promise des sociétés secrètes. Et Bakounine est bien entouré de révolutionnaires de tous les pays comme du Polonais Mroczkovsky et de la princesse Obolensky, femme d'un haut fonctionnaire tsariste dont elle vit séparée, mais la plupart de ses partisans sont naturellement des Italiens. On y trouve Fanelli, Gambuzzi, Friscia, Dramio, Tucci, tous noms qui joueront encore un grand rôle dans le mouvement ouvrier italien. Or, ces hommes sortent tous de l'école de Mazzini, et ils y ont pris le goût et l'habitude des sociétés secrètes. La Fraternité s'adapte par conséquent dans un certain sens à la politique des révolutionnaires italiens, bien qu'il faille reconnaître que Bakounine a toujours eu une préférence pour cette forme d'organisation.

S'il s'occupe particulièrement de l'Italie, ce n'est pas seulement parce qu'il s'y trouve. Le royaume, à peine unifié, subit à cette époque une grave crise de croissance qui est aussi bien économique et sociale que politique et morale. Les ouvriers agricoles surtout sont profondément mécontents, car le changement de régime n'a apporté aucune amélioration à leur sort. Au fait, il y a à ce moment dans le Midi de l'Italie tous les éléments d'une révolution agraire, et Bakounine croit volontiers qu'il trouve enfin ici ce point de départ qu'il a cherché en vain en Allemagne, en France, en Bohême et en Pologne. Il pense toujours que le grand renversement du monde sera causé par les « prolétaires en haillons », et les paysans de l'Italie méridionale lui semblent non à tort aussi sauvages que ceux de la Russie.

Sa perspective optimiste est appuyée par la grande déception qui règne chez les anciens mazziniens. Beaucoup d'entre eux commencent à douter de leur chef et écoutent avec complaisance les théories de Bakounine, qui déclare que les conceptions religieuses de Mazzini ne sont plus de mise et que toute révolution purement politique est sans valeur. Ce n'est que plus tard que Bakounine attaquera Mazzini en public. Mais, dès maintenant, il y a entre les deux révolutionnaires une lutte sourde, bien que menée avec courtoisie, et Mazzini ne manque pas de mettre ses partisans en garde contre celui qu'il appelle « mon illustre ami ».

Pour étendre son influence, Bakounine entre même dans la franc-maçonnerie qui a joué un si grand rôle dans l'unification de l'Italie et avec qui il a été déjà en contact pendant son premier séjour à Paris. Il ne se fait du reste pas d'illusions sur la franc-maçonnerie. « Y chercher une occupation sérieuse, ce serait au moins aussi puéril que chercher la consolation dans le vin », dit-il. Mais il espère s'en servir comme « d'un masque ou d'un passeport » et il réussit à y recruter quelques membres pour la *Fraternité*.

Il est vrai que la *Famille Internationale* de l'organisation existe surtout sur le papier, en dépit des nombreuses correspondances qu'il entretient dans tous les pays avec des sympathisants. Cependant, la *Famille italienne* prend une certaine ampleur. Elle se confond en quelque sorte avec la *Société des Légionnaires de la Révolution sociale italienne* et arrive même à publier une revue sous le titre *Liberté et Justice*. Bakounine est ainsi le créateur du mouvement révolutionnaire et social en Italie qui apportera à la Première Internationale son caractère nettement anarchiste. Il est, en outre, le premier qui s'occupe activement des paysans du Midi de la péninsule.

L'importance de la Fraternité réside toutefois moins dans son activité que dans son programme, dont la partie principale est le *Catéchisme Révolutionnaire*. En lançant les mots d'ordre de l'anarchie, il représente un pendant au *Manifeste Communiste* de Marx et Engels, auquel il est inférieur quant à l'argumentation scientifique, mais qu'il égale par l'ardeur de son enthousiasme révolutionnaire. Ce programme est entièrement l'œuvre de Bakounine, et c'est en même temps sa profession de foi et le fondement spirituel de tout le mouvement anarchiste. La portée de ce document mérite qu'on en cite de larges extraits.

Bakounine résume les idées principales du *Catéchisme Révolutionnaire* dans le statut d'organisation de la Fraternité. C'est ici qu'il parle longuement des « qualités requises pour entrer dans la Famille Internationale ». On pourrait aussi intituler cette partie *Les Devoirs de l'Anarchiste*.

« Outre les qualités indispensables pour constituer le caractère de révolutionnaire social et honnête, telles que : bonne foi, courage, prudence, discrétion, constance, fermeté, résolution, dévouement sans limites, absence de vanité et d'ambition personnelles, intelligence pratique — il faut encore que le candidat ait adopté de cœur, de volonté et d'esprit tous les principes fondamentaux de notre *Catéchisme Révolutionnaire*.

« Il faut qu'il soit athée et qu'il revendique avec nous pour la terre et pour l'homme tout ce que les religions ont transporté dans le ciel et attribué à leur dieux : la vérité, la liberté, la justice, la félicité, la bonté. Il faut qu'il reconnaisse que la morale, indépendante de toute théologie et de toute métaphysique divine, n'a d'autre source que la conscience collective des hommes.

« Il faut qu'il soit comme nous ennemi du principe d'autorité, et qu'il en déteste toutes les applications et conséquences, soit dans le monde intellectuel et moral, soit dans le monde politique, économique et social.

« Il faut qu'il aime avant tout la liberté et la justice, et qu'il reconnaisse avec nous que toute organisation politique et sociale fondée sur la négation ou même sur une restriction quelconque de ce principe absolu de liberté, doit nécessairement aboutir à l'iniquité ou au désordre, et que la seule organisation sociale rationnelle, équitable, compatible avec la dignité et la félicité humaines sera celle qui aura pour base, pour âme, pour unique loi et pour but suprême la liberté.

« Il faut qu'il comprenne qu'il n'est point de liberté sans égalité et que la réalisation de la plus grande liberté dans la plus parfaite égalité de droit et de fait, politique, économique et sociale à la fois, c'est la justice.

« Il faut qu'il soit fédéraliste comme nous, tant à l'intérieur qu'à l'extérieur de son pays. Il doit comprendre que l'avènement de la liberté est incompatible avec l'existence des États. Il doit vouloir par conséquent la destruction de tous les États et en même temps celle de toutes les institutions religieuses, politiques et sociales : telles qu'Églises officielles, armées permanentes, pouvoir centralisé, bureaucratie, gouvernements, parlements unitaires, universités et banques de l'État, aussi bien que le monopole aristocratique et bourgeois. Afin que sur les ruines de tout cela puisse s'élever enfin la société humaine libre et qui s'organisera désormais non plus, comme aujourd'hui, de haut en bas et du centre à la circonférence, par voie d'unité et de concentration forcées — mais en partant de l'individu libre, de l'association libre et de la commune autonome, de bas en haut et de la circonférence au centre, par voie de fédération libre.

« Il faut qu'il adopte tant en théorie qu'en pratique et dans toute l'ampleur de ses conséquences ce principe : Tout individu, toute association, toute commune, toute province, toute région, toute nation ont le droit absolu de disposer d'elles-mêmes, de s'associer ou de ne point s'associer, de s'allier avec qui elles voudront et de rompre leurs alliances sans égard aucun pour les soi-disant droits historiques, ni pour les convenances de leurs voisins ; et qu'il soit fermement convaincu que seulement lorsqu'elles seront formées par la toute-puissance de leurs attractions et nécessités inhérentes, naturelles et consacrées par la liberté, ces nouvelles fédérations des communes, des provinces, des régions et des nations deviendront vraiment fortes, fécondes et indissolubles.

« Il faut donc qu'il réduise le soi-disant principe de la nationa-lité, principe ambigu, plein d'hypocrisie et de pièges, principe de l'État historique, ambitieux, au principe bien plus grand, bien plus simple, et le seul légitime, de la liberté : chacun, individu ou corps collectif, étant ou devant être libre, a le droit d'être lui-même, et personne n'a celui de lui imposer son costume, ses habitudes, sa langue, ses opinions et ses lois ; chacun doit être absolument libre chez soi. Voici à quoi se réduit dans sa sincérité le droit national. Tout ce qui va au delà n'est point la confirmation de sa liberté nationale propre, mais la négation de la liberté nationale d'autrui. Le candidat doit donc détester comme nous toutes ces idées étroites, ridicules, liberticides et par conséquent criminelles, de grandeur, d'ambition et de gloire nationales, bonnes seulement pour la monarchie et pour l'oligarchie, aujourd'hui également bonnes pour la grande bourgeoisie, parce qu'elles leur servent à tromper les peuples et à les ameuter les uns contre les autres pour les mieux asservir.

« Il faut que, dans son cœur, le patriotisme, prenant désormais une place secondaire, cède le pas à l'amour de la justice et de la liberté, et qu'au besoin lorsque sa propre patrie aurait le malheur de s'en séparer, il n'hésite jamais à prendre leur parti contre elle ; — ce qui ne lui coûtera pas cher s'il est vraiment convaincu, comme il doit l'être, que pour chaque pays il n'y a de prospérité et de grandeur politique que par la justice et par la liberté.

« Il faut enfin qu'il soit convaincu que la prospérité et le bonheur de son pays, loin d'être une contradiction avec ceux de tous les autres pays, en ont besoin au contraire pour leur propre réalisation, — qu'il existe entre les destins de toutes les nations une solidarité inévitable, toute-puissante, et que cette solidarité transformant peu à peu le sentiment étroit et le plus souvent injuste de patriotisme en un amour plus large, plus généreux et plus rationnel de l'humanité, crée à la fin la fédération universelle et mondiale de toute les nations.

« Il faut qu'il soit socialiste dans toute l'acception donnée par notre *Catéchisme Révolutionnaire* et qu'avec nous il ne reconnaisse pour légitime et pour juste, qu'il appelle de tous ses vœux et qu'il soit prêt à contribuer de tous ses efforts au triomphe d'une organisation sociale dans laquelle tout individu humain, naissant à la vie, homme ou femme, trouve des moyens d'existence, d'éducation et d'instruction pour son enfance et son adolescence, et que plus tard, arrivé à l'âge de la majorité, il trouve des facilités extérieures, c'est-à-dire politiques, économiques et sociales égales pour créer son propre bien-être, en appliquant au travail les différentes forces et aptitudes, dont la nature l'aura doué, et qu'une instruction égale pour tous aura en lui développées.

« Il faut qu'il comprenne qu'ainsi que l'hérédité du mal qui est incontestable, hélas, trop souvent comme fait naturel, est pourtant rejetée par le principe de la justice, de même et par la même logique judiciaire doit être rejetée l'hérédité du bien, que les morts, n'existant plus, ne peuvent avoir de volonté parmi les vivants, et qu'en un mot, l'égalité économique, sociale et politique du point de départ de chacun — condition absolue de la liberté de tous — est incompatible avec la propriété héréditaire, avec le droit de succession.

« Il faut qu'il soit convaincu que le travail, étant seul producteur des richesses sociales, quiconque en jouit sans travailler est un exploiteur du travail d'autrui, un voleur et que le travail étant la base fondamentale de l'humaine dignité, l'unique moyen par lequel l'homme conquiert réellement et crée sa liberté — tous les droits politiques et sociaux ne devront appartenir désormais qu'aux seuls travailleurs.

« Il faut qu'il reconnaisse que la terre, don gratuit de la nature à chacun, ne peut être et ne doit être la propriété de personne. Mais que ses fruits, en tant que produits de travail, ne doivent revenir qu'à ceux qui la cultivent de leurs mains.

« Il doit être convaincu avec nous que la femme, différente de l'homme mais non inférieure à lui, intelligente, travailleuse et libre comme lui, doit être déclarée dans tous les droits politiques et sociaux son égale. Que dans la société libre, le mariage, religieux et civil, doit être remplacé par le mariage libre, et que l'entretien, l'éducation et l'instruction de tous les enfants devront se faire également pour tous, aux frais de la société, sans que celle-ci, tout en les protégeant soit contre la stupidité, soit contre la négligence, soit contre la mauvaise volonté des parents, ait besoin de les en séparer ; les enfants n'appartenant ni à la société ni à leurs parents, mais à leur future liberté, — et l'autorité tutélaire de la société ne devant avoir autre but, ni d'autre mission par rapport à eux que de les y préparer par une éducation rationnelle et virile, fondée uniquement sur la justice, sur le respect de l'homme et sur le culte du travail.

« Il faut qu'il soit révolutionnaire. Il doit comprendre qu'une si complète et si radicale transformation de la société devant nécessairement entraîner la ruine de tous les privilèges, de tous les monopoles, de tous les pouvoirs constitués, ne pourra naturellement pas s'effectuer par des moyens pacifiques. Que pour la même raison, elle aura contre elle tous les puissants, tous les riches, et pour elle dans tous les pays le peuple seulement et encore cette partie intelligente et vraiment noble de la jeunesse, qui, quoique appartenant par la naissance aux classes privilégiées, par ses convictions généreuses et ses ardentes aspirations embrasse la cause du peuple.

« Il doit comprendre que cette révolution qui aura pour but unique et suprême l'émancipation réelle, politique, économique et sociale du peuple, aidée sans doute et organisée en grande partie par cette jeunesse, ne pourra se faire en dernier lieu que par le peuple. Que toutes les autres questions, religieuses, nationales, politiques, ayant été complètement épuisées par l'histoire, il ne reste plus aujourd'hui qu'une seule question dans laquelle se résument toutes les autres et la seule désormais capable de remuer les peuples : la question sociale. Que toute soi-disant révolution soit d'indépendance nationale, comme le dernier soulèvement polonais, ou comme celui que prêche aujourd'hui Mazzini, soit exclusivement politique, constitutionnel, monarchique ou même républicain, comme le dernier mouvement avorté des progressistes en Espagne, — que toute révolution pareille, se faisant en dehors du peuple et ne pouvant par conséquent triompher sans s'appuyer sur une classe privilégiée quelconque, représentant les intérêts exclusifs de celle-ci, se fera nécessairement contre le peuple, qu'elle sera un mouvement rétrograde, funeste, contre-révolutionnaire.

« Méprisant par conséquent et envisageant comme une fatale erreur ou comme une indigne tromperie tout mouvement secondaire et qui n'aurait point pour but immédiat et direct l'émancipation politique et sociale des classes laborieuses, c'est-à-dire du peuple, ennemi de toute transaction et de toute conciliation désormais impossible et de toute coalition mensongère avec ceux qui par leur intérêt sont les ennemis naturels de ce peuple, il ne doit voir de salut pour le monde entier que dans la révolution sociale.

« Il faut qu'il comprenne, en même temps, que cette révolution, cosmopolite par essence, comme le sont également la justice et la liberté, ne peut triompher que si, dépassant comme un universel incendie les barrières étroites des nations et faisant crouler tous les États dans sa marche, elle embrasse toute l'Europe d'abord, — ensuite le monde entier. Il faut qu'il comprenne que la révolution sociale deviendra nécessairement une révolution européenne et mondiale.

« [...] Il doit comprendre qu'une association, ayant un but révolutionnaire, doit nécessairement se former en société secrète, et toute société secrète, dans l'intérêt de la cause qu'elle sert et de l'efficacité de son action, aussi bien que dans celui de la sécurité de chacun de ses membres, doit être soumise à une forte discipline, qui n'est d'ailleurs rien que le résumé et le pur résultat de l'engagement réciproque que tous les membres ont pris les uns envers les autres, et que par conséquent c'est une condition d'honneur et un devoir pour chacun de s'y soumettre. »

Avec ce document, l'anarchisme révolutionnaire est né. Dans ses œuvres ultérieures, Bakounine n'y ajoutera plus rien d'essentiel. Son évolution est accomplie. Mais il pense toujours que la révolution sociale peut être faite avec l'alliance et même sous la direction de la partie avancée et bienveillante de la bourgeoisie. Encore un pas et il se séparera d'elle pour se tourner uniquement vers le prolétariat.

C'est à ce moment que le débat avec Herzen rebondit. Herzen se fait vieux ; il ne trouve plus le contact avec la jeunesse russe. Le *Kolokol* n'a plus aucune influence, bientôt il disparaîtra définitivement, mais Herzen n'en voit la faute que dans sa position antirusse adoptée pendant l'insurrection polonaise, position prise à l'instigation de Bakounine. Même ses attaques contre ses anciens ennemis, les *slavophiles*, s'affaiblissent. Il lui semble que, somme toute, la Russie progresse, bien qu'elle suive son chemin d'une façon désordonnée ; il s'accuse lui-même et il reproche à ses amis de n'avoir pas eu « assez de bon sens pour se mettre à un travail pratique, lorsque c'était encore possible ».

Si Herzen recule, Bakounine avance. Ses lettres à son ami sont invariablement écrites sur le même ton affectueux, mais le temps est passé où il acceptait les blâmes de l'aîné en frère cadet, toujours prêt à se disculper. Maintenant, il parle en homme sûr de son fait, conscient de sa force, et c'est lui qui fait des reproches.

Herzen et aussi Ogareff persistent à adresser des appels au tsar et à la noblesse russe. Bakounine s'en moque. Pour lui l'idée est vaine de vouloir rendre l'empereur meilleur, car celui-ci agit selon son intérêt, ainsi que les patriotes officiels, devenus bourreaux et mouchards. « Tu as beau essayer de l'édifier (le tsar), Herzen, mais, guidé par l'instinct de la conservation, Alexandre Nicolaiévitch comprend mieux que toi la leçon morale et historique de l'État et de la Russie. »

D'après Bakounine, le tsar sait que la fidélité du peuple aussi bien que le libéralisme frondeur de l'aristocratie se basent sur un malentendu. C'est l'intérêt du peuple de se déclarer l'adversaire, celui de l'aristocratie de rester l'alliée de l'autocrate. « Espérons donc qu'au fur et à mesure que la noblesse, obéissant aux besoins de ses intérêts, se rapprochera du tsar, le peuple s'en éloignera ; qu'il comprendra enfin qu'il ne peut y avoir de conciliation possible entre le bien-être de la nation et le pouvoir du tsar et de l'État. »

Cette fois encore, Bakounine le fantasque comprend *l'énigme russe* beaucoup mieux que Herzen le réaliste. « La réaction la plus terrible, le régime du knout et de la baïonnette sont la raison d'être de l'État russe », déclare-t-il. Aussi les réfugiés ont le devoir de proclamer hautement l'urgence de la destruction de ce détestable empire. « On nous attaquera pour cela, mais ça vaudra mieux que l'oubli que nous subissons à présent. » Et il demande à Herzen de se dresser contre l'État, précisément parce qu'il est socialiste. « Ou alors, tu fais du socialisme d'État et tu es capable de te réconcilier avec ce mensonge le plus vil et le plus redoutable qu'ait engendré notre siècle — le démocratisme officiel et la bureaucratie rouge. »

Avec ce sens profond de la réalité qui lui est propre, Bakounine combat l'erreur de Herzen et d'Ogareff qui croient que l'État russe contient des éléments progressistes, parce que les paysans ont conservé le *mir*, c'est-à-dire la communauté rurale. Le *mir*, dit-il, existe depuis dix siècles et n'a produit que l'esclavage le plus abominable et surtout l'avilissement de la femme. Il « supprime toute tentative d'indépendance individuelle, il vend le droit et la justice pour quelques litres d'eau-de-vie, sans parler du fait qu'il transforme ses administrateurs en fonctionnaires. » La communauté rurale est donc réactionnaire et penser qu'elle préétablit l'avenir est un leurre. Le salut pour la Russie, proclame Bakounine encore une fois, ne peut venir d'aucune habile tactique, mais uniquement de la révolution des paysans. Et il rappelle que Mazzini et Garibaldi ont eux aussi abandonné les « révolutionnaires d'abstraction » pour employer une « tactique pratique », tandis qu'en vérité ils ne cédaient qu'à la volonté de la bourgeoisie.

Il y a quelque temps, un jeune homme, Karakosoff, a essayé de tuer le tsar et Herzen a sévèrement condamné cet attentat. C'est encore une attitude que Bakounine lui reproche. « Pas plus que toi, je ne vois d'utilité pour la Russie dans le régicide ; je conviens volontiers qu'il est même nuisible, parce que provisoirement il excite une réaction en faveur du tsar. » Mais, après avoir ainsi expliqué son point de vue, Bakounine insiste sur l'obligation de défendre Karakosoff. « Malgré toutes les erreurs de sa théorie, nous ne pouvons lui refuser notre sympathie et nous avons le devoir de le reconnaître hautement comme un des nôtres, devant cette foule avilie de valets rampant aux pieds de leur maître. »

En termes émouvants, Bakounine exhorte Herzen à abandonner son attitude de « révolutionnaire repenti » et à se tourner vers la jeunesse russe qui, quels que soient ses défauts, possède des qualités sérieuses et grandes. « Cette jeunesse porte en son cœur une véritable passion pour l'égalité, le travail, la justice, la liberté et la sagesse. Et c'est cette noble passion qui amène des dizaines de jeunes gens au pied du gibet et des centaines et des milliers d'autres dans les mines de la Sibérie pour y être ensevelis à jamais.

[…] Hâtez-vous de délier vos bras, garrottés par la crainte et par les combinaisons propres aux décrépits ! Débarrassez-vous de votre tactique et de vos méthodes pratiques ! » « Alors, écrit-il, les anciens amis eux aussi vous reviendront. »

Ne changera-t-il donc jamais ? Les années ne semblent pas avoir de pouvoir sur lui : plus il vieillit plus ses opinions s'accentuent ; son tempérament reste invariablement le même, il se renouvelle sans cesse.

Tout se répète dans son existence, jusqu'aux difficultés. Comme des émeutes éclatent en Sicile, on l'accuse d'en être l'instigateur. L'ambassade russe, qui ne le perd pas de vue, répand même le bruit qu'il fabrique des faux billets de banque pour ruiner la valeur de la monnaie italienne. Bakounine proteste publiquement contre ces calomnies absurdes, mais le temps du travail silencieux et secret est désormais passé. Il ne le regrette pas. Encore une fois, des horizons nouveaux l'attirent et il quitte l'Italie pour défendre ses idées au grand jour.

CINQUIÈME PARTIE

L'ANARCHISTE

Il ne peut y avoir rien de vivant et d'humain en dehors de la liberté, et un socialiste qui la rejetterait de son sein ou qui ne l'accepterait pas comme unique principe créateur et comme base nous mènerait tout droit à l'esclavage et à la bestialité.

BAKOUNINE.

FÉDÉRALISME, SOCIALISME, ANTITHÉOLOGISME

> *La ligue [...], convaincue que la paix ne pourra être*
> *conquise et fondée que sur la plus intime et complète*
> *solidarité des peuples dans la justice et dans la liberté,*
> *doit proclamer hautement ses sympathies pour toute*
> *insurrection nationale contre toute oppression, soit*
> *étrangère, soit indigène, pourvu que cette insurrec-*
> *tion se fasse au nom de nos principes et dans l'intérêt*
> *tant politique qu'économique des masses populaires,*
> *mais non avec l'intention ambitieuse de fonder un*
> *puissant État.*
>
> BAKOUNINE.

L'occasion de développer ses théories devant un grand public s'offre à Bakounine au *Congrès démocratique et international de la Paix* qui se réunit en septembre 1867 à Genève. La paix de l'Europe traverse en ce moment une crise des plus graves. Bismarck vient de préparer l'unité allemande sous l'hégémonie de la Prusse, en jetant l'Autriche hors des frontières du nouveau Reich. Pour gagner la neutralité de la France, il a fait miroiter devant Napoléon III l'annexion du Luxembourg qui, tout en appartenant au Pays-Bas, fait partie de la Confédération Germanique et est occupé par des troupes prussiennes. Mais, la bataille de Sadowa gagnée, Bismarck ne songe pas à tenir sa promesse et menace même la France de tourner ses armes contre elle, si Napoléon veut persévérer dans sa revendication. La position de la France est d'autant plus difficile que son prestige est diminué par l'issue malheureuse de l'expédition mexicaine et que l'Italie s'est fait l'alliée de la Prusse pour conquérir Rome, où le gouvernement du pape est protégé par une garnison française. Entre la France, isolée, et la Prusse, forte de sa victoire sur l'Autriche, la guerre semble imminente. Aussi le Congrès de Genève se propose-t-il de mobiliser l'opinion mondiale pour sauver la paix.

Parmi les initiateurs se trouvent tous les grands noms de la démocratie européenne : les Français Victor Hugo, Louis Blanc, Pierre Leroux, Edgar Quinet, Jules Favre, Jules Simon, Élie et Élisée Reclus, Jules Vallès, les Allemands Ludwig Buechner, Karl Gruen, Johann Jacoby, Simon von Trier, Johann Philipp Becker, l'Anglais John Stuart Mill, les Italiens Dolfi et Garibaldi, le plus vénéré parmi tous ces hommes célèbres et qui attire une foule d'admirateurs affluant de tous côtés pour lui rendre hommage. Pour des raisons différentes, Marx, Mazzini, Herzen et une partie des Polonais ne prennent pas part au congrès. Par contre, s'y rendent de nombreux membres de la Première Internationale qui vient de tenir ses assises à Lausanne ; elle a même voté une adresse de sympathie au Congrès de Genève à laquelle le délégué de Marx, bien que sceptiquement, a consenti.

Bakounine parle à la deuxième séance. Bien qu'il n'ait que cinquante-deux ans, il a l'air d'un vieillard. Gros, édenté, habillé d'une façon négligée et pas très propre, le géant aux cheveux longs et à la barbe flottante fait pourtant grande impression, lorsque, salué par une interminable ovation, il monte à la tribune qui craque sous ses pas lourds. Comme le discours qu'il a préparé est trop long, il improvise. Sa voix tonitruante, la violence de son langage direct, sa personnalité, sa légende, tout en lui s'impose et il déchaîne des vagues d'enthousiasme, quand il attaque le vice du patriotisme et quand, en parlant de la Russie tsariste, il s'écrie : « A cet empire je souhaite toutes les humiliations, toutes les défaites, convaincu que ses succès, sa gloire étaient et seront toujours en opposition au bien-être et à la liberté des peuples russes et non russes qui sont

aujourd'hui ses victimes et ses esclaves ! » Garibaldi lui donne l'accolade et Longuet, le gendre de Marx, se réfère dans son discours à ce « grand citoyen de la Russie future » qui a exprimé les idées du socialisme « avec l'autorité du lutteur et du penseur ».

Malgré ce succès, le désaccord entre Bakounine et la majorité du congrès est manifeste. Ce sont pour la plupart des démocrates verbeux, dont le pacifisme n'implique aucune hostilité de principe contre la société établie. Les plus audacieux rêvent d'une Ligue des Nations qui sortirait du congrès et qui, à l'avenir, arbitrerait les conflits des États. Très peu d'entre eux sont disposés à accepter les idées anarchistes que Bakounine leur propose. Les contrastes sont si grands que le congrès n'arrive pas même à voter une résolution finale. Aussi charge-t-on un comité d'élaborer un programme et de le soumettre à un nouveau congrès que l'on fixe pour l'année suivante. Bakounine fait partie de ce comité dont le siège est à Berne.

Pendant les mois suivants, il s'efforce de gagner le comité à ses conceptions. Des nombreux aide-mémoires qu'il écrit dans ce but, naît son principal ouvrage théorique, dont le titre *Fédéralisme, Socialisme, Antithéologisme* restera, sous la forme plus positive de *Syndicalisme, Anarchisme, Athéisme*, le cri de ralliement du mouvement anarchiste.

Après vingt-quatre ans, Bakounine est donc de nouveau au bord de ce Lac Léman où il avait rencontré Jeanne Pescantini et où, sur les traces de Rousseau, il s'était retrempé dans les idées-maîtresses de son enfance. Il habite tour à tour Vevey, Clarens, Genève, et son premier soin est d'inviter Reichel et la famille Vogt qu'il peut enfin revoir. C'est à Clarens qu'Antonia met au monde un enfant, dont il n'est pas le père ; quels que soient ses sentiments, il ne se plaint pas, respectant jusqu'au suprême sacrifice la liberté qu'il reconnaît à sa femme.

Depuis longtemps, il n'est plus le seul réfugié de son pays. Toute une colonie de révolutionnaires russes vit aux environs de Genève. Bakounine ne réussit cependant pas à se mettre d'accord avec eux et les évite plutôt. Au fait, ils sont entièrement sous l'influence

d'Outine qui est un fidèle partisan de Marx. Bakounine aura encore de terribles démêlés avec ce jeune compatriote qui lui inspire tout de suite une profonde antipathie. En revanche, il est rejoint par une partie de ses intimes de Naples et, comme toujours, il se fait bientôt de nouveaux amis. Ainsi, il se lie avec le révolutionnaire russe Youkovsky qui devient son homme de confiance, et dans le Suisse James Guillaume il trouve son vrai lieutenant.

James Guillaume, fils d'un magistrat de Neuchâtel, est professeur dans sa petite patrie, où, à l'âge de vingt-trois ans, il publie déjà une revue socialiste. Bakounine le rencontre parmi les internationalistes du congrès de Genève et lui écrit encore le même jour : « Je veux absolument faire plus ample connaissance avec vous et devenir, s'il est possible, votre intime tant par la pensée que par l'action. Je dois vous dire que vous avez fait absolument ma conquête, que je me sens entraîné vers vous et que rarement je me suis trompé, lorsque j'ai obéi à de pareilles attractions. »

Cette déclaration spontanée marque le début d'une amitié qui, partant d'une identité de pensée, se transforme en effet bientôt en action commune. Bien qu'il soit l'aîné de trente ans, Bakounine n'est pourtant pas un ami paternel. Dans leur union, c'est plutôt Guillaume qui est le plus pondéré et qui, en face de l'éternel bohème Bakounine, donne presque l'impression d'un bourgeois.

Entre temps, l'influence de Bakounine grandit dans le comité du congrès de Genève qui s'est transformé en comité central de la *Ligue démocratique et internationale de la Paix*. Mais il comprend que la Ligue n'acceptera jamais un programme qui contiendrait des phrases comme celle-ci : « C'est uniquement par la pensée que l'homme arrive à la conscience de sa liberté [...], mais c'est par le travail seulement qu'il la réalise. » Aussi fonde-t-il l'*Alliance Internationale de la Démocratie Socialiste* qui se calque comme organisation publique sur la *Fraternité*, tandis que celle-ci garde son caractère de société secrète.

L'Alliance se compose d'organisations locales, dont celle de Genève est la plus importante, et d'un bureau central dont le siège est également à Genève. Son programme répète encore une fois

les revendications du *Catéchisme Révolutionnaire*. Le paragraphe principal de ce programme est le suivant : « Elle (l'Alliance) veut avant tout l'abolition définitive et entière des classes et l'égalisation politique, économique et sociale des individus des deux sexes et, pour arriver à ce but, elle demande avant tout l'abolition du droit d'héritage, afin qu'à l'avenir la jouissance soit égale à la production de chacun, et que, conformément à la décision prise par le dernier Congrès des ouvriers à Bruxelles, la terre, les instruments de travail, comme tout autre capital, devenant la propriété collective de la société tout entière, ne puissent être utilisés que par les travailleurs, c'est-à-dire par les associations agricoles et industrielles. »

En même temps, Bakounine adhère comme membre individuel à la Première Internationale. Il réussit même à arracher au comité de la Ligue de la Paix une invitation à l'organisation de Marx de participer au congrès de Berne. Le conseil général de l'Internationale répond cependant que ses membres ne pourraient aller à Berne qu'individuellement ; au reste, il recommande à la Ligue d'adhérer à l'Internationale.

Au congrès de Berne, l'opposition entre socialistes et pacifistes éclate d'une façon définitive. Bakounine déclare bien dans son discours : « Je déteste le communisme, parce qu'il est la négation de la liberté et que je ne puis concevoir rien d'humain sans liberté. » Mais il explique cette hostilité par le fait que le communisme reconnaît l'État et voudrait même le renforcer ; par ailleurs, il se prononce pour le collectivisme et pour l'égalité des classes et des individus.

Ce programme est inacceptable pour la majorité. Bakounine quitte donc le congrès avec la minorité des anarchistes et internationalistes. C'est sa séparation de la bourgeoisie. Le dernier lien qui le reliait encore aux idées et aux survivants de 48 est dès lors coupé. Son avenir appartient à la classe ouvrière. Dorénavant l'anarchisme n'est pas seulement révolutionnaire mais aussi prolétarien.

Aussi est-il logique que Bakounine demande à l'Internationale l'admission de l'Alliance. Marx et son état-major, qui forment le

Conseil Général de l'organisation, refusent d'abord. L'Internationale se compose, en effet, d'éléments très différents, et il faut à son chef beaucoup de patience et d'habileté pour les gagner à ses conceptions. Or, il craint que Bakounine n'y représente une force centrifuge, susceptible de détruire tous ses efforts. Le Conseil Général répond, par conséquent, à l'Alliance : ou bien elle poursuit les mêmes buts et alors elle est superflue, ou bien elle poursuit des buts différents et alors elle briserait l'Internationale.

Marx consent toutefois à accepter l'adhésion des organisations locales de l'Alliance. Il pose seulement comme condition que les mots « égalisation des classes » dans son programme soient remplacés par le terme plus marxiste « abolition des classes ». Là-dessus, le bureau central de l'Alliance est dissous et, la deuxième condition également remplie, la section de Genève, dont Bakounine est le président, est admise.

« Plus que jamais, cher Marx, lui écrit Bakounine, parce que mieux que jamais je suis arrivé à comprendre combien tu avais raison en suivant et en nous invitant tous à marcher sur la grande route de la révolution économique et en dénigrant ceux d'entre nous qui allaient se perdre dans les sentiers des entreprises, soit nationales, soit exclusivement politiques. Je fais maintenant ce que tu as commencé à faire, toi, il y a plus de vingt ans. Depuis les adieux solennels et publics que j'ai adressés aux bourgeois du congrès de Berne, je ne connais plus d'autre société, d'autre milieu que le monde des travailleurs. Ma patrie maintenant c'est l'Internationale dont tu es un des principaux fondateurs. Tu vois donc, cher ami, que je suis ton disciple, et je suis fier de l'être. »

Ces effusions exagérées ne sont, certes, pas sincères. Bakounine se méfie toujours de Marx et, sachant que celui-ci lui rend ce sentiment, il s'efforce par tous les moyens d'apaiser ses craintes. Il a bien dissous le bureau central de l'Alliance, mais la *Fraternité*, quoiqu'elle ait changé de nom, subsiste et il est décidé à se servir de la société secrète pour conquérir l'Internationale. En réalité, Bakounine y entre avec les mêmes desseins qu'à la Ligue de la Paix. Pendant toute sa vie il a cherché un point de départ pour la

révolution. Maintenant il espère le trouver dans l'Internationale en faisant d'elle un instrument de sa politique.

Jusqu'ici, Bakounine n'a eu que des partisans individuels. Sur les pentes suisses du Jura, dans le pays de Guillaume, il conquiert toute une organisation.

Pendant un demi-siècle, le canton de Neuchâtel appartenait au roi de Prusse et il n'y a pas encore longtemps qu'ont disparu les dernières traces de cette domination, contre laquelle les Neuchâtelois se sont soulevés à plusieurs reprises. De ce récent passé révolutionnaire ils ont gardé un vif souvenir et, comme les anciens fidèles de la Prusse qui forment la réaction conservent leur penchant royaliste, les luttes politiques sont chaudes dans la petite contrée. Elles le sont d'autant plus que la question sociale se pose ici d'une façon particulièrement véhémente.

L'horlogerie qui fait la gloire du canton occupe dans les petites villes du Locle, de la Chaux-de-Fonds et de Saint-Imier de nombreux ouvriers et ouvrières. Travaillant chez eux, selon les méthodes de l'industrie à domicile qui met jusqu'aux enfants à la tâche, ils mènent l'existence misérable qui est propre à cette forme de production. Coullery, un médecin démocrate et humanitaire, y a fondé une section de l'Internationale, mais il a été évincé par la politique beaucoup plus radicale de Guillaume et de Meuron, un réfugié français, vétéran des Trois Glorieuses. Bakounine trouve ici un sol fertile pour ses idées. Car il manque dans le canton de Neuchâtel un parti bourgeois de gauche, prêt à faire des concessions au prolétariat, ce qui dans les autres parties de la Suisse favorise tant le développement du mouvement social-démocrate. D'autre part, les divergences entre croyants et libres-penseurs sont ici plus aiguës qu'ailleurs.

Bakounine se rend au Locle à l'invitation de Guillaume. Il est naturel que le célèbre révolutionnaire fasse grande impression dans cette région quelque peu perdue dans la montagne. S'il passionne les réunions publiques, s'il « épate » au banquet donné en son honneur et où il lève son verre « à la destruction de l'ordre public et au déchaînement des mauvaises passions », il charme autant dans l'intimité, lorsqu'il déclare que « le café, pour être bon, doit être noir comme la nuit, chaud comme l'enfer et doux comme l'amour », ou lorsqu'il établit cette échelle des bonheurs : *primo*, comme bonheur suprême : mourir en combattant pour la liberté ; *secundo* : l'amour et l'amitié ; *tertio* : la science et l'art ; *quatrièmement* : fumer ; *cinquièmement* : boire ; *sixièmement* : manger ; *septièmement* : dormir.

Toutefois, il ne convainc pas d'emblée ces internationalistes. Ils sont peu enclins à adhérer à l'Alliance, dont ils ont à peu près la même opinion que Marx, Mais, petit à petit, il les gagne à ses conceptions. Guillaume, Schwitzguébel, Pichiger, Meuron et d'autres entrent dans sa société secrète et, pendant les années qui suivent, la section du Locle est le meilleur pilier de toute son action.

Le fait que le prolétariat du Jura travaille à domicile et représente, par conséquent, un type transitoire entre l'artisan et l'ouvrier industriel, induit facilement à l'erreur que l'anarchisme correspond à une mentalité particulière à cette forme arriérée de production. L'exemple de l'Espagne, de la Catalogne surtout, dément cependant cette interprétation.

C'est en 1868 que la révolution contre le gouvernement d'Isabella éclate en Espagne, saluée par l'Alliance dans un manifeste socialiste et révolutionnaire. Le député italien, Giuseppe Fanelli, un ancien garibaldien et un des membres les plus actifs de l'organisation, se rend en son nom à Madrid et Barcelone. Bien qu'il ne parle pas l'espagnol, il y propage avec beaucoup de succès les idées de Bakounine, et les organisations ouvrières les adoptent avec enthousiasme. A l'instigation de Fanelli, elles adhèrent aussi à l'Internationale. Dès lors commence l'éclosion de l'anarchisme espagnol qui répond si bien au tempérament et à la situation du prolétariat ibérique. Aussi l'influence de Bakounine ne devient-elle nulle part plus grande que dans ce pays, un des rares qu'il n'ait jamais visités.

Entre Fanelli et d'autres membres de la *Fraternité* qui se trouvent eux aussi en Espagne naissent cependant des différends.

Là-dessus, la *Fraternité* est dissoute et reconstituée sous un autre nom. En vérité, les sociétés secrètes de Bakounine s'enchaînent, s'entrecroisent et s'embrouillent. Quelquefois il les confond lui-même et emploie les signes convenus d'une société depuis longtemps réformée. Sous des formes différentes, seuls les principes subsistent.

L'INTERNATIONALE

Dans la question bourgeoise et dans le milieu bourgeois je fais de la mauvaise politique et suis un tacticien détestable, et je n'ai pas la moindre envie d'agir autrement que je le fais. Mais tu te méprendrais fort, si, de ce fait, tu allais conclure que je manque de doigté dans ma conduite en face du monde ouvrier. C'est l'unique milieu dans le monde occidental dans lequel j'ai foi, comme je l'ai conservée chez nous envers ce monde de moujiks et envers la jeunesse lettrée au tempérament révolté.

BAKOUNINE.

L'Internationale ou, pour l'appeler de son nom officiel, l'*Association Internationale des Travailleurs*, a été fondée en 1864 à Londres, sous l'impulsion des organisations ouvrières anglaises, mais l'influence de Marx y est devenu bientôt prépondérante. C'est lui qui dirige le *Conseil Général* qui est en même temps à la tête de la section anglaise, en s'appuyant surtout sur les ouvriers anglais qui représentent les plus forts effectifs de l'A.I.T. Dans l'*Adresse Inaugurale*, Marx lui a tracé son programme qui revendique la prise du pouvoir par la classe ouvrière et affirme l'identité de ses intérêts dans le monde entier, en reprenant le mot d'ordre du *Manifeste Communiste* : « Prolétaires de tous les pays, unissez-vous ! »

Au début, des mazziniens ont essayé de mettre la main sur l'Internationale, mais Marx les a facilement écartés. Tout en exerçant une certaine influence dans les milieux ouvriers, Mazzini n'a aucune emprise sur eux. L'entrée de Bakounine dans l'Internationale menace la politique de Marx d'une façon beaucoup plus sérieuse. Mazzini n'y avait agi que par personnes interposées ; Bakounine apporte tout le poids de sa personnalité et nul ne peut l'imaginer comme simple soldat dans le rang. Autant que Marx, c'est un chef, et les organisations ouvrières de la Suisse romande, de l'Italie, de l'Espagne le considèrent comme leur porte-parole. Que l'antagonisme des deux hommes se transforme bientôt en lutte ouverte, c'est presque inévitable. Aucune organisation ne supporterait deux personnalités telles que Marx et Bakounine.

Ils ne se ressemblent que par le dévouement absolu à la révolution sociale à laquelle ils sont venus, l'un comme l'autre, par la philosophie hégélienne. Pour le reste, ils sont aussi différents par leurs caractères que par leurs conceptions.

Fils d'un avocat qui descend d'une lignée de rabbins, Marx a les dehors d'un grand bourgeois. Héritier de hauts fonctionnaires et de propriétaires fonciers, Bakounine garde l'insouciance de la noblesse pré-capitaliste. Marx, marié à une aristocrate, père de deux filles qu'il marie à des partisans de marque, mène la vie laborieuse et tranquille d'un savant ; la misère qu'il connaît lui aussi pèse lourdement sur lui et il fait de grands efforts pour la dissimuler. Bakounine, quoique marié, reste l'éternel étudiant, toujours en ébullition, sans cesse à l'affût de l'action ; l'argent n'a pour lui aucune importance : il le donne ou l'emprunte avec la même facilité. Marx est renfermé, froid, de manières brusques, pointilleux et rancunier. Bakounine est sociable, spontané, d'un abord facile, naïf comme un enfant et en même temps rusé comme un paysan.

Marx est ordonné, aussi bien dans son existence de tous les jours que dans sa pensée ; jamais il ne commence quelque chose sans avoir longuement médité, et quand il prend une position, il ne l'abandonne plus. Bakounine est désordonné, bohême dans sa vie comme dans ses idées ; il se laisse guider par les événements, il se fie à son instinct et souvent il subit des influences qui le détournent de son chemin.

Pour Marx, la théorie est au commencement de l'action. Pour Bakounine, l'action précède la théorie. Marx est donc inductif, Bakounine déductif. Marx est réfléchi, Bakounine est inspiré. Marx déteste le système capitaliste, parce qu'il trouve sa forme de production trop anarchique. Bakounine le hait, parce qu'il le trouve trop peu anarchique. Marx vise l'ordre, Bakounine l'harmonie. Marx rêve de gouverner, Bakounine de détruire. L'élément de Marx est l'organisation, l'élément de Bakounine la liberté. Marx exècre tout ce qui est chaotique. Bakounine adore dans le chaos une force créatrice. Le génie de Marx est dans son étroitesse. La grandeur de Bakounine sort de ce que les Russes appellent « une nature large ».

L'un vient de la ville, et l'usine est pour lui le laboratoire où l'avenir se prépare. L'autre vient de la campagne, et la terre reste pour lui la grande productrice de toute richesse. Aussi Marx n'a-t-il foi que dans les ouvriers, tandis que l'espoir de Bakounine est dans les paysans. Pour Marx, la révolution naît de l'industrie qui crée le prolétariat et l'oblige à l'association et à la solidarité. Pour Bakounine, la révolution est une force élémentaire et autonome que le prolétariat peut seulement déchaîner. Bakounine considère donc les besoins et les revendications de la classe ouvrière comme un point de départ de la révolution, tout aussi bien que par exemple la lutte contre la religion ou contre le droit d'héritage. Marx, par contre, ne s'intéresse pas même à ces questions, et il refuse de s'attaquer à des injustices ou des superstitions qui, à ses yeux, ne sont que des conséquences ou des symptômes du système capitaliste. Car, pour Marx, le socialisme est une science et la révolution un processus méthodique, tandis que pour Bakounine le socialisme (ou l'anarchie) est un idéal et la révolution une éruption spontanée. Marx ne croit par conséquent qu'à l'action systématique de la classe ouvrière qu'il veut avant tout instruire et rendre consciente de son rôle historique de libératrice de l'humanité. Bakounine considère une telle action au grand jour comme incomplète ; il craint même qu'elle ne soit susceptible de faire des ouvriers des petits bourgeois réformistes et il reste convaincu que la principale préparation de la révolution consiste dans la conspiration.

L'arme de Marx est donc le grand parti, l'arme de Bakounine la société secrète. Le parti de Marx doit conquérir l'État et s'en servir pour organiser le monde socialiste. La société secrète de Bakounine doit guider les masses pour détruire l'État et pour créer un monde sans aucune contrainte. Marx est centraliste et tend à l'unité. Bakounine est fédéraliste et n'aime que la variété. Marx est autoritaire. Bakounine est anti-autoritaire.

Tous les deux sont matérialistes dans le sens philosophique du terme, c'est-à-dire qu'ils ramènent tous les phénomènes à des causes matérielles. Mais, si Marx aspire à l'émancipation et à la dictature de la classe ouvrière, parce qu'il est convaincu qu'il lutte ainsi pour la libération de l'humanité, il cache plutôt ce motif idéaliste. Par contre, Bakounine se prévaut de ses idéals et met moins d'accent sur les revendications économiques. Car pour Marx, la forme de production détermine le cours de l'Histoire. Pour Bakounine, l'évolution des peuples est causée par des remous obscurs et instinctifs. Aussi Marx s'intéresse-t-il surtout à l'économie. Pour Bakounine, l'homme prime tout.

Dès le début de leurs relations, les deux hommes se sont inspirés mutuellement une vive antipathie. En travaillant dans la même organisation, il deviennent fatalement des rivaux et bientôt des ennemis mortels.

Pour comprendre cette situation, il faut considérer que la Première Internationale se compose d'organisations très différentes qui ne sont liées que par l'intérêt et l'idéal communs ; l'*Adresse Inaugurale* elle-même ne demande à ses membres rien d'autre que d'avoir comme but « la protection, le progrès et l'émancipation totale de la classe ouvrière ». L'adhésion de l'Alliance à l'Internationale est par conséquent toute naturelle et, en principe, il n'y a pas d'opposition organique entre elles. Cependant Marx veut faire de l'Internationale une organisation marxiste, de même que Bakounine veut en faire une organisation anarchiste. Là-dessus la lutte devient inévitable. Mais si les marxistes prétendent que les bakounistes conspirent contre l'Internationale, ces derniers peuvent faire le même reproche à leurs adversaires ; car, en réalité, il s'agit d'une lutte entre deux fractions qui, toutes les deux, veulent gagner l'A.I.T. à leurs conceptions.

L'Alliance n'existe d'ailleurs qu'à Genève. Dans les autres fédérations, Bakounine exerce son influence par la *Fraternité*. C'est donc à celle-ci que Marx devrait faire les griefs qu'il adresse à l'Alliance. Toutefois, la *Fraternité* n'a pas plus de quelques centaines de membres, qui se concertent sur des positions à prendre, tout comme le fait Marx dans sa correspondance avec ses partisans. On est facilement tenté d'exagérer l'influence d'une société secrète telle que la *Fraternité*, tout comme on surestime souvent l'importance de la Première Internationale. En fait, la *Fraternité* n'est pas plus en mesure de miner l'Internationale que celle-ci n'est à même de miner le monde capitaliste. Que les différentes fédérations adhèrent qui à Marx qui à Bakounine, cela s'explique beaucoup plus facilement par leurs tendances innées que par des influences occultes.

Si violente et venimeuse que soit la lutte entre Marx et Bakounine elle ne dépasse cependant pas le plan théorique. Ni l'un ni l'autre n'a à sa disposition des forces suffisantes pour porter leurs différends hors des salles de réunion et des publications polémiques. Mais l'importance des conflits dans l'Internationale n'est pas dans leur effet immédiat ; elle est dans le fait qu'ils anticipent d'autres luttes d'une portée infiniment plus grandes.

Les sections de l'Internationale dans la Suisse romande se sont groupées dans une fédération dont le centre se trouve à Genève. La Fédération publie un journal, l'*Égalité*, dont les rédacteurs sont Bakounine et l'ouvrier français Perron. Les articles que Bakounine y écrit portent déjà l'empreinte du syndicalisme révolutionnaire. Il proclame que le salut de la classe ouvrière n'est que dans son organisation autonome et dans l'action directe de la lutte quotidienne, des grèves surtout, qui, un jour, aboutiront à la grève générale et à la révolution sociale. S'il ne renie pas l'utilité des coopératives de crédit et de consommation, qui sont le grand espoir des réformistes, il ne compte pourtant pas sur les avantages immédiats qu'elles pourraient apporter ; mais il croit qu'elles apprendront aux ouvriers à diriger leurs entreprises après l'écroulement de la société capitaliste.

Le conflit entre alliancistes et internationalistes ou, comme on dit, entre bakounistes et marxiens, s'engage sur l'éternelle question qui déchire toutes les organisations ouvrières. Les uns réclament la lutte des classes intégrale, les autres sont prêts à des concessions. Au fond, c'est le même débat qui, autour du programme toujours renouvelé du possibilisme, révisionnisme, ministérialisme ou réformisme, oppose les révolutionnaires intransigeants à ceux qui préfèrent des améliorations graduelles à une attente peut-être infinie.

Les internationalistes de Genève pensent avant tout aux élections législatives. Pour gagner des voix, ils proposent même de renoncer aux parties du programme électoral qui réclament l'abolition de la propriété et du droit d'héritage. Bakounine n'est pas encore, en principe, contre le parlementarisme, mais il refuse de subordonner la participation électorale à des revendications beaucoup plus importantes. Il ne considère les élections que comme un moyen de propagande ; l'idée d'influencer la législation bourgeoise lui semble ridicule et incompatible avec les tâches d'un révolutionnaire. Naturellement, il se fait beaucoup d'ennemis. Cependant, aussi longtemps qu'il reste à Genève, la majorité de la Fédération lui est acquise.

Si à Genève le différend entre lui et Marx prend corps, leurs conceptions s'affrontent ouvertement, pour la première fois, à Bâle où, en automne 1869, l'Internationale tient son congrès annuel. Bakounine s'y rend, tandis que Marx, qui n'aime pas se déplacer et n'est pas orateur, reste absent. D'autres membres du Conseil Général, Eccarius en tête, le représentent. Leur consigne est d'écarter Bakounine, dont l'influence grandit dans toutes les sections de l'Internationale et que Marx juge funeste. Surtout la proposition de son antagoniste d'incorporer dans le programme de l'Internationale la lutte contre le droit d'héritage, lui semble en contradiction absolue avec les principes du socialisme scientifique.

Dans le rapport écrit du Conseil Général, dont il est l'auteur, Marx déclare que tout au plus on pourrait revendiquer une limitation du droit d'héritage et une augmentation des impôts sur les successions. Car, d'après son argumentation, les lois ne sont que la conséquence d'un état économique ; le droit d'héritage est donc une expression du système capitaliste et ne peut disparaître qu'avec lui. Bakounine, par contre, est persuadé que cette lutte offre un excellent moyen de propagande, susceptible de rassembler de larges masses autour de l'Internationale. Il reconnaît lui aussi que le droit consacre seulement des faits, mais, allègue-t-il, le droit devient lui-même un fait. Nées d'un certain état des choses, les lois sur l'héritage seraient ainsi devenues le fondement de l'État politique, de la famille juridique et de toute la propriété privée. « C'est pourquoi nous sommes pour l'abolition du droit d'héritage. » Cette fois-ci encore, Marx est donc dans la logique scientifique, tandis que Bakounine se sert d'un nouveau levier pour faire sauter le capitalisme hors de ses gonds.

Bakounine n'obtient pas la majorité absolue, nécessaire pour un changement du programme, mais la plupart des délégués votent sa proposition. De même dans les autres questions — le rôle des syndicats, la législation par plébiscite — le congrès révèle une tendance antiétatiste et fédéraliste dans le sens de Bakounine. « Marx sera très mécontent », déclare Eccarius.

Le Congrès de Bâle doit s'occuper aussi de l'honneur personnel de Bakounine, car, dès que la tension entre alliancistes et internationalistes est devenue plus aiguë, l'ancienne calomnie rebondit qui l'accuse d'être un agent russe. Wilhelm Liebknecht, un des chefs de la social-démocratie allemande et dont le nom sera immortalisé par son fils Karl, l'a prise à son compte, en la publiant dans son journal, le *Volksstaat*. Le congrès nomme un jury d'honneur pour examiner cette accusation. Après une enquête, le jury arrive naturellement à la conclusion qu'elle est dénuée de tout fondement. Liebknecht s'excuse publiquement et promet à

Bakounine de publier la réparation d'honneur dans son journal ; il l'invite même à y collaborer. Bakounine déclare alors l'incident clos et se sert du jugement pour allumer sa cigarette.

Le jugement ne paraît cependant jamais dans le *Volksstaat*. Le conflit entre marxiens et bakounistes devient, au contraire, de plus en plus violent. Inutile de dire qu'il provoque les pires passions et que les adversaires se servent de toutes les méthodes en usage dans les luttes fractionnelles. Marx envoie à ses fidèles des circulaires confidentielles et Bakounine s'adresse à ses partisans dans des lettres privées. Il a quarante-quatre correspondants ; à dix-neuf il écrit au moins deux fois par semaine, à six au moins deux fois par mois.

Les alliancistes se dressent contre le cumul des fonctions du Conseil Général qui dirige aussi bien l'Internationale entière que la section anglaise. Là-dessus, Marx répond : « Bien que l'initiative révolutionnaire appartiendra probablement à la France, seul l'Angleterre peut servir comme levier d'une sérieuse révolution économique. [...] Les Anglais possèdent toutes les conditions matérielles nécessaires à la révolution sociale. Ce qui leur manque, c'est l'esprit de généralisation et la passion révolutionnaire. Seul le Conseil Général est capable de l'inspirer et d'accélérer ainsi un vrai mouvement révolutionnaire dans ce pays et, par conséquent, partout. » Bien que Bakounine ignore la circulaire qui contient ces affirmations, il n'est guère besoin de souligner combien de pareilles idées s'opposent à toute sa conception. Il ne croit pas du tout que le centre de la révolution sera l'Angleterre et plus encore il est l'ennemi déclaré de toute direction qui prétend imposer son esprit aux masses ouvrières.

Dans une autre circulaire confidentielle, écrite après la mort de Herzen, Marx va jusqu'à insinuer que Bakounine avait publié des articles nécrologiques élogieux sur Herzen, pour hériter des vingt-cinq mille francs de rentes que celui-ci recevait des panslavistes. Bakounine, de son côté, n'hésite pas à se servir d'arguments antisémites contre les collaborateurs juifs de Marx, notamment contre Outine qui suscite particulièrement sa fureur.

Outine est, en effet, chargé par Marx de recueillir des informations sur Bakounine, et il s'adonne à cette sale besogne avec beaucoup de zèle. Il fonde, en outre, une section russe de l'Internationale, dirigée contre ce qu'il appelle « les vieilles et pernicieuses idées du panslavisme ». Ce qui ne l'empêchera pas, quelques années plus tard, de faire sa paix avec le gouvernement tsariste et de rentrer humblement en Russie.

Longtemps cependant, Bakounine n'attaque pas Marx personnellement et il explique cette conduite dans une de ses dernières lettres à Herzen. « Je sais aussi bien que toi que Marx n'est pas moins coupable que les autres ; je n'ignore même pas qu'il a été l'instigateur et le meneur de toute cette calomnieuse et infâme polémique qui a été déchaînée contre nous. Pourquoi l'ai-je donc ménagé ? Je l'ai loué, j'ai fait plus que cela : je lui ai conféré le titre de géant. Pour deux raisons, chez Herzen. La première — c'est la justice. Laissant de côté toutes les vilenies qu'il a vomies contre nous, nous ne saurions méconnaître, moi du moins, les grands services qu'il a rendus à la cause socialiste depuis environ vingt-cinq ans. [...] Sous ce rapport, indubitablement, il nous a tous laissés loin en arrière. Il est aussi l'un des premiers organisateurs sinon l'instigateur de la Société Internationale. A mon point de vue c'est un mérite énorme que je lui reconnaîtrai toujours, quelle que soit son attitude envers nous. »

La deuxième raison pour laquelle il ménage Marx est d'ordre tactique. Car, déclare-t-il, il veut diviser ses adversaires, d'autant plus que Marx, étant donné son caractère, éprouve certainement une joie malicieuse à voir attaquer ses amis. « Cependant, il pourrait arriver, et même dans un bref délai, que j'engage une lutte avec lui, non pas pour l'offense personnelle, bien entendu, mais pour une question de principe, à propos du communisme d'État dont lui-même et les partis anglais et allemand qu'il dirige sont les chaleureux partisans. Mais il y a un temps pour tout et l'heure pour cette lutte n'a pas encore sonné. »

Toutefois, le conflit entre les deux fractions s'aggrave toujours davantage. Parmi les Jurassiens, Bakounine garde la majorité, mais à Genève, les alliancistes perdent l'*Égalité*, dont Outine assume dorénavant la rédaction. Outine met même en doute que l'Alliance appartienne à l'Internationale, et le Conseil Général ne le désavoue pas. Déjà, on a recours à des mesures extrêmes. On n'ose pas encore s'attaquer à Bakounine, mais la nouvelle majorité de la Fédération romande exclut Perron, Youkovsky et l'Anglais Sutherland qui cessent, par conséquent, d'appartenir à l'Internationale. La lutte décisive est donc ouverte.

La première victoire des marxistes est facilitée par le fait que les bakounistes de Genève — le mot *anarchistes* est encore peu usité — n'ont plus le support de la présence de leur chef. Bakounine a quitté le Lac Léman assez soudainement et s'est fixé à Locarno. Seuls quelques amis intimes connaissent sa nouvelle résidence. La raison de ce départ subit et de ce séjour mystérieux est le retour d'Antonia, revenue enceinte après une longue absence. Cette fois-ci encore, Bakounine ne s'en plaint pas. Il est d'avis que sa femme a le droit de chercher ailleurs le bonheur que lui, vieilli et usé, ne peut plus lui donner.

Désormais, il garde son domicile au bord du Lac Majeur jusqu'à sa mort. La beauté de ce paysage méridional au pied des Alpes couvertes de neige l'enchante, et la simplicité rustique des habitants lui rappelle les paysans de sa patrie. La politique n'y perd pourtant pas ses droits, car l'Italie, où avec l'Internationale son influence se développe rapidement, est toute proche.

C'est à Locarno qu'il écrit à Ogareff, en l'invitant à le rejoindre : « Nous devons rassembler tout ce qui nous reste de force, de sagesse, de savoir, de santé, de passion et de volonté, pour concentrer toutes ces facultés sur le but unique qui nous était et nous sera toujours cher ; et ce but vers lequel tous les deux nous marchons, c'est la Révolution sociale. Pourquoi donc demandes-tu si nous la verrons ? Pas plus que toi je ne saurais le deviner. Et même si nous avions cette chance, mon bon Ogareff, personnellement cela ne nous donnerait pas beaucoup de bonheur. Une génération nouvelle, d'autres hommes jeunes et forts — ce ne seront pas des

Outine, bien entendu — viendront nous balayer de la surface de notre globe, notre existence devenant inutile. Eh bien, nous leur remettrons nos armes et les laisserons continuer l'œuvre par leur propre action. Nous irons alors goûter le repos éternel. Mais, actuellement, nous sommes encore utiles. […] Faisons donc appel à toute notre énergie, à notre passion qui, grâce à nos dieux, n'est pas encore éteinte en nous ; mettons-nous vaillamment à notre besogne et travaillons jusqu'à notre dernier soupir. »

Quelques semaines plus tard, il reçoit la nouvelle de la mort de Herzen. « Ogareff ! écrit-il, est-ce donc une réalité ? Est-ce qu'il est mort ? Il paraît que oui…. Mon ami, lorsqu'on est sous le coup d'un si grand malheur, on ne trouve pas de paroles consolatrices, sinon celles-ci : mourrons en travaillant. Si tu peux, écris-moi quelques lignes. » Et il signe : « A présent, ton unique vieil ami M. B. »

Pendant tout ce temps il vit sans ressources, dans une terrible misère. Il a des dettes partout et souvent il est obligé de demander à Ogareff de lui envoyer un paquet de thé qu'il ne peut pas acheter. Pour se faire un peu d'argent, il commence à traduire en russe le *Capital* de Marx. Il reçoit même une avance d'un éditeur de Saint-Pétersbourg. Mais c'est un travail qui lui portera malheur.

NETCHAÏEFF

Personne ne m'a fait dans ma vie tant de mal que
lui, de mal prémédité, mais je le plains quand même.
C'est un homme d'une rare énergie, et lorsque nous
l'avons rencontré pour la première fois, son cœur brûlait
d'amour et de compassion pour le malheureux peuple
russe. [...] A cette époque, il n'avait de malpropre
que son extérieur, mais l'intérieur n'était pas souillé.
La prétention de devenir un chef [...] le jeta dans un
abîme de boue.

BAKOUNINE.

En mars 1869, Bakounine reçoit la visite d'un compatriote qui s'appelle Serge Netchaïeff. C'est un jeune homme de vingt-trois ans, frêle, petit, d'aspect malpropre et qui n'a rien d'attrayant. Pourtant, il s'impose, peut-être à cause de ses yeux perçants qui traduisent une énergie farouche et magnétique. Il se présente comme délégué d'une société révolutionnaire en Russie et raconte une stupéfiante histoire d'évasion des mains de la police tsariste. Est-ce vrai, est-ce un mensonge ? Bakounine, en tout cas, le croit.

Netchaïeff est un produit de la jeunesse russe des années 60 qui, désespéré et révolté, est profondément influencé par le roman de Tchernychevski *Que faire ?* C'est la génération à laquelle Tourguénieff, dans la plus célèbre de ses œuvres, *Les Pères et les Fils*, a donné le nom *nihiliste*. Le sort de quelques nihilistes a faussé le sens du mot. Le nihiliste n'est, en principe, ni un terroriste ni un homme qui renie toutes les valeurs humaines ; il se révolte seulement contre les conventions, il réclame une sincérité absolue dans toutes les relations sociales et il répudie tout privilège aussi bien de classe que de sexe. Il est vrai que, dans la Russie tsariste, une grande partie de cette jeunesse généreuse et prête aux sacrifices suprêmes ne se contente pas de professer sa foi théoriquement. Ainsi les nihilistes vont-ils *au peuple*, deviennent-ils révolutionnaires et, parfois, terroristes.

Fils d'un serf, Netchaïeff n'a appris à lire et à écrire qu'à l'âge de seize ans. Puis il a été instituteur dans une école religieuse à Saint-Pétersbourg, où il a suivi en même temps les cours de l'université. Il y avait là quelques cercles d'étudiants de gauche, et Netchaïeff s'était efforcé de les réunir dans une seule organisation révolutionnaire. Car, pareil à Bakounine, il est révolutionnaire par instinct et disposition naturelle ; à peine a-t-il besoin d'enseignements et d'exemples pour trouver sa voie. Cependant, son organisation a été bientôt repérée et nombre de ses adhérents ont été arrêtés. C'est alors qu'il a répandu la légende de sa propre arrestation et de son évasion. Enfin, il s'est réfugié à l'étranger.

Bakounine est charmé par ce jeune homme qui représente à ses yeux la nouvelle génération russe et qui lui rappelle sa propre jeunesse. S'ils ont des traits communs, la différence de leurs caractères est pourtant des plus grandes. Bakounine a, certes, lui aussi une tendance aux attitudes théâtrales, mais elle résulte de l'abondance de son tempérament expansif, et s'il ment, il le fait, ou bien à son insu, parce qu'il exagère, ou bien contre son gré, parce qu'il poursuit un but déterminé. Netchaïeff par contre, ment toujours et pour ainsi dire par principe ; la mystification est à la base de toute son activité. Bakounine est surtout foncièrement modeste et garde au fond de son être une bonté sentimentale qui, d'ailleurs, lui fait commettre beaucoup d'erreurs. Netchaïeff est au contraire possédé par une frénétique folie des grandeurs et son sombre fanatisme est dépourvu de toute chaleur.

Il est évident qu'une telle disposition est innée, mais elle est favorisée aussi bien par les origines de Netchaïeff que par le milieu d'où il vient. Car, si sa volonté de fer et sa froideur démoniaque lui sont personnelles, il est néanmoins un produit typique de cette *intelligentzia* russe qui ne voit aucune issue devant elle. L'idée d'une carrière bourgeoise, d'ailleurs fort limitée en Russie pour un homme pauvre et sans particule, ne l'effleure même pas, et toute action oppositionnelle se heurte à cette énigme russe qui fait que les classes supérieures sont, en dépit de leurs intérêts, plus enclines à la révolte que la masse des paysans illettrés et abrutis. Aussi naît la théorie du *netchaiévisme* qui, en d'autres conditions, ne peut apparaître que comme un mélange d'exaltation romantique et d'amoralisme calculé.

Comme toute idée de syndicats ou d'un parti de classe est inconcevable en Russie, le point de départ de cette théorie est naturellement la société secrète. Mais ses membres ne sont plus des hommes généreux et enthousiastes, ce sont des techniciens adroits, une sorte de jésuites de la révolution qui, pour le but sacré, se servent de tous les moyens y compris les plus abjects. L'héroïsme est ainsi remplacé par la ruse, et la révolution devient une entreprise dirigée par quelques cerveaux machiavéliques qui ne reculent devant aucune provocation. Dans une brochure qui s'adresse à la noblesse russe, Netchaïeff pousse, suivant ces principes, la tactique jusqu'au point de parler en termes élogieux de Mouravieff, le bourreau de la Pologne.

Bakounine n'admet pas Netchaïeff dans l'Alliance. Il collabore avec lui dans une organisation parallèle qu'il considère comme une branche du mystérieux comité russe dont Netchaïeff parle sans cesse. Le produit de cette collaboration est une brochure : les *Règles dont doit s'inspirer le Révolutionnaire* qui débute par ces phrases : « Le révolutionnaire est un homme condamné d'avance ; il n'a ni intérêts personnels, ni affaires, ni sentiments, ni attachements, ni propriété, ni même de nom. Tout en lui est absorbé par un seul intérêt, une seule pensée, une seule passion — la révolution. Au fond de lui-même, non seulement en paroles mais en pratique, il a rompu tout lien avec l'ordre public et avec le monde civilisé, avec toute loi, toute convention et condition acceptée, ainsi qu'avec toute moralité. En ce qui concerne ce monde civilisé, il en est un ennemi implacable et s'il continue à y vivre, ce n'est qu'afin de le détruire plus complètement. » Voilà la théorie du révolutionnaire professionnel.

Toujours il y a eu une certaine contradiction entre les théories révolutionnaires de Bakounine et l'organisation de ses sociétés secrètes : d'un côté, il conçoit la révolution comme un mouvement spontané et décentralisé, de l'autre, il croit à la nécessité d'organisations centralisées et hiérarchiques. Il est vrai que cette contradiction s'explique souvent par la réalité des choses. Toujours est-il qu'il aboutit, sous l'influence de Netchaïeff, à un extrémisme jamais connu auparavant. Il reste fidèle à la conviction que les masses, les paysans surtout, sont révolutionnaires par instinct et il rejette toujours l'idée de Blanqui, que la révolution doit être l'œuvre d'une minorité agissante. Mais plus que jamais il insiste sur la nécessité de provoquer la révolution et de déchaîner les passions révolutionnaires des masses. En attribuant ce travail préparatoire aux révolutionnaires professionnels, il arrive finalement au terrorisme. Car, « il n'y a de moral que ce qui contribue au triomphe de la révolution ; tout ce qui l'empêche — est immoral ».

Pour le révolutionnaire, les hommes se divisent, d'après ce programme, en cinq catégories : 1. ceux qui sont les plus nuisibles à l'organisation révolutionnaire ; ils sont à supprimer sans délai ; 2. ceux qui commettent les actes les plus abjects de la réaction ; il faut leur laisser la vie provisoirement, parce qu'ils provoquent la haine du peuple ; 3. ceux qui sont riches ou puissants ; il faut les exploiter et même les faire chanter pour se servir de leur influence ; 4. les libéraux et les hommes ambitieux ; il faut les compromettre pour les séparer définitivement de la classe dominante ; 5. les révolutionnaires doctrinaires et bavards ; il faut les pousser à l'action.

Pour accomplir ces tâches, chaque révolutionnaire doit s'entourer d'aides plus ou moins initiés. Il doit les considérer comme une partie du capital révolutionnaire mis à sa disposition, capital qu'il ne dépensera qu'économiquement, en en tirant le plus grand profit.

Il est entendu que toute action du révolutionnaire ne peut jamais être dictée par des préférences ou des haines personnelles : toute entreprise ne doit être jugée que d'après son utilité pour la cause.

Si le terrorisme résulte dans une certaine mesure de la situation de fait en Russie, il est incontestable que ce programme, qui élève le chantage au rang d'une arme révolutionnaire, est des plus dangereux pour la morale des révolutionnaires mêmes. Les *Règles dont doit s'inspirer le Révolutionnaire* sont, sans doute, capables de déséquilibrer les hommes les mieux intentionnés, surtout s'il s'agit de caractères faibles ou de jeunes gens sans expérience. Ce danger de démoralisation est encore augmenté par la recommandation de s'infiltrer dans toutes les couches de la société et jusque dans la police secrète. La théorie du « cheval de Troie » implique fatalement le risque que l'hypocrisie se transforme en corruption.

La question de savoir si Bakounine a connu ce programme dans son intégralité n'est pas résolue. On admet généralement que ses parties les plus répréhensibles ont été ajoutées par le disciple, à l'insu du maître. Comme les *Règles dont doit s'inspirer le Révolutionnaire* ne circulent que parmi un nombre restreint de personnes, étant donné le caractère de Netchaïeff cela est tout à fait possible. Pour Bakounine il est en tout cas naturel que plus le révolutionnaire est conscient de sa mission, plus il porte en lui un sens moral qui le préserve de toute aberration. Il est vrai qu'il est largement sous l'emprise de Netchaïeff qu'il appelle tendrement « boy » et qui lui paraît une incarnation merveilleuse de tout ce qu'il y a de grand et de noble dans la jeunesse russe. A l'âge où, à l'ordinaire, les élans s'affaiblissent, Bakounine rajeunit dans la compagnie du jeune révolutionnaire qui, par sa force juvénile, ranime la flamme de sa propre passion.

Netchaïeff, au surplus, n'est pas un homme ordinaire. Il émane de lui une volonté farouche et une énergie indomptable. Quoi que l'on pense de ses méfaits postérieurs, c'est un vrai révolutionnaire, d'une abnégation totale, vivant dans la plus grande pauvreté, ne demandant jamais rien pour soi-même, prêt à tous les risques et à tous les sacrifices. *Les Règles dont doit s'inspirer le Révolutionnaire*, il les prend au sérieux, et si, en les suivant, il tombe dans les erreurs les plus horribles, il commet tous ses actes uniquement pour « la cause ». Il exerce d'ailleurs un charme étrange non seulement sur les femmes, mais aussi sur les hommes. Seul Herzen, qui fait sa connaissance peu de temps avant sa mort, se méfie de lui comme de tous les jeunes. En revanche, il fascine Ogareff auquel il inspire un poème, *l'Étudiant*, que le poète lui dédie.

Sa collaboration avec Bakounine, du reste, ne se borne pas à jeter les bases d'une organisation secrète dont le travail est dicté par des ruses tactiques. Dans une publication qu'ils rédigent ensemble et qui s'adresse à la jeunesse russe, ils reprennent le cri enthousiaste des *narodniki* dans ces phrases célèbres : « Ainsi, jeunes amis, abandonnez au plus tôt ce monde décidé à périr, ces universités, académies et écoles d'où l'on vous chasse maintenant et où l'on s'efforça toujours de vous séparer du peuple. Allez au peuple ! Là est votre champ, votre vie, votre science. Apprenez au milieu du peuple comment le servir et comment conduire sa cause pour le mieux ! Rappelez-vous, amis, que la jeunesse cultivée ne doit être ni le professeur, ni le bienfaiteur, ni le chef dictatorial du peuple, mais seulement la sage-femme pour l'auto-libération du peuple, l'unificateur des forces et des efforts populaires ! » Ce sont les paroles qui, pendant un demi-siècle, resteront gravées en épigraphe sur le fronton de la Révolution russe.

Après un séjour de plusieurs mois, Netchaïeff rentre en Russie. Naturellement, il voyage avec des faux papiers ; étant donné ses antécédents et sa fréquentation des réfugiés russes, ce retour comporte cependant de gros risques. Mais Netchaïeff n'est rien moins qu'un lâche.

Se prévalant du mystérieux comité révolutionnaire russe, il a gagné la confiance des chefs de l'émigration. Muni du poème d'Ogareff et d'une lettre de recommandation de Bakounine qui porte le cachet de l'Alliance, il fonde une organisation révolutionnaire. A Saint-Pétersbourg, elle se compose surtout des débris de son ancienne organisation, mais, en peu de temps, il réussit à former un autre groupe à Moscou, dont les membres sont pour la plupart des étudiants ; il arrive même à installer une imprimerie secrète. Toujours, cependant, il persiste à maintenir la fiction d'un comité central qui, d'après ses dires, embrasse toute la Russie et a des ramifications dans toutes les couches de la société. A Moscou il déclare que ce comité se trouve à Saint-Pétersbourg, et à Saint-Pétersbourg que son siège est à Moscou. En son nom il donne des directives aux camarades qui ne se doutent aucunement de la supercherie.

Ces directives dépassent de loin les *Règles dont doit s'inspirer le Révolutionnaire*. Pour répandre des bruits nuisibles au gouvernement, les membres de l'organisation doivent nouer des relations avec des femmes de mauvaise vie et des commères cancanières ; pour gagner de l'influence sur des hommes puissants, ils doivent s'efforcer d'obtenir les faveurs de leurs femmes ; pour trouver de l'argent pour l'organisation, ils doivent même se mettre en rapport avec des criminels.

Un des traits caractéristiques de Netchaïeff est sa pédanterie. Il apporte les ordres du comité secret, dont il prétend n'être que l'agent, toujours par écrit et sur des papiers marqués d'une estampille avec une hache. Comme tant de fanatiques, il a l'âme d'un inquisiteur et il espionne ses camarades pour leur arracher des secrets qui pourraient les compromettre et pour les asservir ainsi corps et âme à la révolution. Bakounine n'avait pas prévu jusqu'à quelles bassesses pourrait mener le programme qu'il avait élaboré avec son jeune ami.

Cependant, après un certain temps, le groupe de Moscou commence à se lasser de son activité. L'étudiant Ivanoff semble, reniant son serment, vouloir se retirer et Netchaïeff le soupçonne même d'être à la solde de la police. Toujours par le truchement du comité secret, il décide donc de le supprimer. Les camarades obéissent. Ivanoff est attiré dans un piège et exécuté. Au moins, Netchaïeff ne se dérobe-t-il pas : il tire lui-même le coup mortel. Puis le cadavre est jeté dans un lac.

Netchaïeff se rend alors à Saint-Pétersbourg pour s'occuper du groupe révolutionnaire de cette ville. Pendant son absence, le cadavre d'Ivanoff est découvert et la police arrête plusieurs des conjurés. Là-dessus, Netchaïeff retourne tout de suite à Moscou. Seulement lorsque tous les membres du groupe sont incarcérés, il part d'abord pour Saint-Pétersbourg, ensuite pour l'étranger.

Quelques semaines plus tard, il est de nouveau en Suisse où Bakounine et les autres émigrés russes le reçoivent avec beaucoup d'amitié. Ils ignorent évidemment les détails de son activité. Quant à Ivanoff, ils sont tous convaincus qu'il a été un mouchard dont l'exécution est justifiée.

Bakounine ne voit par conséquent aucun inconvénient à reprendre leur ancienne collaboration. Malheureusement, il est fort occupé par la traduction du *Capital*. C'est une tâche ardue et difficile ; aussi Netchaïeff n'a-t-il aucune peine à le convaincre qu'il devrait employer son temps plus utilement. Comme le « boy » lui promet de régler la question avec l'éditeur Poliakoff, il est content d'être débarrassé de ce travail et ne s'en occupe plus du tout. Mais Netchaïeff, traite l'affaire à sa manière. Il écrit simplement à l'intermédiaire de l'éditeur, l'étudiant Lioubavine, que le comité révolutionnaire a décidé de donner d'autres ordres à Bakounine ; l'éditeur est mis en demeure, non sans menaces, de renoncer à la traduction et aussi à l'avance qu'il a versée.

En réalité, Bakounine croit toujours au comité secret. Lorsque Netchaïeff le lui demande, il rédige en son nom une proclamation aux officiers russes, les exhortant à se rallier à la révolution qu'il déclare imminente. Il affirme ne pas connaître le comité, mais être sûr qu'il existe, non pas à l'étranger mais en Russie, et, évoquant le souvenir des révolutionnaires-brigands, il l'appelle une sorte de Pougatcheff ou de Stenka Razine collectif. Bakounine est si aveuglé que, pour prouver son entière soumission au comité, il donne à Netchaïeff une déclaration signée, dans laquelle il se dit prêt à fabriquer, dans l'intérêt de la révolution, de la fausse monnaie russe.

C'est aussi sur ses instances qu'Ogareff abandonne petit à petit tout le fond Bakhmatcheff à Netchaïeff. Bakhmatcheff a été un riche révolutionnaire russe qui, il y a longtemps, est parti pour le Pacifique pour chercher une île déserte et y installer un phalanstère. Avant son départ, il a laissé sa fortune dans les mains de Herzen, afin qu'il l'emploie à des fins révolutionnaires, si, dans un certain délai, il ne donne pas signe de vie. Le délai passé, Herzen n'a toutefois pas touché à ce capital. Après sa mort, la gérance du fond Bakhmatcheff est échue à Ogareff. S'il est maintenant mis à la disposition de Netchaïeff, il faut reconnaître que celui-ci l'emploie dans le sens du testateur, puisqu'il le dépense intégralement pour des buts révolutionnaires. Pour sa personne, il n'a pas de besoins.

Depuis un certain temps déjà, Bakounine caresse en outre l'idée de ressusciter le *Kolokol*. Mais le jeune Herzen n'a pas envie de rééditer la revue de son père, et Bakounine n'a pas même les moyens de faire le voyage de Locarno à Genève. Il arrange alors une entrevue entre la fille de Herzen et Netchaïeff. La jeune femme, qui vient d'éprouver les tourments d'un amour malheureux, est vite conquise par l'éloquence brutale de cet homme démoniaque. Elle lui donne les fonds nécessaires et le *Kolokol* reparaît ; il meurt du reste sans éclat après la publication de quelques numéros sur lesquels ni Bakounine ni Ogareff n'ont eu une influence quelconque.

Les milieux russes de la Suisse sont à cette époque en grand émoi à cause des mesures prises contre la princesse Obolensky. Les opinions révolutionnaires de la princesse étant connues, son mari, qui est le gouverneur civil de Moscou, a obtenu du tsar la garde des enfants, ainsi que le droit de gérer son immense fortune. Or, les autorités suisses ont exécuté le jugement de l'empereur de toutes les Russies, et des policiers suisses ont arraché de la façon la plus brutale les enfants à leur mère pour les livrer aux agents russes. Il est à craindre que la Suisse ne consente aussi à l'extradition de Netchaïeff, que le gouvernement tsariste réclame.

Bakounine entreprend contre cette menace une intense propagande. Il mobilise toutes ses relations suisses pour obtenir leur intervention. En outre, il écrit une brochure, *Les Ours de Berne et l'Ours de Saint-Pétersbourg*, dans laquelle il se donne pour un Suisse indigné de la complaisance de son pays devant la réaction étrangère.

La petite publication est un de ses ouvrages les plus brillants, et, incidemment, il y développe en termes brefs et vigoureux toute sa théorie. C'est ici qu'il définit le pouvoir : « Qui dit pouvoir politique, dit domination ; mais là où la domination existe, il doit y avoir nécessairement une partie plus ou moins grande de la société qui est dominée, et ceux qui sont dominés détestent naturellement ceux qui les dominent, tandis que ceux qui dominent doivent nécessairement réprimer et par conséquent opprimer ceux qui sont soumis à leur domination. […] On attribue ordinairement ces palinodies (le fait que les démocrates les plus rouges, au pouvoir, deviennent des conservateurs) à la trahison. C'est une erreur ; elles ont pour cause principale le changement de perspective et de position. » Et, en parlant de la guerre et de la paix, il déclare : « Tant qu'il y aura des États, il n'y aura point de paix. Il n'y aura que des trêves plus ou moins longues, des armistices conclus de guerre lasse par ces belligérants éternels, les États. »

A cette époque, Netchaïeff habite à Genève, chez Ogareff. Fidèle à ses principes, il profite d'un accès épileptique de son hôte pour lui voler des papiers qu'il tient pour compromettants. Sa folie des grandeurs lui fait croire que son dévouement à la révolution l'oblige à ne reculer devant aucune vilenie. De moins en moins scrupuleux, il ne tient pas même les femmes et les filles de ses amis pour sacrées, convaincu qu'il peut en faire des révolutionnaires s'il ruine leur réputation et les sépare ainsi de la société bourgeoise. A la fin, il conçoit la même idée que l'étudiant Karl Moor dans *Les Brigands* de Schiller et voudrait organiser une bande de brigands dans les montagnes suisses pour dépouiller la bourgeoisie et trouver de l'argent pour la révolution.

Bakounine n'apprend ce qui s'est passé chez Ogareff que lorsque Netchaïeff s'est déjà enfui de Genève et se cache chez les Jurassiens. Il y vit comme une bête traquée ; quand on frappe à sa porte, il n'ouvre qu'avec précaution, un revolver à la main. Personne ne l'aime parmi ces ouvriers honnêtes et simples et il perd tout crédit chez eux, lorsqu'il essaie de les brouiller avec Bakounine. Michel, comme ils l'appellent tous, est leur idole et la théorie selon laquelle l'amitié est un sentiment contre-révolutionnaire leur répugne profondément.

Bakounine comprend enfin qu'il s'est trompé sur son disciple. Vérification faite, il découvre d'ailleurs que Netchaïeff lui a aussi volé des papiers. Tous les amis qui ont aidé le jeune homme n'ont donc été pour lui que « de la chair à conspiration » ! Maintenant il voit clair dans ce caractère dont les abîmes l'horrifient. Certes, il a approuvé l'emploi des mesures extrêmes contre le tsarisme, mais jamais il ne les a admis contre les révolutionnaires mêmes. Épouvanté et désolé, il doit se rendre compte que le « boy » a abusé de sa confiance et lui a menti sans cesse. Il ne l'a pas seulement déçu, il l'a aussi compromis de la façon la plus grave, en se servant de son nom pour des actes injustifiables.

La lumière se fait définitivement, lorsque Ogareff demande à Netchaïeff une quittance pour le fond Bakhmatcheff. Netchaïeff refuse, tout en reconnaissant avoir reçu l'argent. Il se prévaut toujours du comité de Russie et déclare que celui-ci ne donne jamais de quittances. Et cyniquement il développe les méthodes du prétendu comité qui s'attribue jusqu'au droit de perdre des révolutionnaires de moindre valeur en les dénonçant à la police. Chacun sait désormais que tous les membres de l'organisation russe de Netchaïeff sont arrêtés et que, dès son deuxième séjour en Suisse, il n'y a plus aucune trace de ce comité au nom duquel il agit. Comme on désire étouffer le scandale, on lui achète un billet et on l'expédie à Londres. Malheureusement, on néglige de lui prendre une valise pleine de documents qu'il emporte.

« Il n'y a pas à dire, écrit Bakounine à Ogareff, nous avons eu un beau rôle d'idiots ! Comme Herzen se moquerait de nous, s'il était là, et combien il aurait raison ! Eh bien, il n'y a plus qu'à avaler cette amère pilule qui nous rendra dorénavant plus avisés. »

Dans de longues lettres il avertit les amis de Londres des dangers qui les menacent, s'ils font confiance à Netchaïeff. « Il reste parfaitement vrai, écrit-il, que Netchaïeff est l'homme le plus persécuté par le gouvernement russe et que ce dernier a couvert tout le continent d'Europe d'une nuée d'espions pour le rechercher dans tous les pays, et qu'il en a réclamé l'extradition tant en Allemagne qu'en Suisse. Il est encore vrai que Netchaïeff est un des hommes les plus actifs et les plus énergiques que j'aie jamais rencontrés. Lorsqu'il s'agit de servir ce qu'il appelle la cause, il n'hésite et ne s'arrête devant rien et se montre aussi impitoyable pour lui-même que pour tous les autres. Voilà la qualité principale qui m'a attiré et qui m'a fait longtemps rechercher ses alliances. » Puis, après avoir décrit les vilenies que Netchaïeff commet au nom de ses terribles principes, il continue : « Sa seule excuse c'est son fanatisme ! Il est un terrible ambitieux sans le savoir, parce qu'il a fini par identifier complètement la cause de la révolution avec sa propre personne, — mais ce n'est pas un égoïste dans le sens banal de ce mot, car il risque horriblement sa personne et il mène une vie de martyr, de privations et de travail inouï. [...] Le fanatisme l'emporte jusqu'à le faire devenir un jésuite accompli. — par moments, il devient tout simplement bête. [...] Il joue au jésuitisme comme d'autres jouent à la révolution. Malgré cette naïveté relative, il est très dangereux, parce qu'il commet journellement [...] des abus de confiance, des trahisons. [...] N'ont-ils (Netchaïeff et un de ses camarades) pas osé m'avouer ouvertement, en présence d'un témoin, que dénoncer à la police secrète un membre, un dévoué ou dévoué seulement à demi, est un des moyens dont ils considèrent l'usage comme fort légitime et utile quelquefois ! » Et il termine : « Tout cela est fort triste et très humiliant pour nous qui les avons recommandés, mais la vérité est encore la meilleure issue et le meilleur remède contre toutes les fautes. »

Netchaïeff reste quelque temps à Londres. Il réussit à y publier un journal, dont quelques numéros, paraissent et où il attaque violemment Bakounine. Puis il s'en va à Paris et assiste aux péripéties de la Commune, on ne sait si ce fut en combattant ou seulement en spectateur. Comme il ne peut payer la note de son hôtel, il est obligé d'y abandonner son seul bagage, la précieuse valise avec les documents si dangereux pour tant de personnes. Menacé partout d'être livré à la Russie, il revient enfin en Suisse, où il vit dans la seule compagnie d'un ouvrier italien, sans relations, sans ressources, dans une misère absolue.

A Moscou a lieu entre temps le procès contre les membres de son organisation. Les accusés ont, pendant presque deux ans, subi les pires tortures. Au cours de l'instruction, l'un s'est suicidé, un autre est devenu fou ; voilà la lugubre atmosphère dans laquelle le netchaiévisme est né.

Contrairement à ses habitudes, le gouvernement tsariste mène le procès en public, et de nombreux documents dits subversifs sont lus devant la cour. Pour la première fois, les Russes apprennent ainsi des détails sur l'activité des révolutionnaires, dont les journaux ne peuvent jamais parler autrement que par allusions. Le plan du gouvernement de ruiner par ces révélations le mouvement révolutionnaire échoue cependant complètement. Des larges couches de la société, jusqu'aux libéraux les plus modérés, éprouvent surtout du respect et de l'admiration pour cette jeunesse enthousiaste qui, même dans ses aberrations, démontre son idéalisme et son abnégation. Les peines cruelles que la cour prononce ne font que creuser plus profondément l'abîme qui sépare le gouvernement de l'opinion publique.

A l'étranger, on ne comprend pas cet état de choses ; aussi Netchaïeff est-il plus que jamais en danger d'être extradé. Malgré leur inimitié, Bakounine l'en fait avertir, mais Netchaïeff n'y voit qu'un piège pour lui faire quitter la Suisse. Cependant, sa conviction d'être en sécurité le trompe. Sa cachette trahie par un mouchard, il est arrêté et extradé, en dépit de la propagande de quelques milieux russes qui s'efforcent de convaincre l'opinion suisse que le meurtre d'Ivanoff était un crime politique. Une dernière tentative, entreprise par quelques étudiants russes et serbes, de libérer le prisonnier pendant son passage à la gare de Zurich, échoue également.

Immédiatement avant son arrestation, Netchaïeff a donné à un camarade la clé de sa valise, ainsi que l'adresse de l'hôtel où il l'a laissée en gage. Ross, un des amis russes de Bakounine, va alors à Paris pour la chercher. A son retour, les documents sont ou brûlés ou rendus à leurs propriétaires. Bakounine rentre ainsi enfin en possession de la déclaration dans laquelle il avait si légèrement promis de fabriquer de la fausse monnaie si « le Comité » le croyait utile.

Lorsque Netchaïeff a disparu dans les ténèbres de la prison, Bakounine parle à un ami de son incarcération dans la forteresse Pierre-et-Paul et de sa *Confession* ; c'est la seule fois qu'il la mentionne. Et à Ogareff il écrit : « Eh bien ! mon vieil ami, vous venons d'assister à un forfait inouï. La République a extradé l'infortuné Netchaïeff. Mais ce qu'il y a de plus alarmant, c'est que, à l'occasion de cette extradition, notre gouvernement voudra, sans doute, reprendre le procès et fera de nouvelles victimes. Cependant, quelque voix secrète me dit que Netchaïeff, qui a péri à jamais et qui, certainement, en a conscience lui-même, que ce Netchaïeff, embrouillé dans les équivoques et tout souillé qu'il est, est loin d'être un individu banal ; que dans cette occasion son cœur révélera toute son énergie et son courage primitifs. Il périra comme un héros, et cette fois, il ne voudra trahir ni les personnes, ni la cause elle-même. »

Cette fois au moins, Bakounine juge bien son ancien disciple. Dans une sombre cellule de la forteresse Pierre-et-Paul, forcé à un silence total, attaché au mur par de lourdes chaînes qu'il porte aux mains et aux pieds, Netchaïeff ne perd, en effet, ni son courage ni son énergie. Pendant de longues années il observe et étudie les caractères différents de ses geôliers. Puis il réussit à leur parler. Traitant chacun selon son individualité, il gagne petit à petit leur confiance, attise leur mécontentement, les influence contre leurs supérieurs. Imperceptiblement il leur impose ainsi sa volonté. Avec beaucoup de subtilité il se sert même de la sévérité de sa détention pour s'entourer d'une atmosphère de mystère qui inspire à ses gardiens une sorte de sympathie mêlée de crainte. Son emprise sur quarante de ces hommes est à la fin complète. Ils lui obéissent aveuglement et lui fournissent tous les renseignements afin qu'il prépare son évasion.

Au début de 1881, il apprend qu'un révolutionnaire, appartenant à *La Volonté du Peuple*, est également incarcéré dans la forteresse. Il arrive à se mettre en rapport avec lui et obtient par lui une adresse par laquelle il peut communiquer avec cette organisation. On conçoit l'émotion de ses membres, lorsqu'un gendarme apporte à un des conjurés une lettre de cette forteresse Pierre-et-Paul d'où jamais aucun secret ne perce au dehors, lettre signée de Netchaïeff dont nul ne savait s'il était mort ou vivant. Le prisonnier ne s'abandonne d'ailleurs pas à des plaintes ou des professions de foi inutiles. Froidement et sans effusions sentimentales, il demande si l'organisation ne veut pas collaborer à sa libération.

Vera Figner, une des survivantes de *La Volonté du Peuple*, décrira, quarante ans plus tard, l'effet de ce message. « Il écrivit comme un révolutionnaire qui vient de sortir du rang des combattants et qui s'adresse à ses camarades restés en liberté. Cette lettre fit une impression étrange : tout ce qui s'était attaché comme une tâche sombre à la personnalité de Netchaïeff, le sang innocent qu'il avait versé, l'extorsion de fonds, l'emploi de documents compromettants à des fins de chantage, tout ce tissu de mensonges au nom du but qui justifie les moyens — tout cela avait soudain disparu. Nous vîmes un esprit qui, après de longues années de détention cellulaire, n'était ni affaibli, ni assombri, une volonté que tout le fardeau de la peine cruelle n'avait pas brisée, une énergie qui, malgré toutes les défaites, n'était pas diminuée. Nous lûmes la lettre de Netchaïeff dans une séance du Comité, et tous nous fûmes, unanimement, saisis par cette pensée : le libérer ! »

Le plan que Netchaïeff propose correspond à son ancien amour de la mystification. Ses libérateurs devraient pénétrer dans la forteresse en uniforme d'officiers, constellés de décorations, et déclarer que le tsar était renversé et que son successeur ordonnait de mettre sans délai le prisonnier en liberté. Cependant, *La Volonté du Peuple* prépare en ce moment l'attentat où Alexandre II périra. Netchaïeff reçoit donc la réponse que le Comité doit s'occuper d'abord de ce projet plus urgent, à quoi il répond tout de suite qu'il attendra.

Entre temps son plan est trahi, non pas par un des gardiens, mais par un membre de *La Volonté du Peuple*. Désormais son isolement est impénétrable. Il meurt — on le saura seulement après la Révolution de 1917 — en novembre 1882, à l'âge de trente-sept ans, de la maladie de la forteresse Pierre-et-Paul, c'est-à-dire de la famine qui empêche la plupart des prisonniers, après un mois de détention, de se tenir debout sans se cramponner au mur.

Les gardiens qui l'ont aidé sont durement punis. Mais aucun d'eux n'a pour lui un mot de reproche, ni pendant leur procès, ni après, quand ils paient en Sibérie leur faiblesse devant cet homme fascinant. « On ne pouvait pas même songer à ne pas faire ce qu'il ordonnait, dit un de ces gardiens ; il suffisait qu'il vous regarde. »

LA GRANDE DÉCEPTION

Qu'on ne pense pas que je veuille plaider la cause de l'absolue anarchie dans les mouvements populaires. Une telle anarchie ne serait autre chose qu'une absence complète de pensée, de but et de conduite commune, et elle devrait nécessairement aboutir à une commune impuissance. [...] Chaque révolution populaire qui ne sera pas mort-née se conformera donc d'elle-même à un ordre qui lui sera particulier et qui, toujours deviné par l'instinct populaire, sera déterminé par la combinaison naturelle de toutes les circonstances locales avec le but commun qui passionne les masses.

BAKOUNINE.

La menace qui pèse sur la paix de l'Europe depuis Sadowa éclate en été 1870. Devant le fait accompli, Bakounine ne perd pas un instant en vaines déclamations sentimentales. Il n'a pas souhaité la guerre où coulera surtout le sang des prolétaires, loin de là, mais, puisqu'elle est déchaînée, il faut en tirer le meilleur parti pour la révolution. En principe, Marx pense comme lui. Cependant, cette fois encore, les deux chefs de l'Internationale prennent des positions opposées.

Marx désire avant tout la défaite du bonapartisme, qui représente à ses yeux le plus grand obstacle à l'émancipation de la classe ouvrière. En outre, il tient l'Allemagne pour économiquement plus avancée que la France et l'unité allemande, qui serait la conséquence d'une victoire de la Prusse, lui semble favorable aux intérêts du prolétariat. Aussi se déclare-t-il pour la Prusse, et c'est contre sa volonté que les députés sociaux-démocrates s'abstiennent lors du vote des crédits de guerre. Il changera sa politique seulement après Sedan, lorsqu'il ne fait plus de doute que Bismarck mène contre la République française une guerre de conquête.

Bakounine ne fait aucune différence entre la France de Napoléon III et l'Allemagne de Bismarck, mais il est persuadé que le militarisme prussien est beaucoup plus fort et, par conséquent, beaucoup plus dangereux que le bonapartisme qui, depuis un certain temps déjà, s'affaiblit. L'unité allemande, sous l'hégémonie de la Prusse, n'est pas pour lui un progrès, mais une menace pour le monde entier. « La nation allemande, raisonne-t-il, [...] possède beaucoup de [...] qualités solides qui en font une nation tout à fait respectable : elle est laborieuse, économe, raisonnable, studieuse, réfléchie, savante, grande raisonneuse et en même temps amoureuse de la discipline hiérarchique, ainsi que douée d'une grande force d'expansion. [...] Mais à côté de tant d'avantages incontestables, il lui en manque un, l'amour de la liberté, l'instinct de la raison. Ils sont le peuple le plus résigné et le plus obéissant du monde. Avec cela ils ont un autre grand défaut, c'est l'esprit d'accaparement, d'absorption systématique et lente, et de domination, ce qui fait d'eux, en ce moment surtout, la nation la plus dangereuse pour la liberté du monde. »

Avec cet instinct infaillible, qui lui permet d'entrevoir tant d'évolutions postérieures, Bakounine comprend que l'Allemagne subit une profonde transformation, qui mélange son ancien romantisme avec la soif de conquêtes d'une industrie rapidement croissante. Tout ce qu'il déteste — l'idolâtrie de l'État, le centralisme, le bureaucratisme — il le trouve incarné dans la Prusse qui s'en pare comme de vertus qu'elle désire imposer à toute l'Allemagne d'abord, au monde entier ensuite.

En face de ce péril, la France lui apparaît comme le rempart de la civilisation humaine. Mais l'idée ne l'effleure même pas de se ranger du côté de Napoléon III. L'Empire représente pour lui, au contraire, un obstacle qui empêche la France d'assumer son rôle historique. Pour qu'elle puisse retrouver son vrai visage et défendre en même temps et elle-même et l'humanité, elle doit donc le plus vite possible renverser le bonapartisme et *transformer la guerre nationale en guerre révolutionnaire*. Encore une fois, il professe ainsi une idée qui, un demi-siècle plus tard, deviendra un mot d'ordre de la Révolution russe.

Bakounine développe ce programme dans les *Lettres à un Français*, qui partent du principe que le socialisme sera vaincu pour longtemps dans toute l'Europe, si la révolution sociale n'éclate pas maintenant en France. Dès le début de la guerre, des bakounistes aussi bien que des blanquistes ont essayé, dans plusieurs villes françaises, de soulever le peuple, mais leurs tentatives ont été facilement réprimées. Aussi Bakounine se félicite-t-il des défaites des armées françaises. « Les Allemands, écrit-il, viennent de rendre un immense service au peuple français. Ils ont détruit son armée. L'armée française ! cet instrument si terrible du despotisme impérial, cette unique raison d'être des Napoléons ! Tant qu'elle existait, hérissée de baïonnettes fratricides, il n'y avait point de salut pour le peuple français. Il pouvait y avoir en France des pronunciamientos comme en Espagne, des révolutions militaires, mais la liberté — jamais ! Paris, Lyon et tant d'autres cités ouvrières de la France le savent bien. Aujourd'hui cette immense armée, avec son organisation formidable, n'existe plus. La France peut être libre. Elle le sera grâce à ses frères allemands. Mais, bienfait pour bienfait. C'est maintenant le tour du peuple français de rendre le même service au peuple allemand. Malheur aux Allemands si leurs armées retournaient triomphantes en Allemagne ! c'en serait fait de toutes leurs espérances d'avenir et de leur liberté, pour au moins cinquante ans. »

Dorénavant il prêche en même temps la révolution et la guerre. Mais ce n'est pas une guerre d'armées qu'il réclame, c'est une guerre populaire, faite par des corps-francs et des partisans, sans militarisation, sans commandement unique. C'est la guérilla en permanence, menée dans chaque commune, dans chaque région par la population tout entière, pour défaire l'ennemi non seulement militairement mais aussi et surtout psychologiquement par la contagion de la Révolution. « La France comme État est perdue, déclare-t-il. Elle ne peut plus se sauver par les moyens réguliers et administratifs. C'est à la France naturelle, à la France du peuple, à entrer maintenant sur la scène de l'histoire, à sauver sa liberté et celle de l'Europe entière par un soulèvement immense, spontané, tout populaire, en dehors de toute organisation officielle, de toute centralisation gouvernementale. Et la France, en balayant de son territoire les armées du roi de Prusse, aura du même coup affranchi tous les peuples d'Europe et accompli l'émancipation sociale du prolétariat. »

Bakounine sait bien que la Révolution dans un seul pays est toujours condamnée à périr, surtout si elle se heurte, comme maintenant en France, à un envahisseur victorieux. Aussi s'efforce-t-il d'élargir le mouvement et d'entraîner l'Italie et l'Espagne, qui en sont les plus susceptibles, à s'associer à la guerre révolutionnaire. Peu lui importe les raisons pour lesquelles elles interviendraient ; il est convaincu qu'une fois entrées dans la guerre, à côté d'une France révolutionnaire, elles seraient vite gagnées par la Révolution. Mais il ne se contente pas de défendre ses idées par des écrits. Il n'est pas homme à se dérober quand il faut agir et il va à Lyon, payer de sa personne dans l'action qu'il réclame.

S'il choisit Lyon, c'est parce que les bakounistes sont ici relativement nombreux. La ville des soieries où, il y a quarante ans, naquit le premier mouvement prolétarien, lui semble, en outre, particulièrement propice à son entreprise. Car il est convaincu que le sort de la France ne se décidera pas à Paris, mais dans les grands centres provinciaux et surtout dans les campagnes. Bakounine croit que les paysans français, comme tous les paysans, sont foncièrement révolutionnaires, bien qu'ils l'ignorent eux-mêmes. La tâche qu'il se propose est donc de mettre en branle les ouvriers des villes de province pour qu'ils donnent le signal et l'exemple aux campagnes, dont le soulèvement sera la condition du salut de la France et du Monde.

L'Empire tombé, Paris encerclé, le gouvernement de la République, qui se trouve à Tours, est sans grande autorité et les communes jouissent d'une large autonomie de fait. Ainsi Lyon est gouverné par un Comité de Salut Public qui, dans le courant de septembre, se transforme cependant en conseil municipal. Parmi ses membres il y a quatre internationalistes, tous de tendance bakouniste. La majorité se compose de radicaux. Hénon, le nouveau maire de la ville, est, lui aussi, radical.

Comme l'ancienne administration a disparu et que la nouvelle n'est pas encore bien établie, la situation n'est, en effet, pas défavorable à une insurrection. Selon Bakounine, elle doit éclater comme *révolution salutaire*, pour délivrer la France des Prussiens, et se développer ensuite en révolution sociale ou, comme il dit, en *révolution de la vengeance et du désespoir*. Il se fie surtout à la spontanéité des ouvriers lyonnais qui, par surcroît, sont exaspérés par la diminution des salaires journaliers dans les chantiers nationaux, où ils ont été abaissés de trois francs à deux francs cinquante.

A cinquante-six ans, il entend donc encore une fois l'appel de la barricade et il le suit avec le même optimisme et la même décision qu'en 48 et en 62. « J'y jouerai probablement ma dernière partie », écrit-il à Adolphe Vogt auquel il demande l'argent pour le voyage, car, comme d'habitude, il est sans le sou. Quelques jours plus tard, déjà de Lyon, il écrit à Ogareff : « La véritable révolution n'a pas encore éclaté ici, mais ça viendra. On fait tout ce qui est possible pour la préparer. Je joue gros jeu. J'espère voir le triomphe prochain. »

Il est accompagné de deux amis, le Polonais Lankiéwicz et le Russe Ozéroff. Parmi les internationalistes de Lyon, il connaît particulièrement bien Palix, Albert Richard, Gaspard Blanc, Saigne et le Marseillais Bastélica. Les Lyonnais sont toutefois quelque peu effrayés par son programme qui proclame l'abolition de toutes les lois et qui veut déchaîner les instincts destructifs des masses, programme qui n'a pas varié depuis ses premières passes d'armes. Il est vrai que l'idée d'une dictature révolutionnaire ne correspond plus aux convictions qu'il a acquises depuis l'écroulement de l'insurrection polonaise ; mais ses opinions sur la stratégie de la révolution n'ont pas changé.

Sous son influence se forme un *Comité Central du Salut de la France* qui prépare l'insurrection. Le Comité est en rapport avec quelques fonctionnaires du commissariat central de la police. Un officier de la garde nationale est prêt à lui livrer un des forts de la ville. Dans un autre fort, on est en intelligence avec plusieurs gardes nationaux qui ont formé le projet fantastique de s'emparer du fort après avoir narcotisé leurs camarades. Somme toute, la préparation reste très superficielle. Les révolutionnaires sont convaincus que les masses se joindront à eux spontanément, la révolte une fois déclenchée.

Le 28 septembre, au petit jour, des affiches sont placardées dans toute la ville. En voici la teneur :

République Française
Fédération révolutionnaire des Communes

La situation désastreuse dans laquelle se trouve le pays, l'impuissance des pouvoirs officiels et l'indifférence des classes privilégiées ont mis la nation française sur le bord de l'abîme.

Si le peuple organisé révolutionnairement ne se hâte d'agir, son avenir est perdu, la Révolution est perdue, tout est perdu. S'inspirant de l'immensité du danger, et considérant que l'action désespérée du peuple ne saurait être retardée d'un seul instant, les délégués des Comités fédérés du Salut de la France, réunis au Comité central, proposent d'adopter immédiatement les résolutions suivantes :

Article I : La machine administrative et gouvernementale de l'État, étant devenue impuissante, est abolie.
Article II : Tous les tribunaux criminels et civils sont suspendus et remplacés par la justice du peuple.

Article III : Le paiement de l'impôt et des hypothèques est suspendu. L'impôt est remplacé par les contributions des communes fédérées, prélevées sur les classes riches, proportionnellement aux besoins du salut de la France.

Article IV : L'État étant déchu, ne pourra plus intervenir dans le paiement de dettes privées.

Article V : Toutes les organisations municipales existantes sont cassées et remplacées dans toutes les communes fédérées par des Comités du Salut de la France, qui exerceront tous les pouvoirs sous le contrôle immédiat du peuple.

Article VI : Chaque Comité de chef-lieu de département enverra deux délégués pour former la Convention révolutionnaire du Salut de la France.

Article VII : Cette Convention se réunira immédiatement à l'Hôtel de Ville de Lyon, comme étant la seconde ville de France et la plus portée à pourvoir énergiquement à la défense du pays.

Cette Convention appuyée par le peuple entier, sauvera la France.

Aux Armes ! ! !

Le manifeste de la *Fédération révolutionnaire des Communes* — fédération tout à fait imaginaire — est signé par les bakounistes du *Comité central du Salut de la France*, donc aussi par Bakounine. Il se rend parfaitement compte que la signature d'un étranger en bas d'un tel document peut causer des interprétations fâcheuses, mais il ne veut pas reculer devant une responsabilité qui représente le plus grand risque. Les autres pensent au surplus que dans une entreprise révolutionnaire le nom de Bakounine est un atout.

Le même jour, vers midi, un cortège de quelques milliers d'ouvriers, en partie armés, marche des faubourgs vers le centre de la ville. Le *Comité central du Salut de la France* est à sa tête. Les manifestants s'arrêtent devant l'Hôtel-de-Ville. En réalité, leurs intentions ne sont pas celles d'émeutiers ; ce qu'ils désirent surtout, c'est le rétablissement du salaire de trois francs dans les chantiers nationaux. Une délégation de seize ouvriers pénètre donc dans l'édifice pour présenter leurs revendications. Bakounine et ses amis vont avec eux. Cependant, le conseil municipal ne tient pas séance. Les intrus, ne rencontrant personne, se trouvent ainsi tout à coup maîtres de l'Hôtel-de-Ville. Du balcon, Saigne harangue alors la foule et proclame la destitution du conseil municipal.

Entre temps des gardes nationaux bourgeois arrivent et occupent la cour de l'Hôtel-de-Ville. Saigne et Palix appellent le peuple au secours, et les gardes nationaux bourgeois sont vite désarmés, sans aucune résistance. Dès maintenant le Comité se constitue en pouvoir public et s'installe dans la salle des séances. Il nomme Cluseret, qui jouera plus tard un rôle dans la Commune de Paris, Général des Forces du Midi.

Bakounine essaie en vain de pousser l'action plus loin ; il conseille d'ameuter les masses et d'arrêter les adversaires, mais il n'est pas suivi. Les membres du Comité s'occupent plutôt à faire des discours ou à rédiger des ordonnances. Ils se bornent à dépêcher Cluseret dans les quartiers prolétaires de la Guillotière et de la Croix-Rousse, pour rassembler les gardes nationaux ouvriers. Cependant Cluseret, qui veut éviter une lutte sanglante, exhorte bien les ouvriers à venir, mais sans armes.

Ils arrivent en même temps que les gardes nationaux des quartiers bourgeois. Les deux partis sont ainsi face à face. Toutefois, le combat ne s'engage pas. Par contre, on laisse entrer les conseillers municipaux dans l'Hôtel-de-Ville et le Comité parlemente avec eux. Cluseret désire un compromis ; et Albert Richard et Gaspard Blanc sont même de connivence avec le parti bonapartiste, auquel, un peu plus tard, ils adhèrent publiquement. A la fin, le Comité évacue l'Hôtel-de-Ville contre la promesse que le salaire dans les chantiers nationaux sera fixé à trois francs par jour et qu'il n'y aura pas de poursuites. L'insurrection de Lyon est terminée.

Lorsque le maire Hénon rentre à l'Hôtel-de-Ville, il aperçoit Bakounine dans la salle des Pas-Perdus. Il le fait arrêter par les gardes nationaux bourgeois, qui occupent déjà l'édifice et le fait enfermer dans le sous-sol. Heureusement, Ozéroff remarque son absence. Ayant découvert sa prison provisoire, il le libère avec l'aide d'une compagnie de francs-tireurs qui se trouve encore sur la place des Terreaux. L'Hôtel-de-Ville que Bakounine quitte, est déjà vide. C'est un soir morne, triste et brumeux qui achève cette journée du 28 septembre, commencée avec tant d'espoirs.

Bakounine est seul dans la chambre d'un ouvrier qui le cache. Le lendemain il partira pour Marseille. Il ne lui reste plus qu'à écrire une lettre d'adieu aux amis. « Je quitte Lyon, écrit-il à Palix, le cœur lourd de tristesse et de sombres pressentiments. Je commence à penser que c'est fini avec la France, elle deviendra un vice-royaume de l'Allemagne. Son socialisme vivant et réel sera remplacé par le socialisme doctrinaire des Allemands. [...] L'intelligence bureaucratique et militaire de la Prusse, unie avec le knout du tsar de Pétersbourg, assureront la tranquillité et l'ordre public sur tout le continent européen pour au moins cinquante ans. Adieu liberté, adieu socialisme, justice pour le peuple et triomphe de l'humanité ! Tout cela aurait pu résulter du malheur actuel de la France, [...] si le peuple de France, le peuple de Lyon avait voulu. »

Ce n'est pas sa première défaite. Dans sa vie mouvementée il a connu d'autres heures de détresse où la mélancolie qui est au fond de son être l'emportait. Jamais cependant le désespoir ne l'a si profondément ébranlé que durant cette dernière nuit qu'il passe à Lyon. Albert Richard est un traître et peut-être un mouchard. Les autres se sont révélés incapables et lâches. Les paysans n'ont pas bougé et les ouvriers eux-mêmes n'ont montré aucune vraie passion révolutionnaire. Avec une clairvoyance terrible il comprend qu'avec la défaite de la France et du socialisme français une longue période de réaction commence, qu'une époque est finie et qu'un avenir s'annonce où la spontanéité sera étouffée par l'encadrement autoritaire de toutes les forces aussi bien matérielles que spirituelles.

Certes, il n'est pas un ennemi de l'organisation et il voit parfaitement quelle part de la défaite de Lyon incombe à une préparation insuffisante qui laissait trop à l'improvisation ; mais il reste convaincu que les vrais ressorts d'une révolution sont la volonté, le courage et l'abnégation. Hélas ! cette fois il est trop vieux pour tirer la leçon pratique de cette insurrection échouée. Il ne verra plus marcher les paysans de France, de Russie et du Monde sous le drapeau rouge. Les années qui lui restent encore et même celles de la génération suivante seront marquées par la puissance et l'esprit de « l'empire knouto-germanique »... Ce n'est pas seulement un vaincu, c'est un homme brisé qui quitte Lyon, effondré par un coup dont jamais il ne se relèvera.

Pendant un mois Bakounine se cache à Marseille. Il espère encore faiblement que la révolution éclatera dans la capitale du Midi et même que les Lyonnais répèteront d'une façon plus heureuse leur insurrection manquée. Mais Lankiéwicz, qu'il envoie à Lyon, est arrêté en cours de route et la police trouve sur lui un code secret avec les noms de nombreux révolutionnaires. Bakounine lui-même est poursuivi par le gouvernement de Tours sous l'accusation calomnieuse d'être un espion prussien. Ni le maire de Marseille, le radical Esquiros, ni le commandant de la garde républicaine Gavard (après le soulèvement du 25 mars 1871 à Marseille il sera condamné à la déportation perpétuelle) ne sont enclins à exécuter le mandat d'arrêt ; mais ils n'ont pas la possibilité de le protéger contre les agents spéciaux de Tours et de Lyon qui le recherchent. Au surplus, il voit bien que les préparatifs révolutionnaires à Marseille sont encore moins avancés qu'ils ne le furent à Lyon.

Comprenant que dans ces conditions son séjour en France n'a plus aucun sens, il se décide à partir. « Je n'ai plus aucune foi dans la Révolution en France, écrit-il à un ami. Ce peuple n'est plus révolutionnaire du tout. Le peuple lui-même y est devenu doctrinaire-raisonneur et bourgeois comme les bourgeois. » Cependant, il n'a pas d'argent pour le voyage ; pour vivre il est obligé de vendre son revolver. Enfin il reçoit cent francs d'Ogareff.

Il veut d'abord aller à Barcelone où il a des partisans fidèles et où il pense pouvoir faire encore quelque chose. Mais les amis de Marseille le persuadent de retourner à Locarno. La barbe et les cheveux coupés, les yeux cachés derrière des lunettes bleues, il est conduit, avec toutes sortes de précautions, à un bateau dont le capitaine est un camarade et qui le mène à Gênes. L'homme qui rentre en Suisse est un vieillard épuisé. Pourtant, sa vie orageuse est encore loin de l'accalmie.

A Locarno, il touche le fond de la misère. Au moins a-t-il Antonia à côté de lui qui, dans la pire détresse, se montre une compagne dévouée. C'est elle qui écrit : « La question économique l'accable tellement qu'il perd toute son énergie et se tue moralement ; et tout cela après avoir sacrifié sa vie à la liberté et à l'humanité, s'oubliant lui-même. Ses frères sont restés toujours indifférents, inactifs, jusqu'au crime. M. B. pense obliger ses frères à lui donner sa part de son héritage. » Et une lettre à Ogareff, où elle le supplie de leur venir en aide, se termine ainsi : « Excusez aussi si je vous l'envoie non affranchie ; actuellement nous sommes littéralement sans le sou. » Quoiqu'on puisse reprocher à Antonia, elle est loyale ; malgré son amour pour un autre, elle n'abandonne pas son mari, dont la personnalité lui inspire autant de respect que son œuvre.

Bakounine se trouve à Locarno, lorsque la Révolution qu'il a tant attendue éclate à Marseille, où Youkovsky et Mroczkovsky sont parmi les combattants, à Brest, à Rouen, à Saint-Étienne et encore une fois à Lyon. Mais ces soulèvements, plus ou moins vite étouffés, accompagnent seulement un événement qui illumine le monde, comme une torche immense : la Commune de Paris.

Pour Bakounine la Révolution est perdue, puisque les paysans sont restés à l'écart et que les mouvements dans les grands centres provinciaux ont échoué. Aussi n'a-t-il aucune part dans l'insurrection de Paris. La Commune est néanmoins fille de son esprit. Les membres les plus actifs du *Comité des Vingt arrondissements* et ensuite du *Comité central de la garde nationale* — Varlin, Malon, Pindy — sont des bakounistes, et les circonstances poussent même les républicains « jacobins », bien qu'ils représentent la grande majorité des fédérés, à adopter des idées bakouniennes.

La Commune, la première révolution où le prolétariat en tant que classe se dresse contre la bourgeoisie, est en réalité un mouvement

anarchiste ; et Bakounine a parfaitement raison lorsqu'il proclame :
« Le socialisme révolutionnaire vient de tenter une première
manifestation éclatante et pratique dans la Commune de Paris.
Je suis un partisan de la Commune de Paris qui, pour avoir été
massacrée, étouffée dans le sang par les bourreaux de la réaction
monarchique et cléricale, n'en est devenue que plus vivante,
plus puissante dans l'imagination et dans le cœur du prolétariat
de l'Europe ; j'en suis le partisan, surtout parce qu'elle a été une
négation audacieuse, bien prononcée, de l'État. »

Les conceptions de Marx n'ont que très peu de partisans à
Paris. Son centralisme est d'ailleurs en contradiction flagrante
avec le programme fédéraliste des Communards. La tentative de
Bakounine de soulever la province ne lui a inspiré que du mépris
et il raille la lutte de son adversaire contre l'État qui « reparut à
Lyon sous forme de gendarmes ». (Engels, après Sedan, avait même
envoyé à Gambetta des plans stratégiques pour la guerre contre la
Prusse). Au fond, Marx est en désaccord avec les Parisiens aussi
bien sur l'insurrection même, dont il trouve le moment mal choisi,
que sur leur programme et sur leur tactique. Il ne se réclamera de
la Commune qu'après sa fin et, dans des phrases où il retrouve
les accents lyriques des œuvres de sa jeunesse, il va jusqu'à
déclarer qu'elle représente « la forme politique enfin découverte
sous laquelle l'émancipation économique du travail pouvait être
réalisée ». C'est en partant de cet ouvrage que Lénine développera
sa théorie du marxisme qui, en fait, porte ainsi l'empreinte de
nombreuses idées bakouinistes.

Dès le début Bakounine est aussi certain que Marx que les
fédérés seront battus. Mais tandis que Marx désire un compromis
avec les Versaillais, lui préfère une défaite héroïque. « Quel
qu'en puisse être le résultat, il faut avouer cependant qu'ils sont
braves. Cette force que nous avons vainement cherchée à Lyon et
à Marseille s'est trouvée à Paris ; il y a là une organisation et des
hommes déterminés à marcher jusqu'au bout. […] Selon toutes
probabilités, les Parisiens seront vaincus, mais ils ne périront pas
inutilement ; ils auront fait beaucoup de besogne. Qu'ils fassent

sauter Paris même s'il le faut ! […] Ce qui donne de la valeur à cette Révolution, c'est précisément qu'elle a été faite par la classe ouvrière. »

Au printemps 1871, Bakounine est chez les Jurassiens auxquels dans son découragement il n'avait même pas écrit. Dans plusieurs conférences il explique à ses auditeurs la nécessité d'une organisation solide, sans laquelle les plus grandes vertus révolutionnaires resteraient vaines et inefficaces. Les succès éphémères de la Commune sont pour lui une preuve définitive de ce que l'organisation peut donner au prolétariat et dont il avait si douloureusement regretté l'absence à Lyon et à Marseille.

Mais, déjà, la victoire est assurée aux Versaillais et la Commune meurt dans les massacres de la Semaine Sanglante. Elle périt comme si Bakounine avait été à sa tête et comme il le désirait, en combattant jusqu'à la dernière cartouche, à la lueur du feu des édifices incendiés. Ce sont bien ses disciples qui tombent, la tête haute, sous les balles des pelotons d'exécution, laissant l'héritage de leur sacrifice aux générations futures. Lorsque les nouvelles de la tragédie qui s'accomplit au *Mur des Fédérés* arrivent au Locle, Guillaume s'écroule en sanglotant. Mais Bakounine, si profondément qu'il éprouve la tristesse de la défaite et la douleur sur le sang versé des trente mille victimes, ne peut pas se défendre d'un sentiment de fierté. « A la bonne heure ! s'écrie-t-il, ce sont des hommes ! »

C'est à Marseille que Bakounine a commencé à écrire l'*Empire Knouto-Germanique*, son premier et dernier livre comme il dit, et dont la première livraison est achevée, lorsque la Commune est anéantie. Ainsi le livre reflète-t-il toutes les idées éveillées en lui par les événements de 1871.

Encore une fois il y professe sa conviction que seule une victoire du peuple français peut sauver le monde d'une longue domination de la réaction, représentée par l'Allemagne et la Russie ; de nouveau il attaque violemment la bourgeoisie française qui préfère la conservation de ses biens à celle du territoire national. Même le suffrage universel, appliqué par le gouvernement provisoire, lui paraît une mesure contre-révolutionnaire. Car « le suffrage universel, tant qu'il sera exercé dans une société où le peuple, la masse des travailleurs, sera économiquement dominée par une minorité détentrice de la propriété et du capital [...], ne pourra jamais produire que des élections illusoires, anti-démocratiques et absolument opposées aux besoins, aux instincts et à la volonté réelle des populations. »

« Si l'on veut établir entre les hommes une sincère et complète communauté de pensées et de volonté, dit-il plus loin, il faut les fonder sur les mêmes conditions de la vie, sur la communauté des intérêts. » Mais cette communauté, on ne pourrait pas la réaliser avec l'État ou par l'État, oppresseur et exploiteur par excellence. « Le moyen et la condition sinon le but principal de la révolution, c'est l'anéantissement du principe de l'autorité dans toutes ses manifestations possibles, c'est l'abolition complète de l'État politique et juridique, parce que l'État [...] est la consécration historique de tous les despotismes, de tous les privilèges, la raison politique de tous les asservissements économiques et sociaux, l'essence même et le centre de toute réaction. Lorsqu'au nom de la révolution, on veut faire de l'État ne fût-ce que de l'État provisoire, on fait de la réaction et on travaille pour le despotisme, non pour la liberté ; pour l'institution du privilège contre l'égalité. » Et il résume toute la portée qu'il attribue à la révolution sociale dans ces mots : « Une fois l'État aboli, la consécration juridique et politique, la garantie de la propriété par l'État [...] manquera. La propriété ne sera plus un droit, elle sera réduite à l'état d'un simple fait. »

Abolir l'État, chasser tous les fonctionnaires aussi bien que les grands propriétaires et les curés, c'est aussi, d'après Bakounine, le plus sûr moyen de gagner à la Révolution les paysans qui, haïssant tous les gouvernements, sont foncièrement antiétatistes. Et il préconise les soviets de village dans ces termes : « La municipalité légale doit être remplacée par un comité révolutionnaire, formé d'un petit nombre de paysans les plus énergiques et les plus sincèrement convertis à la Révolution. [...] Mais avant de constituer ce comité, il faut avoir produit une conversion réelle dans les dispositions sinon de tous les paysans, au moins de la grande majorité. Il faut que cette majorité se passionne pour la Révolution. Comment produire ce miracle ? Par l'intérêt. Le paysan français est cupide, dit-on ; eh bien, il faut que sa cupidité elle-même s'intéresse à la Révolution. Il faut lui offrir et lui donner, immédiatement, de grands avantages matériels. »

Mais le sens le plus clair de l'*Empire Knouto-Germanique* ressort de ses réflexions sur la nouvelle Allemagne, réflexions qui ont la valeur d'une prophétie. « Il y a à peine cinq ans, constate Bakounine, que parmi les cinq grandes puissances de l'Europe, la Prusse était considérée comme la dernière. Aujourd'hui elle veut devenir et, sans doute, elle va devenir la première. Et gare alors à l'indépendance et à la liberté de l'Europe ! Gare aux petits États surtout, qui ont le malheur de posséder en leur sein des populations germaniques ! »

Bakounine entrevoit les visées du pangermanisme naissant sur l'Autriche, les parties flamandes de la Belgique, la Hollande, la Suisse allemande, le Danemark, revendications qui seraient justifiées par une prétendue mission de l'Allemagne de civiliser les peuples et de les rendre heureux. Il se déclare, par contre, convaincu que l'Allemagne et la Russie, en dépit de leur antipathie réciproque, resteront encore longtemps alliées, et par l'affinité de leurs régimes et à cause de la Pologne qu'elles oppriment toutes les deux. Mais, déjà, il voit un point faible dans cette amitié : la question des provinces baltiques de la Russie que l'Allemagne désire annexer et qui ne sont, cependant, ni allemandes ni russes. D'après lui il faudrait les rendre à leurs populations autochtones et les incorporer dans une fédération scandinave. Encore une fois, il anticipe ainsi une solution postérieure, dépassant et complétant les traités de 1919.

Pour Bakounine il n'existe rien de plus réactionnaire que la bourgeoisie allemande, la seule au monde qui, à travers les siècles, ne se soit jamais révoltée contre une domination quelconque. « La bourgeoisie allemande, déclare-t-il, n'a jamais aimé, compris ni voulu la liberté. Elle vit dans sa servitude, tranquille et heureuse comme un rat dans son fromage, mais elle veut que le fromage soit grand. De 1815 jusqu'à nos jours elle n'a désiré qu'une seule chose [...] avec une passion persévérante, énergique et digne d'un plus noble objet. Elle a voulu se sentir sous la main d'un maître puissant, fût-il un despote féroce et brutal, pourvu qu'il puisse lui donner [...] ce qu'elle appelle sa grandeur nationale, pourvu qu'il fasse trembler tous les peuples, y compris le peuple allemand. »

Bakounine reconnaît que les paysans allemands, asservis depuis leur Révolution de 1525, la seule que l'Allemagne ait connue, sont encore attachés à la politique de leurs maîtres. Par contre, il rend hommage aux ouvriers allemands, qui sont en train de devenir une véritable puissance. Il oublie même les calomnies de Wilhelm Liebknecht et glorifie l'action de son adversaire comme celles des autres chefs sociaux-démocrates contre la guerre de conquête faite à la France. Il reproche toutefois à la social-démocratie de se laisser égarer par le rêve d'un nouvel État ouvrier qui ne pourrait être que national, patriotique et pangermanique. Et dans une vision vraiment prophétique, il prévoit le sort du parti ouvrier allemand. « Ils espèrent [...] que par la voie d'une agitation légale d'abord, suivie plus tard d'un mouvement révolutionnaire [...], ils parviendront à s'en emparer (de l'État) et à le transformer dans un État purement populaire. Cette politique [...] illusoire et désastreuse imprime [...] à leur mouvement un caractère réformateur et non révolutionnaire. [...] Cette politique offre encore un autre désavantage [...] : c'est de mettre le mouvement socialiste des travailleurs [...] à la remorque du parti de la démocratie bourgeoise. [...] C'est une alliance pernicieuse sous tous les rapports. »

C'est dans une note de l'*Empire Knouto-Germanique* que Bakounine polémique pour la première fois contre Marx, d'ailleurs d'une façon fort courtoise. Marx a écrit un article dans lequel il déclare que, si l'Allemagne n'est pas encore une démocratie, la faute en est surtout à la Russie dont l'influence pèse sur elle. Bakounine conteste cette affirmation. D'après lui, c'est plutôt la Russie qui doit toute son éducation politique et même sa dynastie à l'Allemagne ; si l'Allemagne avait réellement emprunté quelque chose à la Russie officielle, déclare-t-il, ce ne pourrait être que par penchant ou par goût. Au surplus, le peuple russe n'aurait pas cette vertu de résignation dont le peuple allemand paraît si doué. Et Bakounine évoque les révoltes des paysans russes et les nombreuses conspirations auxquelles étaient mêlée de jeunes aristocrates. « Que […] les patriotes allemands […] veuillent bien me dire s'il y a jamais eu en Allemagne beaucoup de nobles et d'étudiants en théologie qui aient conspiré contre l'État pour l'émancipation du peuple » s'écrie-t-il. Et plus loin : « D'où vient donc[…] cette absence de sentiments libéraux et démocratiques dans la noblesse, dans le clergé […], dans la bourgeoisie de l'Allemagne ? C'est que dans toutes ces classes respectables, représentantes de la civilisation allemande, le servilisme n'est pas seulement un fait naturel […], il est devenu un système, une science, une sorte de culte religieux et à cause de cela […] une maladie incurable. »

Bakounine se dit convaincu que la Révolution sociale est plus proche en Russie qu'en Allemagne et il demande à Marx de ne pas céder à la vanité nationale en attribuant les causes de la servitude allemande à une influence étrangère, mais d'employer « son érudition immense » à les chercher en Allemagne même.

Cette polémique aigre-douce n'est cependant qu'un intermezzo dans le grand drame qui oppose les deux antagonistes. Jusqu'ici ils ne se sont pas encore affrontés ouvertement. Mais la lutte entre eux ne tardera pas à entrer dans sa phase décisive. Si las que soit Bakounine, il est forcé de livrer bataille ; ce sera la plus dure de sa vie et il n'aura pas à y défendre seulement ses opinions et son influence, mais aussi son honneur.

TROIS DOCTRINES — TROIS ENNEMIS

> *Je suis un partisan convaincu de l'égalité économique et sociale, parce que je sais qu'en dehors de cette égalité, la liberté, la justice, la dignité humaine, la moralité et le bien-être des individus aussi bien que la prospérité des nations ne seront jamais rien qu'autant de mensonges. [...] Je pense que l'égalité doit s'établir dans le monde par l'organisation spontanée du travail et de la propriété collective des associations productrices libéralement organisées et fédéralisées dans les communes, mais non par l'action suprême et tutélaire de l'État.*
>
> BAKOUNINE.

On ne peut nommer Marx et Bakounine, sans leur associer la troisième grande figure qui, avec eux, domine les mouvements révolutionnaires du XIXᵉ siècle : celle de Giuseppe Mazzini. Comme eux, Mazzini est un chef-né ; comme eux, il s'impose aussi bien par son génie que par son intégrité ; comme eux, il est d'une énergie infatigable et d'une continuité d'action qui ne se relâche jamais. Plus âgé que Marx et Bakounine, il a connu les souffrances de la prison, lorsque les deux autres étaient encore des adolescents. En 1849, il a été un des triumvirs et le véritable chef de l'éphémère République Romaine. Depuis, il vit, lui aussi, dans l'exil, conspirant sans cesse pour la liberté et l'unité de son Italie, revendications qui se sont réalisées enfin sans lui et même contre lui. Le sort des trois révolutionnaires s'enchevêtre et se ressemble jusqu'à leur fin : ils mourront à peu près en même temps, loin de leurs patries, déçus et presque seuls, sans avoir vu la victoire dont ils rêvent leur vie durant. Leurs ombres, cependant, planeront encore sur le siècle futur.

Mazzini, Marx et Bakounine représentent, en effet, trois types d'homme, de même qu'ils incarnent trois doctrines. La révolution possède en Mazzini le démocrate, son prêtre ; en Marx, le socialiste, son savant ; en Bakounine, l'anarchiste, son soldat. Pour Mazzini la révolution est une religion, pour Marx une science, pour Bakounine une mystique. Selon la philosophie de Mazzini, Dieu et l'État se complètent, puisque Dieu s'identifie avec l'idéal, l'État avec la réalité ; la révolution est, selon ce concept, le moyen de créer la république démocratique, c'est-à-dire la seule forme de l'État qui correspond à l'idéal et dans laquelle, par conséquent, Dieu se manifeste. Marx, par contre, considère la révolution comme une nécessité pour libérer les forces économiques que la société capitaliste a déjà développées dans son propre sein. Bakounine, enfin, voit dans la révolution une explosion de forces humaines pour conquérir la liberté.

Mazzini a la foi qui marque la première moitié du XIXᵉ siècle. La confiance de Marx en l'omnipotence de la science reflète les idées de la deuxième moitié. Bakounine qui croit que tout naît des remous obscurs des masses sort de ce siècle qui s'est fié d'abord à la raison, ensuite à la foi, puis à la science. Sa conception d'un élan instinctif s'apparente déjà aux idées maîtresses du XXᵉ siècle. Ainsi déclare-t-il : « La science, c'est la boussole de la vie ; mais ce n'est pas la vie. La vie seule crée les choses et les êtres réels. La science ne crée rien. Elle constate et reconnaît seulement les créations de la vie. […] On peut dire des hommes de science, comme tels, ce que j'ai dit des théologiens et des métaphysiciens : ils n'ont ni sens ni cœur pour les êtres individuels et vivants. Ils ne peuvent prendre intérêt qu'aux généralités. » Et il ajoute : « Puisque sa propre nature (celle de la science) la force à ignorer l'existence de Pierre et de Jacques, il ne faut jamais lui permettre, ni à elle ni à personne en son nom, de gouverner Pierre et Jacques. Ce que je prêche, c'est donc, jusqu'à un certain point, la révolte de la vie contre la science, ou plutôt contre le gouvernement de la science. » Si Bakounine est par conséquent aussi loin de la théologie politique de Mazzini que de la politique scientifique de Marx, il partage avec Mazzini les méthodes de la conspiration, avec Marx le but de la révolution sociale.

Mazzini et Marx sont des ennemis déclarés depuis toujours. Les relations de Mazzini et Bakounine sont, sinon cordiales, du moins empreintes d'un profond respect réciproque. Il est vrai qu'elles sont quelque peu troublées par l'activité de Bakounine en Italie que Marx a suivie avec une approbation narquoise. Mais maintenant Mazzini attaque la Commune, ainsi que l'Internationale dans laquelle il voit l'instigatrice de la Révolution parisienne. Alors Bakounine lui répond.

Ce n'est pas seulement un débat théorique. Comme Bakounine l'a prévu, la fin héroïque de la Commune enraye pour un certain temps le mouvement ouvrier en France, mais le renforce dans tous les autres pays. Cet essor n'est peut-être nulle part plus grand qu'en Italie. Un peu partout dans la péninsule se forment des organisations prolétariennes qui, tout en adoptant le programme des bakounistes, adhèrent à l'Internationale. Or, si Mazzini ne s'occupe pas uniquement de l'Italie, son intérêt principal revient à sa patrie. Maintenant il voit une nouvelle force révolutionnaire surgir à l'horizon, se dressant contre toutes ses idées et le menaçant jusque dans les rangs de son propre parti. Nombre de républicains italiens reconnaissent que son programme est périmé ; la jeunesse surtout qui, pendant quarante ans, est allée à la mort et dans les prisons, le nom de Mazzini aux lèvres, l'abandonne. Garibaldi lui-même, son grand rival, déclare : « L'Internationale est le soleil de l'avenir ! »

Mazzini considère la propriété individuelle comme la base de l'État voulu de Dieu. Aussi s'en prend-il avant tout au matérialisme de l'Internationale, ce matérialisme qui est à ses yeux la racine de tout le mal.

« Ce n'est pas de gaieté de cœur, écrit Bakounine, qu'on peut se décider à attaquer un homme comme Mazzini, un homme qu'on est forcé de révérer et d'aimer même en le combattant, car il est une chose que personne n'oserait mettre en doute, c'est le haut désintéressement, l'immense sincérité et la non moins immense passion pour le bien de cet homme, dont la pureté incomparable brille de tout son éclat au milieu de la corruption du siècle. » Puis il défend le matérialisme. « Nous appelons *matériel* tout ce qui est, tout ce qui se produit dans le monde réel, dans l'homme aussi bien qu'en dehors de l'homme, et nous appliquons le nom d'*idéal* exclusivement aux produits de l'action cérébrale de l'homme ; mais comme notre cerveau est une organisation tout à fait matérielle et que par conséquent tous les fonctionnements en sont aussi matériels […], il en résulte que ce que nous appelons la matière ou le monde matériel […] embrasse infailliblement l'idéal. » Et Bakounine fait observer à Mazzini que les Versaillais étaient des soi-disant idéalistes, des défenseurs de la religion, de l'État et de la propriété, tandis que les Communards, matérialistes et athées, se sacrifiaient pour un idéal. Mazzini, conclut-il, en se joignant aux ennemis des revendications légitimes et de l'organisation internationale des ouvriers, « a définitivement rompu avec la Révolution et a pris place dans l'internationale réaction ».

Marx est enchanté de cette *Réponse d'un Internationaliste*, à laquelle Mazzini d'ailleurs ne réplique pas. Marx croit d'abord que l'auteur de la brochure est Cafiero et il est très étonné en apprenant que c'est Bakounine.

Les succès de l'Internationale en Italie causent pourtant une satisfaction fort mélangée au Conseil Général. Engels avait espéré trouver un délégué italien dans la personne de Carlo Cafiero, jeune homme de famille riche, destiné à devenir diplomate, qui à Londres se convertit au socialisme. Mais précisément les lettres d'Engels avec leurs invectives contre Bakounine ont éveillé chez Cafiero la curiosité de connaître l'objet de ces fulminantes attaques. Il a rencontré Bakounine et, comme tant d'autres, il a subi tout de suite son ascendant. Désormais il est un des bakounistes les plus dévoués et les plus capables, et les marxistes ne trouvent pas même un représentant de quelque envergure en Italie.

Marx craint de plus en plus que la direction de l'Internationale ne lui échappe. Quantité de fédérations sont déjà gagnées à l'anarchisme et leur nombre s'accroît toujours. Il est décidé à en finir. L'influence de Bakounine sur la classe ouvrière lui semble plus dangereuse que la scission et même la ruine de l'Internationale.

Contre le gré des anarchistes, le Conseil Général ne croit pas utile de convoquer un congrès de l'Internationale en 1871. En revanche, il réunit une conférence à laquelle les Jurassiens ne sont pas représentés. Des vingt-trois délégués qui y participent, pas moins de treize sont mandatés par le Conseil Général. Aussi la conférence se contente-t-elle de voter les lignes générales d'une résolution à laquelle le Conseil Général donne plus tard sa forme définitive. Cette résolution est dirigée surtout contre les Jurassiens. Elle déclare que la lutte du prolétariat pour son émancipation est une lutte politique qui doit viser à la prise du pouvoir. Elle donne en outre au Conseil Général un droit de contrôle sur toutes les organisations et sur toute la presse de l'Internationale, ce qui restreint beaucoup l'autonomie des fédérations.

Cependant, la Conférence de Londres n'est un succès pour Marx qu'en apparence. Il n'a pas seulement les anarchistes contre lui, dans ses propres rangs aussi la révolte gronde autour de lui. Il a réussi, tant bien que mal, à faire élire Engels, qui vient de se retirer de ses affaires, comme membre du Conseil Général ; mais Engels, qui a été jusqu'alors industriel à Manchester, est considéré par beaucoup d'ouvriers comme un représentant de la classe ennemie, et dès son entrée dans le Conseil Général s'y installe la discorde.

Le prolétariat anglais se désintéresse d'ailleurs de plus en plus de l'Internationale ; ses revendications en partie satisfaites, notamment dans la question du suffrage universel et de la journée de neuf heures, il se détourne de toute agitation révolutionnaire et cherche son salut dans un réformisme qui, dans l'action politique, se met délibérément à la remorque des libéraux. Le grand appui du marxisme devient désormais le parti ouvrier allemand, décidé à conquérir le pouvoir, mais uniquement dans la légalité et par le bulletin de vote. Les sociaux-démocrates se réclament de Marx, et son influence sur eux est plus grande que sur tout autre parti, bien qu'il ne soit pas du tout d'accord avec l'État populaire qui est leur but. Cependant, enfermé dans la légalité, le parti ouvrir allemand nie publiquement être en rapport avec l'Internationale.

Les internationalistes français qui, après la chute de la Commune, sont assez nombreux à Londres, exercent pour toutes ces raisons une grande influence dans le Conseil Général. Or, les révolutionnaires français sont ou bien des bakounistes ou bien des blanquistes. Mais les organisations bakounistes que les réfugiés fondent aussi bien à Londres qu'à Genève ne sont pas même admises dans l'Internationale. Marx est donc obligé de chercher l'alliance des blanquistes qui sont bien pour la lutte politique, pour le centralisme et pour la conquête du pouvoir, mais contre l'action de grands partis et pour la conspiration de minorités décidées, ce que Marx abhorre.

Les forces de Bakounine se recrutent dans les organisations espagnoles, italiennes et belges, et surtout chez des Jurassiens qui, après la conférence de Londres, se constituent en une Fédération Jurassienne de l'Internationale. Les petites villes du Jura deviennent dorénavant le véritable centre des anarchistes qui, du monde entier, viennent ici en pèlerinage. Ainsi y séjournent, quelquefois seuls, quelquefois ensemble, Pierre Kropotkine et les frères Reclus, Benoît Malon et Jules Guesde, Carlo Cafiero, Enrico Malatesta et Andrea Costa, le futur fondateur du parti socialiste italien, pour retremper leur foi parmi les montagnards de ce coin perdu de la Suisse.

Comme celle des marxistes, la position des anarchistes se dessine dès maintenant nettement. Ils ne sont pas seulement contre l'État, mais même contre toute action qui tient compte de l'État et surtout contre toute participation aux élections. En rejetant jusqu'à la notion d'un pouvoir établi, ils renoncent par conséquent à sa conquête et ne recherchent l'émancipation du travail que dans la lutte économique et révolutionnaire. Il est vrai que les anarchistes eux aussi, trouvent des alliés qui les suivent plus par tactique que par principe. Une partie des fédérations hollandaises et anglaises sont en effet d'accord avec eux pour réduire le Conseil Général à un simple bureau de correspondance et de statistique, sans que l'autonomie signifie pour ces fédérations une adhésion au programme bakouniste.

Bien que chacun des deux blocs adverses ne soit pas homogène, ils représentent, somme toute, deux conceptions de l'action ouvrière diamétralement opposées : d'un côté, le centralisme, le parti politique qui se sert de tous les moyens légaux, la conquête de l'État et sa lente transformation ; de l'autre côté, le fédéralisme, le syndicat qui se moque de la légalité, l'action directe et l'abolition immédiate de l'État. Les anarchistes affirment souvent que dans ce différend ils représentent l'esprit latin, spontané et multiforme, contre l'esprit germanique, systématique et uniforme. Les marxistes assurent que leur théorie correspond à l'état des pays économiquement plus avancés tandis que celle de leurs adversaires reflète les conditions et l'état d'esprit des pays arriérés.

Comme au concile de l'Église catholique, cette lutte se réduit quelquefois à des interprétations de textes. Les anarchistes se tiennent à cette phrase du programme de l'Internationale : « L'émancipation économique des travailleurs est le grand but auquel tout mouvement politique doit être subordonné. » Les marxistes déclarent qu'il faut lire : « L'émancipation économique des travailleurs est le grand but auquel tout mouvement politique doit être subordonné *comme moyen* » et que les deux mots *comme moyen*, qui changent pourtant tout le sens, sont omis dans l'édition française, soit par mégarde, soit par égard aux lois de l'Empire.

Les deux partis aux prises ne se contentent naturellement pas d'arguments impersonnels. Mais Bakounine ne manque pas, même dans ses attaques les plus violentes, de rendre justice aux mérites de son adversaire. « Marx, écrit-il, n'est pas un homme ordinaire. C'est une intelligence supérieure, un homme d'une science très vaste, surtout dans les questions économiques, et, de plus, un homme qui à ma connaissance, depuis 1845, l'époque de ma première rencontre avec lui à Paris, a toujours été sincèrement, entièrement dévoué à la cause de l'émancipation du prolétariat, cause à laquelle il a rendu d'inestimables services, qu'il n'a jamais trahi sciemment, mais qu'il compromet sans cesse aujourd'hui par sa vanité formidable, par son caractère haineux, malveillant et par ses tendances à la dictature au sein même du parti des révolutionnaires-socialistes. »

S'il y a dans ces paroles — et il en est de même dans toutes les polémiques de Bakounine — au moins un effort pour être équitable, l'aveuglement de Marx et de ses amis est tel que leurs attaques ne reculent pas devant les pires accusations. Le journal de Liebknecht dénonce même l'insurrection de Lyon comme l'œuvre des services de Bismarck, et Outine déclare au congrès de la Fédération Romande qu'il ferait guillotiner Bakounine, s'il en avait le pouvoir. Le rôle d'Outine en tant qu'informateur de Marx est peut-être le plus funeste dans cette lutte fratricide. Une fois il va jusqu'à inventer la fable d'un attentat des bakounistes contre sa personne ; il ne se serait échappé, affirme-t-il, que par l'intervention fortuite de quelques étudiants allemands.

Enfin, Marx lui-même descend dans l'arène en publiant, sous la signature du Conseil Général, *Les Prétendues Scissions de l'Internationale Ouvrière*. Marx ignore la société secrète de Bakounine, mais il croit que l'Alliance existe toujours et, quand il fait le procès de toute tentative de créer une Internationale dans l'Internationale, il n'a pas tort. Sa brochure laisse toutefois une impression pénible. Le fond du débat y est à peine effleuré. Marx considère les anarchistes ou comme des intrigants ou comme des agents de la police, et il les combat uniquement avec des arguments juridiques. De même qu'il dira au congrès de la Haye que tous les chefs du prolétariat anglais sont vendus à Gladstone, il affirme que les chefs des ouvriers allemands qui adoptent les théories de Lassalle sont des mouchards, et il va jusqu'à soupçonner l'intégrité de Malon qui a été un des héros de la Commune. Mais le plus grand intrigant est pour lui Bakounine. Il n'hésite pas à le rendre responsable de la trahison d'Albert Richard et de Gaspard

Blanc, et il l'identifie sans aucune restriction avec Netchaïeff, en se référant à leurs maximes « sottes et infâmes », rendues publiques par le procès de Moscou. Marx ne se soucie nullement de ce que ces attaques peuvent aggraver le sort de Netchaïeff qui en ce moment n'est pas encore arrêté. Il ne pense qu'à atteindre Bakounine. Pas un mot dans *Les Prétendues Scissions* ne rend justice à la personnalité du défenseur de Dresde ou ne reconnaît seulement sa bonne foi. D'après Marx, ce n'est qu'un homme qui prêche le panslavisme et la guerre.

Le Conseil Général convoque enfin un congrès qui doit se tenir en septembre 1872 à La Haye. Le choix de cette ville provoque tout de suite de vives protestations de la part des anarchistes qui réclament que le congrès ait lieu en Suisse. La Hollande, dont la situation géographique est beaucoup moins centrale, est en effet difficilement accessible pour les délégués des pays latins. Bakounine surtout n'a aucune possibilité de se rendre à La Haye, car il ne peut traverser ni l'Allemagne ni la France. Comme le Conseil Général ne cède pas, les Italiens décident de ne pas participer au congrès, ce qui affaiblit considérablement les forces anarchistes.

Les délégués réunis, on s'occupe pendant plusieurs jours de la vérification des mandats. Il en résulte une assez grande majorité de marxistes. Est-ce vraiment la majorité de l'Internationale ? Nul ne saurait l'affirmer, car la force des différentes fédérations est très inégale et nombre de délégués représentent des « fédérations fantômes » qui n'existent que sur le papier. Particulièrement compliquée est la situation des Allemands qui, eu égard à la législation allemande, ne représentent pas le parti ouvrier allemand mais des fédérations de l'Internationale, fondées dans le seul but d'envoyer des délégués à La Haye. Cependant, la proposition des anarchistes de voter non pas selon le nombre des délégués, mais selon la force des fédérations, est rejetée.

C'est dans ces conditions que le congrès décide l'extension du pouvoir du Conseil Général qui obtient le droit de contrôler et, s'il le croit nécessaire, de suspendre les fédérations, les sections et jusqu'aux comités locaux de l'Internationale. Ce vote acquis, le Conseil Général produit un coup de théâtre : il demande de transférer son siège de Londres à New York. Certes, Marx croit que ce transfert ne sera que provisoire ; mais, coincé entre les anarchistes d'une part et les tendances hétérogènes des réformistes anglais et des blanquistes français d'autre part, il craint que la direction du Conseil Général ne lui échappe et il préfère le voir fixé en Amérique, pourvu qu'il reste dans les mains de ses partisans et par conséquent sous son influence. Le transfert est voté par une petite majorité après un débat tumultueux. Mais les blanquistes, Vaillant en tête, quittent alors le Congrès et en même temps l'Internationale.

Le débat politique proprement dit n'a plus beaucoup d'importance après ces événements. Des soixante-cinq délégués un tiers est parti. Parmi les quarante-trois qui restent, le Conseil Général trouve pourtant encore une majorité pour sa résolution qui, conformément à celle de la conférence de Londres, proclame la nécessité de la lutte politique et rejette le programme anarchiste.

Dès le premier jour du congrès, une commission s'occupe, en outre des accusations portées contre la personne de Bakounine et l'activité de l'Alliance. Les bakounistes ne sont représentés dans cette commission que par un seul membre, la police française, par contre, par deux mouchards. Néanmoins, on n'arrive à aucune conclusion. C'est alors que Marx lui-même apporte aux commissaires très confidentiellement une pièce à conviction capitale. Il a, en effet, réussi à se procurer la lettre de Netchaïeff à l'étudiant Lioubavine, qui a été l'intermédiaire entre l'éditeur russe Poliakoff et Bakounine dans l'affaire de la traduction du *Capital*. C'est la lettre dans laquelle Netchaïeff menace Lioubavine et Poliakoff, au cas où ils continueraient à demander que Bakounine poursuive son travail. Marx ne communique pas à la commission que Lioubavine lui-même lui a écrit être convaincu que Bakounine ignore la teneur de cette lettre. Marx ne tient pas non plus compte de la promesse de Bakounine de rendre l'argent que l'éditeur lui avait avancé. Pour lui, il s'agit de vol et de chantage, et c'est dans ce sens que la commission décide.

Sur sa proposition, le congrès, avant de se séparer, exclut donc Bakounine et Guillaume pour leur participation à l'Alliance. Mais le jugement sur Bakounine porte au surplus les attendus infamants « que le citoyen Bakounine s'est servi de manœuvres frauduleuses tendant à s'approprier toute ou partie de la fortune d'autrui, ce qui constitue le fait d'escroquerie ; qu'en outre, pour ne pas devoir remplir ses engagements, lui ou ses agents ont eu recours à l'intimidation ». Vingt-sept délégués votent pour, sept contre, huit s'abstiennent.

C'est la fin de la Première Internationale devant laquelle, pendant la Commune, le monde capitaliste tremblait. Les anarchistes ont déjà déclaré avant le vote qu'ils ne s'en tiendront pas aux résolutions de La Haye. Immédiatement après, ils se réunissent en congrès à Saint-Imier, dans le Jura. Comme ils s'appuient sur de nombreuses fédérations, les plus beaux espoirs leur semblent permis.

« Prétendre, écrit Bakounine dans un commentaire au congrès de La Haye, qu'un groupe d'individus, même les plus intelligents et les mieux intentionnés, seront capables de devenir la pensée, l'âme, la volonté dirigeante et unificatrice du mouvement révolutionnaire et de l'organisation économique du Prolétariat de tous les pays, c'est une telle hérésie contre le sens commun et contre l'expérience historique, qu'on se demande avec étonnement comment un homme aussi intelligent que M. Marx a pu le concevoir ? » Et plus loin : « Nous n'admettons pas, même comme transition révolutionnaire, ni les Conventions nationales, ni les Assemblées constituantes, ni les gouvernements provisoires, ni les dictatures soi-disant révolutionnaires ; parce que nous sommes convaincus que la révolution n'est sincère, honnête et réelle que dans les masses, et que, lorsqu'elle se trouve [...] entre les mains de quelques individus gouvernants, elle devient inévitablement et immédiatement la réaction. »

Bakounine espère encore que l'unité de l'Internationale pourra être sauvegardée. Comme elle ne peut pas être réalisée sur le terrain politique, il demande qu'elle soit au moins maintenue par la solidarité économique. Car la véritable unité de l'Internationale se trouve, d'après lui, « dans les aspirations communes et dans le mouvement spontané des masses populaires de tous les pays et non dans un gouvernement quelconque, ni dans une théorie politique uniforme, imposée par un congrès général. »

Cependant, le premier soin du nouveau Conseil Général est de suspendre la Fédération Jurassienne. Mais bientôt il est déchiré lui-même par toutes sortes de dissentiments. Sorge qui le dirige n'est d'ailleurs pas l'homme qu'il faut pour donner un souffle nouveau à cette organisation affaiblie. Surnommé « le Caporal », il est si peu aimé que Marx n'a pas osé le faire élire à La Haye et qu'il n'est entré dans le Conseil Général que par cooptation. Il s'efforce bien d'exécuter les ordres que Marx lui fait parvenir ; deux ans plus tard pourtant, il n'aura qu'à signer l'acte de décès de ce qu'il reste de la branche marxiste de l'Internationale des Travailleurs.

La branche bakouniste a une existence plus longue. Mais vers 1878 elle s'éteint également. Scindée en deux, l'Internationale ne peut vivre. En livrant une lutte à mort aux anarchistes, Marx l'a tuée.

L'œuvre de Marx contient deux tendances, l'une révolutionnaire, l'autre évolutionniste. C'est sous le signe de l'évolution que, quinze ans plus tard, le marxisme renaît dans la Deuxième Internationale qui pendant un quart de siècle domine le mouvement ouvrier en Europe. La social-démocratie allemande lui donne l'exemple d'une politique, apparemment pleine de succès, qui, tout en protestant de sa foi révolutionnaire, est réformiste dans la pratique. Dans un monde où l'exploitation des colonies enrichit toutes les grandes puissances, la part du prolétariat à la richesse générale s'accroît sans cesse, et dans la plupart des États il semble que la classe ouvrière obtiendra tout par des moyens légaux. Même en Russie, beaucoup croient qu'il suffira d'atteindre un régime démocratique pour que le prolétariat puisse réaliser toutes ses revendications sans se heurter à la légalité capitaliste. Sauf dans les pays latins et particulièrement en Espagne, les anarchistes tombent alors petit à petit au rang d'une secte, et l'illusion social-démocrate dépouille pour longtemps la controverse entre Marx et Bakounine de tout objet réel.

C'est seulement après la victoire des bolchéviks, rénovateurs des tendances révolutionnaires du marxisme, après la débâcle de la social-démocratie allemande et après les luttes des anarcho-syndicalistes espagnols que le principe de l'action révolutionnaire reprend une force nouvelle et que le grand débat entre le socialisme autoritaire et antiautoritaire redevient actuel.

Bien entendu, le duel de Marx et Bakounine ne finit pas avec le congrès de La Haye. Les invectives réciproques se poursuivent, et Marx et Engels se complaisent de plus en plus dans une attitude moraliste du haut de laquelle ils jugent Bakounine comme un criminel de droit commun. « Outine, écrit Engels à un ami, [...] nous a raconté encore de nouvelles choses tout à fait extraordinaires sur Bakounine. Le gaillard a très fidèlement appliqué son *Catéchisme* dans la pratique ; depuis des années, lui et son Alliance ne vivent que de chantage. [...] Tu ne peux pas te figurer quelle bande de fripouilles sont ces gens-là. » Au cours des années, Marx et Engels ont donc accusé Bakounine d'abord d'être un agent de la police russe, ensuite de vouloir capter l'héritage des prétendus fonds panslavistes mis à la disposition de Herzen, et enfin d'être un escroc et un maître-chanteur.

La réputation de Bakounine n'est pas atteinte par ces calomnies. Mais en introduisant ces méthodes de la lutte fractionnelle dans l'Internationale, Marx crée un précédent qui pèse lourdement sur tout le mouvement ouvrier. Nombre de ses disciples imiteront les bassesses de leur maître, sans avoir l'excuse de son génie !

Il faut dire que les marxistes les plus notables ne manquent pas de blâmer la conduite de Marx. Le père du révisionnisme socialiste, Édouard Bernstein, qui vécut longtemps dans son intimité, écrit : « Dans cette lutte entre Marx et Bakounine le dernier apparaît, d'un point de vue purement humain, sans conteste dans une lumière plus favorable que son adversaire ; même celui qui croit que Marx défendait dans ce différend les intérêts du mouvement ouvrier qui ne permettait pas de concessions sentimentales, ne peut pas ne pas regretter que Marx n'ait pas conduit cette lutte avec d'autres moyens et en d'autres formes. » Et Franz Mehring, l'historien officiel de la social-démocratie allemande, déclare : « Il était inexcusable que l'on ait voulu encore faire perdre à Bakounine son renom d'honnêteté dans des questions du mien et du tien, et malheureusement la faute en fut à Marx. » Mehring observe malicieusement que bien des écrivains n'ont pas accompli des travaux dont ils étaient chargés, sans rendre l'avance reçue, et il constate que la seule personne qui eût vraiment subi un dommage, c'est-à-dire l'éditeur Poliakoff, se désintéressait complètement de toute l'affaire. Mehring aurait pu ajouter que le courroux de Marx était d'autant plus spécieux qu'il s'agissait de la traduction d'un livre à lui.

Citons enfin ce passage dans la biographie de Marx d'Otto Rühle : « Qu'il (Marx) se servit pour triompher objectivement de moyens aussi honteux que de souiller l'adversaire, c'est un geste déshonorant qui ne salit pas Bakounine et qui avilit au contraire son auteur. On voit bien là le trait fatal d'un caractère : ni les questions politiques, ni le mouvement ouvrier, ni l'intérêt de la révolution, rien ne passe jamais pour Marx qu'après le souci de sa propre personne. Qu'un concile de révolutionnaires internationaux prêt à faire sauter à la première occasion le code de la propriété personnelle et de la morale bourgeoise, ait chassé, proscrit, expulsé, sur la dénonciation de son chef, le plus génial, le plus héroïque, le plus fascinant de ses membres sous le prétexte d'une infractions aux lois bourgeoises de la propriété, c'est une des plus sanglantes plaisanteries de l'histoire. »

Pourtant, aucun pas, aucune tentative de réconciliation ne sont faits de Londres. Même la mort de Bakounine ne provoque un seul mot de sympathie de la part de Marx. En 1893 seulement, alors que les deux adversaires dorment depuis longtemps dans la terre d'exil, l'un en Suisse, l'autre en Angleterre, Engels dit à Charles Rappoport, après une longue diatribe contre Bakounine, ces paroles inattendues : « Mais il faut le respecter — il a compris Hegel. »

L'ADIEU

*Que d'autres plus jeunes se mettent à l'œuvre ! Quant
à moi, je ne me sens plus ni la force ni peut-être aussi
la confiance nécessaires pour rouler plus longtemps
la pierre de Sisyphe contre la réaction partout triomphante. Je me retire donc de la lice, et je ne demande à
mes chers contemporains qu'une seule chose, l'oubli.
Désormais, je ne troublerai plus le repos de personne ;
qu'on me laisse tranquille à mon tour.*

Bakounine.

Le révolutionnaire, dans le monde moderne, est obligé d'être
écrivain. Bakounine a cherché longtemps à se soustraire à cette
nécessité. Des années durant, il a déployé toute son activité en
organisant des sociétés secrètes, en exhortant des adhérents,
en recrutant de nouveaux amis, en écrivant des lettres. Mais,
comme cette activité d'organisateur et d'orateur — loin de sa
patrie, dans des pays d'autres langues, au milieu de situations
politiques changeantes et presque toujours sans la possibilité d'agir
publiquement — est naturellement restreinte, il se voit de plus en
plus dans l'obligation de prendre la plume, et dès son entrée dans
l'Internationale ses ouvrages se suivent à un rythme accéléré. Il
le fait contre son gré, bien qu'il se l'avoue à peine à lui-même,
et il est heureux de chaque occasion d'interrompre ses travaux
littéraires. Écrire, c'est pour lui une corvée. Jusqu'à la fin de ses
jours, il saute avec le même enthousiasme juvénile sur chaque

possibilité d'échapper à son bureau, content de quitter une tâche
à laquelle il s'est astreint sans plaisir.

Au fond, il n'est pas écrivain, il est un homme d'action. Souvent
il frappe des formules saisissantes, mais, malgré la verve de son
style imagé et mordant, malgré son esprit, sa vaste culture et sa
solide érudition, le don de l'architecture littéraire lui fait totalement
défaut. Il est incapable de bâtir un livre, d'enchaîner sa pensée, de
se concentrer sur un thème. Même dans ses lettres, il veut toujours
dire tout. Ainsi se perd-il facilement dans un fouillis impénétrable
de déductions, et ses lettres deviennent des brochures, ses brochures
des volumes. Il se répète, il s'égare, il s'enfonce dans des chemins
secondaires, il oublie presque son sujet et quelquefois il n'arrive
plus à traiter l'argument qu'il voulait éclaircir. Si un ouvrage
n'est pas achevé ou s'il n'a pu l'éditer, il en utilise des parties
entières pour un autre qu'il vient de commencer, de sorte que ses
manuscrits sont dans le plus grand désordre. Il se rend d'ailleurs
parfaitement compte de ce défaut et il laisse volontiers le soin de
rédiger et de corriger ses publications à ses amis.

Bakounine n'est pourtant pas seulement un lutteur, il est aussi
un penseur. N'oublions pas que, le premier, il a conçu l'idée
de la révolution russe des soldats et paysans, de la dictature
révolutionnaire, des comités révolutionnaires de village, de la
transformation de la guerre nationale en guerre révolutionnaire, idées
qui seront reprises par les bolcheviks. C'est lui qui a créé le type
du révolutionnaire professionnel et le programme du syndicalisme
révolutionnaire. C'est lui qui a trouvé dans la fédération des métiers,
des régions, des pays un principe d'organisation qui doit remplacer
l'État. Au cours de sa controverse avec Marx, il a enfin forgé sa
théorie du socialisme antiautoritaire, selon laquelle le socialisme
ne peut exister que dans la liberté, sans dictature et sans contrainte.

Il est dans la nature même de l'anarchisme de ne pas se
soumettre plus à l'autorité de Bakounine qu'à une autre. Toutefois,
l'anarchisme révolutionnaire garde la profonde empreinte de son
créateur. Suivre cette filiation dans les différents pays, en Espagne
notamment, serait du plus haut intérêt. Mais voilà un sujet qui

dépasserait de loin le cadre de ce livre : cela exigerait d'écrire l'histoire de tout le mouvement anarchiste.

Bakounine lui a montré la voie.

En se contentant de renier le pouvoir, il n'a pourtant pas résolu le problème central qui se pose devant chaque révolution. Il n'a surtout pas expliqué comment les révolutionnaires peuvent s'abstenir de prendre le pouvoir en cas d'une victoire incomplète, lorsqu'ils se heurtent aux nécessités de la guerre civile. C'est la grande lacune de la théorie anarchiste et la tâche qu'il lègue à ses héritiers spirituels.

Bien que la lutte contre Marx soit loin d'être terminée, au moins sur le plan théorique, Bakounine peut se considérer comme le vainqueur. La branche anarchiste de l'Internationale fleurit et à son congrès qui en 1873 se tient à Genève — Bakounine n'y prend pas part — sont représentées des fédérations de presque tous les pays, sauf l'Allemagne. Le congrès de la branche marxiste à Berne, par contre, ne réunit qu'un nombre fort restreint de fédérations et marque le déclin de l'influence du Conseil Général.

De même, la lutte contre Mazzini a tourné à l'avantage de Bakounine. Un congrès des organisations ouvrières mazziniennes à Rome a été un échec. Dans toute l'Italie se forment des *fasci operai* anarchistes, et Mazzini meurt, le cœur brisé, pendant ces controverses autour de son œuvre.

Si Bakounine regarde en arrière, il peut être content du chemin qu'il a fait. Parti de la Russie jeune homme sans appui et sans argent, puis revenu en Occident après les années de prison et de déportation avec une santé ébranlée, il est maintenant le chef de file d'une grande organisation internationale. Pourtant, ce n'est pas de cela qu'il a rêvé. Il a conscience qu'il ne verra plus la victoire et il est accablé de toute sorte de soucis.

En 1871, Tatiana est morte à Priamoukhino. Au printemps de cette année 1872, au cours de laquelle Mazzini meurt, le congrès de La Haye a lieu et Netchaïeff est arrêté, Antonia, accompagnée de ses enfants, est partie pour Tomsk. Elle se rend en Sibérie pour visiter ses vieux parents qu'elle n'a plus revus depuis dix ans, mais Bakounine craint qu'elle n'y reste pour de bon. « Antonia est partie — pour des semaines, pour des mois ou pour toujours ? » note-t-il mélancoliquement sur son calendrier dans sa chambre d'hôtel à *l'Albergo del Gallo* à Locarno.

Au surplus, il est entraîné dans les dissentiments des émigrés russes à Zurich. Un jour il note : « Trahison d'Ozéroff et de qui encore ? »

Une grande partie des révolutionnaires russes est en ce moment sous l'influence de Pierre Lavroff, un ancien professeur de l'école militaire de Saint-Pétersbourg, colonel de l'armée tsariste et savant d'une érudition encyclopédique. Entre Marx et Bakounine il représente une théorie intermédiaire, mais pratiquement il appartient déjà à la génération qui professe le principe de la lutte légale dans l'Occident, tout en croyant nécessaire l'action révolutionnaire en Russie. De Paris, où il habite, Lavroff entre en correspondance avec Bakounine et lui propose de collaborer à un journal russe qui doit être fondé en Suisse. L'accord entre les deux hommes s'avère cependant impossible.

Leurs divergences s'accroissent encore par les querelles des révolutionnaires russes de Zurich à cause de la bibliothèque russe. Cette bibliothèque est gérée par un comité d'administration. Or, les lecteurs, qui sont en même temps des cotisants, demandent à participer à l'administration, ce que les fondateurs refusent. La lutte est menée avec une extrême violence ; on se bat, et l'ami de Bakounine, Ralli, subit un jour un véritable siège dans sa pension.

Les deux partis aux prises, pour la plupart des étudiants, font de leur différend une question de principe : les fondateurs déclarent que les lecteurs ne peuvent diriger la bibliothèque, puisqu'ils se composent de révolutionnaires dont tous ne sont pas sûrs ; les lecteurs se révoltent contre ce qui leur paraît une dictature de chefs et exigent l'égalité des droits, correspondant à l'égalité des efforts accomplis. C'est une étrange anticipation de la lutte autour du principe d'organisation qui, sous le nom de *la démocratie au sein du parti* opposera plus tard les bolchéviks aux autres mouvements révolutionnaires russes. A la fin, les lecteurs s'en vont avec les livres qu'ils ont empruntés et fondent avec ce stock une nouvelle bibliothèque. Ils arrivent même à créer une imprimerie, car l'ancienne bibliothèque a été le centre de toute une action révolutionnaire.

Les fondateurs se réclament de Lavroff, les lecteurs de Bakounine. En dernière instance, on appelle à la rescousse les deux chefs qui viennent, l'un de Locarno, l'autre de Paris, pour faire une suprême tentative de compromis. C'est la seule fois que Bakounine et Lavroff se rencontrent. Mais les deux hommes ne s'inspirent aucune sympathie ; Bakounine surtout trouve Lavroff vaniteux et pédant, ce qu'il déteste particulièrement. Dans ces conditions, ils ne peuvent pas s'entendre et l'émigration russe de Zurich reste divisée en deux camps adverses.

La nouvelle imprimerie publie un ouvrage de Bakounine, *Autoritarisme et Anarchie*, dans lequel il expose encore une fois ses théories. Or, ce livre devait être édité par l'imprimerie de l'ancienne bibliothèque, et la lutte pour le manuscrit aggrave de nouveau les hostilités. Pour le malheur de Bakounine, le conflit se poursuit dans ses propres rangs. Oelsnitz, Holstein et Ralli s'opposent à Ross et demandent à Bakounine de les départager. Il se décide pour Ross, tout en exprimant aux autres son espoir qu'ils resteront unis pour la cause et qu'ainsi se rétabliront petit à petit leurs relations personnelles. La rupture avec Ralli, Oelsnitz et Holstein devient cependant définitive, lorsqu'ils publient dans une brochure le programme de la *Fraternité russe*, ce que Bakounine considère comme une trahison.

Toutes ces émotions l'ont ébranlé. Il atteint la soixantaine, il se sent abandonné et fatigué et son cœur lui cause de graves souffrances physiques. Il voudrait aller en Espagne où les anarchistes se battent contre les républicains ; mais il n'a pas l'argent pour le voyage, ce qui lui épargne d'être mêlé à une nouvelle défaite. Au fond, il comprend qu'il se fait vieux et que ses forces diminuent. La lutte contre Marx l'a épuisé. Mais, plus que la solitude et des déceptions personnelles, pèse sur lui la conviction que la révolution à laquelle il a voué sa vie est perdue pour longtemps. Il ne s'est plus relevé de la défaite subie en France et il se rend compte que l'Europe entre dans une longue période de réaction où le prolétariat sera en proie à toutes sortes d'illusions. Le pire est que le manque d'enthousiasme révolutionnaire dans les masses, qu'il voit partout, lui ôte tout espoir d'un changement prochain.

Les trois plus grands révolutionnaires du XIXe siècle se rapprochent ainsi encore une fois dans la même destinée. Mazzini est mort, vaincu et désabusé. Marx est malade et usé ; jamais il ne terminera le *Capital* et se trompe lui-même en amassant une documentation immense. Et Bakounine aspire au repos. Le démon de l'inquiétude qui l'a harcelé si longtemps s'est apaisé. De plus en plus il songe à se retirer de la lutte, et lentement il s'habitue à l'idée de passer ses dernières années dans le calme.

Par une sorte de miracle sa situation matérielle au moins s'améliore. Cafiero, ses parents morts, hérite de leur fortune qui est assez grande. Or, il est décidé à la sacrifier à la révolution. Ainsi forme-t-il le projet d'acheter une propriété sur le côté suisse du Lac Majeure, pour qu'elle serve comme dépôt d'armes et refuge pour les révolutionnaires italiens. Il propose à Bakounine d'acquérir une propriété qui se prête à ce dessein et de masquer le véritable but de cette demeure en y habitant comme un rentier paisible, retiré de toute activité publique.

Bakounine accepte d'autant plus volontiers qu'il pense assurer de cette façon l'existence d'Antonia et de ses enfants. La propriété qu'il choisit s'appelle *La Baronata*. Située au flanc de la montagne, elle surplombe le lac, d'où elle est accessible par des barques venues de l'Italie. Comme il y a un petit embarcadère bien abrité, celles-ci peuvent même accoster sans être remarquées. Bakounine est particulièrement content que la maison possède de grandes caves où l'on pourrait cacher des armes. Dès sa première visite, il s'occupe de la possibilité de percer un passage souterrain et des portes secrètes. Il a toujours eu un penchant quelque peu naïf à un romantisme révolutionnaire, et l'idée de simuler le rentier dans un nid de conspiration l'enthousiasme.

En octobre 1873, il donne sa démission de membre de la Fédération Jurassienne. « Chers compagnons, écrit-il dans sa lettre d'adieu, je ne puis ni ne dois quitter la vie publique sans vous adresser un dernier mot de reconnaissance et de sympathie. » Puis il les remercie de leur amitié et les félicite de leur victoire sur les marxistes qui lui permet de se retirer. Il explique sa décision par la fatigue physique et par la conviction de n'être plus d'aucune utilité à la cause du prolétariat. « Par ma naissance et par ma position personnelle, non sans doute par mes sympathies et mes tendances, continue-t-il, je ne suis qu'un bourgeois et, comme tel, je ne saurais faire autre chose parmi vous que de la propagande. Eh bien ! j'ai cette conviction que le temps des grands discours théoriques [...] est passé. Dans les neuf dernières années on a développé au sein de l'Internationale plus d'idées qu'il n'en faudrait pour sauver le monde, si les idées seules pouvaient le sauver, et je défie qui que ce soit d'en inventer une nouvelle. Le temps n'est plus aux idées, il est aux faits et aux actes. Ce qui importe avant tout aujourd'hui, c'est l'organisation des forces du prolétariat. Mais cette organisation doit être l'œuvre du prolétariat lui-même. Si j'étais jeune, je me serais transporté dans un milieu ouvrier, et [...] j'aurais également participé avec eux au grand travail de cette organisation nécessaire. Mais ni mon âge ni ma santé ne me permettent de le faire. »

Bakounine termine par ces deux conseils : « 1° Tenez ferme à ce principe de la grande et large liberté populaire sans laquelle l'égalité et la solidarité elles-mêmes ne seraient que des mensonges ; 2° Organisez davantage la solidarité internationale, pratique, militante des travailleurs, de tous les métiers et de tous les pays, et rappelez-vous qu'infiniment faibles comme individus, comme localités ou comme pays isolés, vous trouverez une force [...] irrésistible dans cette universelle collectivité. »

Il répète sa volonté de renoncer à la vie publique dans une déclaration au *Journal de Genève*. Malgré les accents émouvants de ses lettres d'adieu, il n'est pourtant pas tout à fait sincère. Ou plutôt : il aime croire qu'il ne l'est pas. Car Cafiero pense réellement à lui assurer une vieillesse tranquille et sans soucis. Lui-même cependant s'imagine que son désir de repos est feint et que sa retraite n'est qu'un trompe-l'œil. Mais en voulant tromper les autres, il se trompe lui-même. Comme souvent dans sa vie, il invente un stratagème qu'il croit artificiel, tandis qu'en vérité il exprime malgré lui ses sentiments les plus intimes. Pendant l'insurrection polonaise, Herzen a dit qu'il n'était qu'un piètre conspirateur. Sa duplicité voulue n'est en tout cas jamais plus factice que dans cet adieu aux « compagnons » du Jura. La lettre qu'il leur adresse est en fait son testament politique.

Peu à peu il s'habitue à sa nouvelle situation. Quelques mois plus tard, il renonce à toute tentative de présenter sa retraite comme une transition. Dans une lettre à James Guillaume il déclare que le temps des luttes révolutionnaires est passé, qu'il faut ouvrir les yeux à la réalité et reconnaître que, pour le moment, les masses se détournent de l'idéal socialiste. Il va jusqu'à conseiller à Guillaume de faire sa paix avec la bourgeoisie et de chercher un nouveau poste comme professeur.

Guillaume est déconcerté et ému. Il ne tient pas compte du conseil de l'ami — il le fera pourtant plus tard — mais, tristement, il se rend à l'évidence que la vieillesse, la fatigue, les déceptions, la solitude ont raison même d'un Bakounine.

SIXIÈME PARTIE

LA RETRAITE

Quand tu as carillonné, descends du clocher.

Proverbe russe, cité par BAKOUNINE.

MOURIR !

Si on lui eût dit comment il entendait la propriété, il aurait assurément répondu de même que Lalande à Napoléon qui lui posait la question de Dieu : « Sire, dans l'exercice de mes occupations professionnelles, je n'ai jamais éprouvé le besoin de cette recherche. »

HERZEN.

Parmi toutes les expériences que la vie lui a réservées, il manque celle de la richesse ou seulement de l'aisance. Bakounine n'a jamais été un secrétaire de parti salarié ; depuis toujours, il a vécu au petit bonheur, principalement de subventions de sa famille ou de ses amis. Maintenant, à soixante ans, il dispose tout à coup d'une fortune qui lui semble inépuisable. Cela ne change pas son caractère, au contraire ! Son insouciance, sa générosité et son manque absolu du sens de l'économie ne font que s'accentuer.

D'abord il transforme *La Baronata* de fond en comble. Il fait même construire une deuxième maison pour héberger les hôtes qui sont toujours nombreux dans la propriété. Comme la deuxième maison est placée plus haut sur la colline, elle est difficilement accessible ; Bakounine y fait donc construire une route carrossable.

Puis l'idée lui vient que *La Baronata* devrait être revalorisée. Aussitôt il commande pour trois mille huit cents francs d'arbres fruitiers qui, lorsqu'ils arrivent, coûtent cinq mille francs. De même il achète deux vaches et deux chevaux. Cela entraîne l'engagement d'une femme pour les vaches, d'un cocher pour les chevaux.

Ensuite il fait agrandir les écuries, et puisqu'il a maintenant des chevaux et un cocher, il achète une voiture.

Comme il n'y entend rien, les fournisseurs profitent de son ignorance et il perd beaucoup d'argent. Après des mois, lorsque les travaux sont depuis longtemps commencés, il demande enfin un devis à un architecte. Les dépenses encore à faire sont évaluées à cinquante mille francs, mais bientôt cette somme se révèle tout à fait insuffisante.

L'argent file entre ses mains. Un jour, il reçoit la visite d'un jeune camarade, Débagori-Mokriévitch, qui se rend en Russie. Il ne le connaît pas, mais le deuxième jour de leur connaissance ils se tutoient déjà, et quand Débagori-Mokriévitch repart, Bakounine lui demande de lui montrer le contenu de sa bourse. Le jeune homme n'a que trente francs et essaie en vain d'affirmer qu'il trouvera des fonds chez des camarades en Bohême. Bakounine calcule simplement d'après l'indicateur des chemins de fer la somme nécessaire pour le voyage du nouvel ami. Puis il va au tiroir de la table où il garde son argent et remet à son hôte la somme qui lui manque. « Très bien, déclare celui-ci. Je rembourserai cet argent dès que je serai arrivé en Russie. » Bakounine s'en amuse royalement. « A qui veux-tu donc le restituer ? » demande-t-il. Et il ajoute : « C'est d'ailleurs de l'argent qui ne m'appartient pas non plus. » Et lorsque Débagori-Mokriévitch insiste pour demander une adresse à laquelle il pourrait rendre cet emprunt, Bakounine s'écrie : « Voyez-vous ce défenseur de la propriété privée ! Enfin, si tu tiens absolument à rembourser cet argent, tu le donneras pour la cause russe. » Il n'a pas changé depuis le temps où Richard Wagner s'étonnait de le voir donner tout ce qu'il avait sur lui à un mendiant.

Cafiero n'est pas plus habile en affaires que son grand ami. Souvent il le pousse lui-même à la prodigalité. Un jour Bakounine envoie deux mille francs à sa femme, et comme cet argent semble être perdu en route, Cafiero lui demande de lui envoyer quatre mille francs de plus. Ni l'un ni l'autre ne font jamais des comptes. Il n'est pas surprenant que dans ces conditions le séjour à *La Baronata* finisse par une vraie tragédie.

Bakounine est d'autant plus responsable que Cafiero, pendant plusieurs mois, est absent. Sa compagne Olympia, une jeune Russe, a fait un voyage en Russie et ne peut en repartir, car elle n'obtient pas de passeport. Cafiero se rend donc chez elle pour l'épouser légalement, car, devenue Italienne par le mariage, les autorités russes ne peuvent plus s'opposer à son départ. En attendant, les folles dépenses de Bakounine continuent. Quand les Cafiero reviennent, il lui manque encore cinquante mille francs pour rendre *La Baronata* rentable. Cafiero va alors à Milan pour chercher cette somme.

A peu près en même temps — c'est en juillet 1874 — Antonia arrive avec ses enfants et son père, tandis que sa mère les rejoindra seulement plus tard. Bakounine les reçoit avec une illumination et un feu d'artifice, comme le jour de son mariage. Tous sont heureux, et Antonia croit que son avenir et celui des siens est désormais assuré. Elle ignore complètement que *La Baronata* appartient en réalité à Cafiero, car Bakounine lui avait écrit que ses frères lui avaient enfin payé sa part de l'héritage paternel.

Cependant, le même jour Cafiero revient de Milan. Les nouvelles qu'il apporte sont graves : il ne lui reste presque rien de sa fortune ; *La Baronata* l'a ruiné. On ne peut plus songer à continuer les travaux commencés.

Bakounine est bouleversé. Toutes les dispositions prises pour sa retraite sont donc remises en question. Il ne peut pas nier qu'il est en grande partie responsable du gaspillage de la fortune de Cafiero ; à plusieurs reprises déjà il a d'ailleurs entendu l'écho de racontars qui lui reprochent d'abuser de la générosité de son ami. Anxieusement il lui demande donc ce qu'il en pense. Cafiero le tranquillise et l'assure qu'il ne partage pas cette opinion. Mais le lendemain, il a changé d'avis. Réflexion faite, déclare-t-il, les bruits qui accusent Bakounine ne lui paraissent pas dénués de tout fondement. Dans son désarroi, Cafiero ne se rend pas compte que c'est lui-même qui a commis la plus grande erreur en confiant sa fortune à un homme si inapte aux affaires. Il ne voit que l'aîné dans lequel il avait mis toute sa confiance et il lui reproche maintenant par d'acerbes paroles sa légèreté et son manque de perspicacité.

Bakounine comprend après cette explication qu'il ne peut plus rester à *La Baronata*. Si son honneur exige son départ, le sort de sa famille lui inspire les pires soucis. Antonia ne se doute de rien et que deviendra-t-elle, que fera-t-elle des enfants et de ses parents, s'ils doivent tous quitter le refuge dans lequel ils ont mis tant d'espoir ?

Pendant dix jours, il lutte avec lui-même. Il a connu bien des heures de mélancolie dans sa vie, mais cette fois sa tristesse n'a rien de pathétique. Il se sent coupable et déshonoré et il comprend que la terrible situation dans laquelle il se trouve marque sa déchéance. Il a abandonné son chemin et, une fois égaré, il s'est perdu de plus en plus. Partir ? Mais où ? Il n'ose pas même dire la vérité à Antonia. Les frères restent muets comme toujours et les amis se détournent de lui, jugeant sévèrement sa conduite... La seule issue lui semble la mort. Au moins voudrait-il mourir comme Roudine dans ce méchant roman de Tourguénieff à qui il avait servi de modèle : sur la barricade, tombant lentement et lourdement, « la face en avant, comme s'il saluait quelqu'un jusqu'à terre. » Tout ce qu'il demande à Cafiero, c'est de s'occuper après sa mort de sa famille.

L'occasion de sauver sa réputation par une fin héroïque s'offre comme à dessein. Les anarchistes préparent un soulèvement en Italie, et la plupart des habitants de *La Baronata* y participeront.

L'Italie est, dès le printemps de cette année 1874, le champ de graves troubles sociaux qui, en plusieurs endroits, ont pris le caractère de révoltes. Or, les anarchistes espèrent élargir ce mouvement et le transformer en révolution. Leur point de départ doit être la ville de Bologne et les provinces de la Romagne et de l'Émilie. La Romagne surtout passe pour la terre promise de la rébellion et le restera jusqu'au jour où Mussolini, un de ses condottieri révolutionnaires, deviendra le champion de la contre-révolution.

La Baronata est le centre des préparatifs pour lesquels Cafiero dépense ce qui lui reste de fortune. Malatesta et Costa y apportent des armes et des munitions. D'autres font des essais avec de la dynamite dans les alentours de la propriété. Lorsque tout est prêt, les armes sont dirigées en Italie. Olympia Cafiero transporte la dynamite, dissimulée dans ses vêtements, à Bologne ; Ross s'y rend avec de l'argent.

Bakounine est convaincu depuis longtemps que la révolution n'est nulle part si proche qu'en Italie. Ici il trouve ce « prolétariat en haillons » qu'il tient pour le plus révolutionnaire, parce qu'il n'est pas corrompu par cette instruction littéraire dont se targuent les couches privilégiées du salariat dans d'autres pays. Mais si les ouvriers italiens ne sont pas encore « embourgeoisés », il ne croit toutefois pas que leur état d'esprit soit, pour le moment, propice à un grand soulèvement. Les défaites en France et en Espagne l'ont rendu sceptique et les espérances de ses partisans n'ébranlent pas sa certitude que dans la situation actuelle de l'Europe toute tentative révolutionnaire est vouée d'avance à l'échec.

Mais voici l'occasion de se racheter par une mort qui correspondrait à sa vie. Aussi propose-t-il aux camarades de se joindre à eux. Ceux-ci acceptent. Ils pensent qu'ils n'ont pas le droit de refuser à Bakounine de participer à une révolution, et peut-être sont-ils trop occupés par leur entreprise pour comprendre que le vieux lion fait un effort qui dépasse ses forces. Bakounine lui-même le sait bien. Il a besoin de soins et il aimerait rester chez Antonia, enfin revenue. En vérité, il se repent de la parole donnée, mais il n'ose pas la reprendre. Ainsi il part, se traînant à peine sur ses pieds, souffrant d'un asthme qui lui coupe le souffle à tout mouvement, sans optimisme et sans illusions. A Guillaume il écrit qu'il se rend en Italie pour y prendre part à une lutte de laquelle il ne sortira pas vivant.

Comme il ne peut entrer directement en Italie, il passe par les cols du Saint-Bernard et de Spluegen, d'où il descend au lac de Côme. A Spluegen il reste deux jours. Il en profite pour expédier des lettres à Antonia, à Cafiero et à Bellerio, un ami de Locarno. Antonia ignore toujours aussi bien le but de son voyage que ses raisons. Bakounine lui a dit qu'il allait à Zurich et il demande instamment aux amis de la laisser dans cette erreur le plus longtemps possible. De tout son cœur il espère qu'elle n'apprendra la vérité sur *La Baronata* qu'en même temps que la nouvelle de sa mort.

En outre, il écrit à Spluegen un *Mémoire justificatif* dans lequel il raconte l'histoire de *La Baronata*. C'est sa dernière confession, destinée cette fois à Antonia. Comme il l'a fait, jeune officier, devant son père et, plus tard, prisonnier, devant le tsar, il met maintenant son âme à nu devant sa femme. Il est dur envers lui-même, mais, s'il ressent la même volupté de l'auto-accusation qu'en Lithuanie ou dans la forteresse Pierre-et-Paul, la confession de Spluegen n'a plus d'arrières-pensées ni d'espoirs. Dans la solitude des glaciers, à une altitude dont l'air fait palpiter son cœur affaibli, il se considère comme un homme fini qui n'a plus rien à attendre que la mort.

« Ma faute, écrit-il, c'est d'avoir accepté dès l'abord la proposition fraternelle de Cafiero. En la repoussant, j'aurais maintenu l'intégrité de ma vie jusqu'à la fin, et j'aurais été maintenant libre d'en disposer selon mes convictions et inclinations propres. Au fond, je dois avouer qu'en l'acceptant, je commis une trahison envers moi-même, envers mon passé et, à vrai dire, une lâcheté que j'expie aujourd'hui. »

Ensuite il donne les raisons de sa conduite. « D'abord, je suis réellement fatigué et désillusionné. Les événements de France et d'Espagne avaient porté à toutes nos espérances, nos attentes, un coup terrible. Nous avions calculé sans les masses qui n'ont pas voulu se passionner pour leur émancipation propre et, faute de cette passion populaire, nous avions beau avoir théoriquement raison, nous étions impuissants. La seconde raison fut celle-ci : le travail qui pour nous restait seul possible était le travail occulte, bien masqué. Il était absolument nécessaire que nous prissions tous un aspect bourgeois et tranquille. De plus, le gouvernement fédéral suisse, pressé par le gouvernement italien, et par conséquent le gouvernement cantonal tessinois, voulait absolument m'interner dans l'intérieur de la Suisse. J'avais toute la peine du monde à rester à Locarno. La proposition de Cafiero m'en donnait le moyen. Enfin la troisième raison et la plus puissante, le dirai-je, ce fut mon inquiétude pour l'avenir de ma famille et mon très grand désir de lui donner un refuge et d'assurer au moins jusqu'à un certain point son avenir. »

Et après avoir relaté les péripéties de ses relations avec Cafiero, il déclare : « Je ne dois plus rien accepter de Cafiero, pas même ses soins pour ma famille après ma mort. Je ne dois, je ne veux plus tromper Antonia, et sa dignité, sa fierté lui diront ce qu'elle aura à faire. Le coup qu'elle recevra sera terrible, mais je compte sur l'énergie et sur la force héroïque de son caractère qui la soutiendront, j'en ai l'espérance. […] Et maintenant, mes amis, il ne me reste qu'à mourir, adieu. »

Les derniers mots sont pour sa compagne. « Antonia, ne me maudis pas, pardonne-moi ! Je mourrai en te bénissant, toi et nos chers enfants. »

C'est Ross qui se charge enfin de dire à Antonia que *La Baronata* n'appartient pas à son mari mais à la révolution. Elle répond par un esclandre. Furieuse elle quitte cependant la propriété et s'installe avec ses enfants et son père à Lugano. Durant trois semaines elle ne sait plus rien de son mari. Bakounine a brûlé ses vaisseaux derrière lui.

Il arrive à Bologne le 31 juillet et y vit sous les apparences d'un riche rentier, du nom de Tamburini. Pour éviter que son accent ne le trahisse, il se donne pour sourd-muet et ne parle, en présence d'étrangers, que par des signes et des gestes. Naturellement, il prend part à tous les conciliabules des conjurés, mais les camarades le considèrent plus comme une figure vénérable, décorative et quelque peu embarrassante, que comme un chef. Comme il ne croit pas au succès de l'entreprise, il ne leur est en effet pas de grand conseil.

L'insurrection s'annonce d'ailleurs mal dès le début. Costa est arrêté au cours des derniers préparatifs. Plus grave encore est le malheur qui arrive aux chefs républicains, réunis à la villa Ruffi, près de Rimini, pour délibérer sur une action commune avec les anarchistes. Les vieux mazziniens comme Saffi et Fortis y sont hostiles, tandis que les jeunes suivent la consigne de Garibaldi qui, après quelques hésitations, a conseillé de marcher avec eux. Mais la question qui oppose en ce moment critique les deux branches du parti républicain italien ne peut être tranchée. La villa

Ruffi est cernée par la police et les délégués sont tous arrêtés. Les anarchistes ne peuvent donc compter que sur les républicains qui participeront à l'insurrection à titre individuel.

Toutefois, ils ne sont pas disposés à renoncer à l'entreprise, escomptant l'adhésion spontanée des masses. Selon leur plan, les révolutionnaires de Bologne et de la Romagne doivent se rencontrer devant la ville et y pénétrer en deux colonnes. Puis ils occuperont l'arsenal que deux sous-officiers sont prêts à leur ouvrir, ainsi que l'église Santa Annunziata qui sert comme établissement technique et comme dépôt d'armes. A plusieurs endroits de la ville, on prépare déjà du matériel pour la construction de barricades.

Le 7 août, un manifeste, signé par un *Comité italien pour la Révolution sociale*, est diffusé, dans lequel on appelle les ouvriers aux armes et où l'on demande aux soldats de faire cause commune avec eux. L'heure choisie pour l'attaque est l'aube du lendemain. Les Bolognais sont en effet ponctuels au rendez-vous, mais en vain ils attendent les Romagnols. Enfin, il en arrive un petit groupe ; la colonne principale, qui devait venir d'Imola, est cernée et arrêtée en route… L'insurrection est perdue avant même qu'elle ait éclaté. Petit à petit les conjurés se dispersent sans tenter même une action.

Il avait été convenu que Bakounine, pour qui une longue marche est trop fatigante, attendrait les révolutionnaires dans son appartement, pour se joindre à eux lorsqu'ils auraient pénétré dans la ville. C'est la veillée la plus pénible de sa vie. Pense-t-il aux journées de Prague, de Dresde et même de Lyon ?… Dans cette nuit de Bologne il n'est plus qu'un vieil homme déchu et inutile qui attend que les camarades viennent le chercher pour qu'il puisse mourir honorablement… Les heures passent. Il ne peut rien faire ; d'autres commandent, d'autres décideront de la victoire ou de la défaite. Tout son passé, toute son expérience, son emprise sur les hommes et son sang-froid, éprouvés dans tant de situations difficiles, ne sont plus bons à rien. Sa vie lui semble gâchée…. Le soleil monte et personne ne vient. Déjà la ville se réveille et aucun mouvement inaccoutumé n'interrompt son rythme de tous les jours.

Vers midi, il n'y a plus de doute : la révolte a échoué ; il n'est pas donné à Bakounine de mourir sur la barricade. Alors il saisit son revolver. Mais au moment où il veut se brûler la cervelle, un jeune anarchiste italien entre dans la pièce et lui arrache l'arme. La mort ne veut pas encore de lui.

Le jeune camarade lui parle avec douceur. Il reste aussi compréhensif, lorsque Bakounine lui raconte les vicissitudes qui l'ont amené à ce geste désespéré. Bakounine est ému. Il n'est donc pas abandonné et méprisé de tous ? Il y a donc encore des hommes qui l'aiment et le respectent ? Il se sent réconforté, et lorsque d'autres amis viennent et lui proposent de le cacher, il accepte.

Sa volonté de vivre, qui l'a soutenu dans la misère et dans les prisons, renaît. Lentement il se persuade qu'il s'est accusé lui-même outre mesure, qu'il n'est pas coupable d'un crime mais tout au plus d'une faute, et qu'étant donné les promesses de Cafiero, il a sur *La Baronata* des droits dont il a été privé. A la fin, il est presque convaincu que Cafiero et les autres ont tort et qu'il est la victime d'une machination.

En tout cas, il faut retourner en Suisse, mais de nouveau il est sans un sou. De sa cachette il envoie un message à Bellerio et lui demande de l'aide. Son plus grand souci est cependant Antonia. « Mon ami, mon frère, écrit-il, c'est avec terreur que je demande des nouvelles d'Antonia et du père. Dis-lui que parmi toutes les tortures qui m'assaillent, celle de l'avoir abandonnée dans une position si pénible est la plus cruelle. Mais je n'avais pas le choix. »

Ayant reçu de l'argent, il peut enfin quitter Bologne. On lui a procuré l'accoutrement d'un prêtre. Encore une fois il se coupe la barbe et se cache les yeux derrière des lunettes vertes. Ainsi déguisé, appuyé sur une canne, un petit panier avec des œufs à la main, Bakounine revient de son dernier exploit révolutionnaire.

Des amis le conduisent à travers champs jusqu'à la frontière qu'il passe inaperçu. La police italienne ne sait pas même qu'il a été à Bologne. Mais la légende lui reste fidèle. On raconte qu'il se trouvait dans une maison assiégée et qu'il l'avait quittée, traversant tranquillement les rangs des soldats, qui, impressionnés par sa calme fermeté, n'osaient pas le toucher.

S'il a surmonté le plus profond désespoir qui lui faisait désirer la mort comme une délivrance, Bakounine est loin d'avoir retrouvé son équilibre. Puisque la destinée l'a décidé ainsi, il a renoncé au suicide ; mais la vie pèse sur lui comme un fardeau et c'est plein d'angoisse qu'il pense à l'avenir. La révolution a subi en Italie une défaite qui est d'autant plus grave qu'elle n'a rien d'héroïque, car le Midi n'a pas été plus actif que les provinces du centre. Quelle existence mènera-t-il donc dorénavant, révolutionnaire sans révolution et même sans foi dans toute action immédiate ? Comment se présentera-t-il devant les amis, devant Antonia surtout ?

A Spluegen, presque sur la frontière italienne, il rencontre Bellerio et sa belle-sœur Sophie Lossowski. Il leur déclare qu'il se retirera définitivement de la vie publique ; cette fois il le prend au sérieux. Il voudrait même émigrer en Amérique et commencer une vie nouvelle. Ce n'est pourtant pas l'esprit d'aventure qui lui dicte ce projet chimérique. Bakounine n'est plus que l'ombre de lui-même : il a peur, peur de l'avenir, du courroux de sa femme et d'une vieillesse délaissée de tous. Sophie Lossowski et Bellerio promettent d'intercéder auprès d'Antonia. Mais celle-ci se montre réticente ; elle ne répond pas même à ses lettres.

Ce n'est pas à son âge qu'on apprend à gagner de l'argent. Aussi se cramponne-t-il à l'espoir que Cafiero reviendra sur sa décision de l'abandonner à son sort et que, malgré tout, leurs anciennes relations se rétabliront. De plus en plus il s'acharne à l'idée qu'il est une sorte de créancier de Cafiero. Lorsque celui-ci, sur sa demande, lui donne rendez-vous à Sierre dans le Valais, il voudrait croire que tout s'arrangera encore, qu'il retournera à *La Baronata* et qu'il se réconciliera avec Antonia. Mais pendant qu'il attend l'ancien ami, il comprend bien combien ces pensées sont futiles. Alors, il est saisi par une idée folle : il veut gagner de l'argent au jeu, et il se rend dans la ville d'eaux de Saxon où il perd ses derniers cent francs à la roulette.

L'entretien avec Cafiero, qui arrive accompagné de Ross, se déroule sans aménité. Cafiero souffre de voir l'homme, qu'il a vénéré plus que tout autre, dans cette situation sans issue. Mais il n'a jamais considéré l'abri de conspirateurs que devait être *La Baronata* comme sa propriété ; il peut d'autant moins admettre que Bakounine ait des droits sur les restes de sa fortune, et Ross partage son opinion. Cafiero lui donne toutefois les trois cents francs qu'il porte sur lui. En outre, il lui offre une pension. Cependant Bakounine la refuse : ce n'est pas cela qu'il attendait et auquel il croit avoir droit. Il demande un emprunt de cinq mille francs contre des intérêts et qu'il veut rembourser en deux ans. Il espère toujours recevoir de l'argent de ses frères et il se propose d'écrire enfin ses souvenirs dont il escompte de grands honoraires. Pour Cafiero, cinq mille francs sont désormais une grosse somme. Il consent pourtant à les prêter, si Sophie Lossowski s'en porte garant. Il se déclare aussi prêt à acheter à Bakounine le mobilier de *La Baronata* qui lui appartient. Mais ces discussions d'affaires ne peuvent qu'accentuer la rupture entre les anciens amis.

Quelques jours plus tard, les trois hommes se retrouvent à Neuchâtel. Cafiero a entre temps constaté qu'il n'est plus en mesure de disposer de cinq mille francs, et Sophie Lossowski a refusé de garantir une dette de son beau-frère. Bakounine demande à Cafiero de lui prêter au moins trois mille francs avec la garantie de Bellerio, mais Cafiero ne peut que promettre qu'il avisera.

N'y a-t-il donc aucune humiliation à laquelle ce vieillard en déclin puisse échapper ? Il y a presqu'un demi-siècle, Bakounine a écrit : « Je suis un homme des circonstances. » Il s'est toujours incliné devant sa destinée, mais la destinée est dure avec lui ; elle ne lui épargne aucun supplice. Le voilà pour la dernière fois chez les Jurassiens, chez les fidèles des fidèles, chez ceux qu'il a remerciés dans sa lettre d'adieu d'avoir accepté le nom de *bakounistes* que les adversaires leur lançaient comme une injure. La figure changée, sans sa barbe, les joues creuses, le corps voûté par les souffrances, malade et abattu, il est maintenant assis devant eux comme devant des juges.

Les Jurassiens se rendent parfaitement compte de ce qu'il y a de tragique dans cette séance. Spichiger pleure. Guillaume est si ému que sa voix sonne froide et sèche. Ils offrent à Bakounine de lui assurer de leurs modestes moyens une pension mensuelle de trois cents francs et lui demandent de collaborer en revanche à leur journal. Mais sur le fond de la question ils sont de l'opinion de Cafiero avec lequel ils se déclarent entièrement solidaires. Ils ne comprennent pas que Bakounine revendique des droits de propriété sur un bien que Cafiero a mis à la disposition de la « cause ». Guillaume a perdu son poste de professeur : il rédige le journal de l'organisation, puis il le compose, il écrit même les bandes d'adresses des abonnés, vivant misérablement de leçons particulières. D'autres font de même. Que Bakounine ait dit à maintes reprises qu'il voulait faire de *La Baronata* un paradis pour Antonia, c'est pour ces hommes une trahison qui les bouleverse et qu'ils ne peuvent s'expliquer que par la décadence lamentable d'une vieillesse prématurée.

Bakounine n'accepte pas la pension. Il la considère comme une aumône. Plus que jamais il croit qu'il est dans son droit et que tous les autres sont de mauvaise foi. Dans leur unanimité il ne trouve que la preuve d'une conjuration qui a pour but de le persécuter et de l'éliminer du mouvement.

Il les quitte plein d'amertume et pendant les deux dernières années qui le séparent de la mort il n'aura plus de relations avec les Jurassiens. Ceux-ci ne lui en veulent pas. Le sentiment qu'ils éprouvent pour Bakounine est désormais un mélange de tristesse et de pitié, et ils s'efforcent de ne pas ébruiter leur différend en dehors du petit cercle qui en a connaissance. Personne, en effet, n'apprend que la Fédération Jurassienne n'a plus de rapports avec celui qui avait été son animateur et son Dieu.

Au moins Antonia pardonne. Bakounine peut ainsi aller à Lugano et trouver un foyer près de sa femme. Le soir de son arrivée on joue aux cartes. « Amitié chaude et sincère », note-t-il le lendemain sur son calendrier.

RETOUR À LA TERRE

*Le travail ne sera point perdu — rien ne se perd dans
ce monde — et les gouttes d'eau, pour être invisibles,
n'en forment pas moins l'Océan.*

BAKOUNINE.

« En d'autres circonstances ma fierté aurait dû m'empêcher de
t'écrire après le silence dédaigneux par lequel tu as répondu à ma
dernière lettre. Mais la nécessité que je subis en ce moment est si
pressante d'un côté et, de l'autre, ma foi dans ton amitié fidèle et
sérieuse est si grande, malgré toutes les boutades de ton humeur,
que je me retourne avec pleine confiance vers toi. J'ai besoin,
mais *absolument* besoin, de deux cents francs, non pour moi seul,
mais pour l'entretien de toute la famille : c'est une question de
logement, de nourriture, de chaleur — donc question de vie ou
d'inanition, de maladie sinon de mort, comme tu vois. » Cette
lettre, adressée à Bellerio, montre dans quelle situation Bakounine
se trouve pendant l'hiver 1874-75.

Entre temps, Sophie Lossowski traite avec ses frères pour
obtenir qu'ils lui paient enfin sa part de l'héritage, car à cause de
la police tsariste il ne peut communiquer directement avec eux. La
question est assez embrouillée, bien que les droits de Bakounine
ne fassent aucun doute ; Priamoukhino n'est pas partagé et il est
difficile d'estimer maintenant la valeur qu'avait la propriété à la
mort du père. Cependant, les frères se déclarent prêts à acquitter
leur dette ; comme ils ne disposent pas d'assez d'argent liquide, ils

promettent de vendre une forêt pour son compte. Non seulement Bakounine en attend une forte somme, mais aussi sa femme et sa belle-sœur qui sont persuadées que la forêt ne vaut pas moins de cent mille roubles.

Convaincu que ses soucis sont désormais finis, il achète alors à crédit la villa *du Besso*, près de Lugano, dont le prix est de vingt-huit mille francs. A *La Baronata* il a pris le goût de la vie de campagne et il voudrait terminer ses jours en paysan. Les difficultés pour faire prolonger son permis de séjour dans le canton du Tessin sont aussi écartées. De nouveau il voit donc la vie en rose, certain qu'il mourra en paix, entouré d'une famille dont l'avenir est assuré.

Bien qu'il soit né à la campagne, Bakounine n'est pourtant qu'un paysan dilettante. Quand il a quitté Priamoukhino pour l'école d'artillerie de Saint-Pétersbourg, il était encore un enfant, et s'il s'est beaucoup occupé de la révolution rurale, il n'a pas pour cela acquis des connaissances pratiques d'agriculture. Néanmoins, il est décidé à mettre ses terres en valeur, et comme il le fait avec beaucoup d'ardeur mais sans aucune expérience, l'entreprise prend une tournure tragi-comique.

Il commence en étudiant l'agronomie scientifiquement ; il prend même des leçons chez un jeune chimiste, pour connaître à fond la question des engrais. Fort de ces théories, il commande en France et en Hollande les meilleurs graines et les meilleurs plans ; il les fait venir en telle abondance qu'ils suffiraient pour tout le canton. Toujours partant de ses études, il fait ensuite couper les mûriers et les vignes qui avaient assuré de modestes revenus à la propriété. A leur place il plante des arbres fruitiers, mais les uns si près des autres qu'ils n'ont aucune possibilité de se développer. « Il ne faut pas perdre un pouce de terrain », déclare-t-il, Aussi plante-t-il encore toutes sortes de légumes et de fleurs entre les fruitiers déjà trop serrés. Les fleurs doivent être vendues en petit bouquets aux gares et sur la route par des enfants, et il calcule qu'il gagnera ainsi vingt-cinq francs par jour. Après un an cependant, il n'y a même plus d'herbe qui pousse autour de la villa *du Besso*.

Comme ce résultat ne dément pas tout de suite ses efforts, Bakounine dirige les travaux avec tout l'enthousiasme dont il est capable. Assis sur une chaise au milieu de ses champs, vêtu d'une vieille houppelande, un foulard noué autour du cou, il donne des ordres aux terrassiers et aux jardiniers qui sont quelque peu déconcertés par les méthodes de cet étrange propriétaire. N'étaient les souffrances physiques et les inconvénients de la vie à crédit, il serait tout à fait heureux. Il passe ainsi la plus grande partie de cette année 1875.

Les relations avec Ross et Cafiero se rétablissent aussi peu à peu. Cafiero habite avec sa femme et un camarade italien dans une solitude complète à *La Baronata*. Lorsque Malatesta rend visite aux deux anciens amis, il trouve leurs rancœurs apaisées et il les dispose sans grande difficulté à se réconcilier. Bakounine fait le premier pas en se rendant chez Cafiero ; il y reste même plusieurs jours. La question du mobilier de *La Baronata*, qui était une des raisons de leur différend, est vite réglée, et un peu plus tard les Cafiero viennent à leur tour chez lui. C'est leur dernière rencontre. Comme Cafiero ne trouve pas d'acheteur pour la propriété, il est obligé de la quitter pour gagner sa vie, et il s'en va à Milan où il devient l'employé d'un photographe. Dans une lettre d'adieu il écrit à Bakounine : « Je t'embrasse, Michel, je t'embrasse bien fortement, je t'embrasse encore. »

Il finit tragiquement. S'imaginant avoir trahi des camarades et ne pas avoir fait assez pour « la cause », il devient fou. En 1881, il faut le transporter dans un asile d'aliénés où il passe le reste de sa vie. Sa folie est touchante : souvent il demande que l'on ferme les volets de sa fenêtre, pour qu'il ne profite pas trop de la lumière qui, dit-il, appartient à tous.

Ross a échangé depuis un certain temps déjà des lettres avec Bakounine. Il a vécu d'abord à Londres, ensuite il est allé en Herzégovine pour prendre part à une insurrection contre la domination turque, mais il a vite compris que cette lutte n'avait aucun but social. Alors il a décidé de se vouer à l'action révolutionnaire en Russie même. Avant de partir, il rend visite à Bakounine. « Veux-tu comprendre enfin, lui dit le vieux, que sur le mensonge jésuitique on ne peut bâtir rien de solide, ni de vivace ; que ce n'est pas sur les passions viles et basses que doit s'appuyer l'action révolutionnaire et que jamais la révolution ne saurait être triomphante, si elle n'avait pour but un idéal élevé, humain, bien entendu.

Ils se séparent affectueusement ; c'est encore un ami que Bakounine ne reverra plus. A peine arrivé en Russie, Ross est pris par la police et condamné à cinq ans de travaux forcés, puis déporté en Sibérie. Il ne reviendra en Europe que lorsque Bakounine sera mort depuis longtemps.

Un jour, Bakounine rentre joyeusement. « J'ai craché ma dernière dent ; c'est encore une partie de moi qui s'en est allée », déclare-t-il en riant. Ce corps gigantesque qui, autrefois, résistait à toutes les fatigues n'est plus, en vérité, qu'une ruine. Il garde sa bonne humeur, mais il souffre terriblement. Le cœur hypertrophié ne supporte aucun effort, l'asthme lui coupe le souffle, l'œdème gonfle ses jambes et une inflammation chronique des reins lui cause des douleurs atroces. Comme sa vessie est paralysée, il ne peut pas retenir ses urines et il est obligé de porter un appareil spécial qui le gêne beaucoup. Le sommeil le fuit, la nuit il se lève jusqu'à vingt fois, et souvent les douleurs sont si fortes qu'il ne peut rester ni debout ni couché. Alors, plié en deux, pour apaiser ses souffrances, il repose de longs moments son buste sur une table. « Avec ma droiture je me trouve très bien en angle droit », dit-il en s'efforçant de plaisanter.

Ses derniers partisans sont des ouvriers italiens : le ménage Mazzotti, le cordonnier Santandrea, le barbier Getti. Leur fidélité n'est pas diminuée par les bizarreries de sa vieillesse. Pour eux, il n'est pas seulement le chef vénéré, mais aussi un père bien-aimé, et ils le soignent avec une tendresse émouvante, le couchant le soir, l'habillant le matin. Son charme au moins est resté intact, et ces gens simples le subissent aussi bien que tous les autres qui l'approchent. Nombreux, en effet, sont les témoignages qui prouvent que jusqu'à son dernier jour Bakounine garde cette fascination qu'il a toujours exercée.

Il fréquente beaucoup Bellerio, bien que l'ami ne partage pas ses opinions. En outre, il est en rapports avec Malon qui habite Lugano et dont les multiples aventures amoureuses l'amusent, sans qu'il l'aime beaucoup. Selon son habitude de donner des surnoms à tout le monde, il appelle Malon *le contrebandier* et sa femme jalouse *la douane* qu'il essaie sans cesse de frauder. « Bah ! dit-il, on ne peut pourtant pas pontifier à toutes les minutes de l'existence. »

Mais la compagnie qu'il préfère à toute autre est celle d'une jeune femme, A. Bauler, la seule Russe dans son entourage. Il pense souvent à la patrie, à Priamoukhino surtout, et un de ses désirs les plus chers est de revoir encore une fois les survivants de ses frères et sœurs. Il s'intéresse à peine à la politique russe, mais volontiers il évoque le paysage de chez lui. « Y avait-il chez vous à la campagne un marécage forestier ? » demande-t-il à A. Bauler. Ou encore : « Comment était votre verger ? » Et en se plongeant dans les souvenirs de son enfance, il lui dit : « Allons, parle-moi encore des prés inondés ! » Quelquefois il prie la jeune femme de l'endormir en lui lisant n'importe quoi, sans s'occuper du sens des mots, à la manière monotone des popes. « Aucun Italien ne saurait lire comme ça », dit-il content, quand il se réveille.

En l'observant dans la conversation, surtout avec les ouvriers, A. Bauler constate combien les paroles de Bakounine les touchent. « Ils étaient prêts à tout à sa moindre parole. Je pouvais me représenter un autre milieu moins intime, une grande foule, et je comprenais que l'influence de Bakounine y serait identique, » note-t-elle. Et elle se demande en quoi, au fond, consiste le charme de cet homme. « Je crois, répond-elle, qu'il est impossible de le définir exactement. Ce n'est pas par la force de persuasion qu'il agissait, ce n'est pas sa pensée qui éveillait la pensée des autres ; mais il soulevait tout cœur rebelle, il y éveillait une colère *élémentaire*. Et cette colère éblouissait par sa beauté, devenait créatrice et montrait à la soif exaltée de justice et de bonheur une issue, une possibilité d'accomplissement. »

Malatesta le trouve pourtant « en décomposition ». S'il garde toute sa lucidité et s'il adore toujours discuter, en acceptant de bonne grâce la contradiction, il n'a en effet plus rien de son ancienne fougue : le vieux Bakounine est devenu sage et sceptique. Lorsqu'il observe comment les cléricaux dans le Tessin gagnent du terrain, il a un moment envie de redescendre dans la lice, en s'écriant « Écrasez l'Infâme ! » comme Voltaire. Mais en général il regarde les choses d'en haut.

Déjà en 1873 il avait dit à Débagori-Mokriévitch, lorsque celui-ci lui parlait du succès de l'anarchisme parmi les Russes : « Eh quoi ! ces Russes ! De tout temps ils ont prouvé qu'ils n'étaient qu'un troupeau ! A présent, ils sont tous devenus anarchistes ! L'anarchie chez eux est pour le moment à la mode. Que quelques années encore s'écoulent et on ne trouvera plus un seul anarchiste parmi eux ! » Depuis, il n'est devenu que plus méfiant.

Dans une lettre à Élisée Reclus il résume pour la dernière fois sa pensée. « La révolution, pour le moment, est rentrée dans son lit, écrit-il ; nous retombons dans la période des évolutions, c'est-à-dire dans celle des révolutions souterraines, invisibles et souvent même insensibles. […] L'heure de la révolution est passée, non à cause des affreux désastres dont nous avons été les témoins et des terribles défaites dont nous avons été les plus ou moins coupables victimes, mais parce que, à mon grand désespoir, j'ai constaté et je constate chaque jour de nouveau que la pensée, l'espérance et la passion révolutionnaire ne se trouvent absolument pas dans les masses ; et quand elles sont absentes, on aura beau se battre les flancs, on ne fera rien. […] Pauvre humanité ! Il est évident qu'elle ne pourra sortir de ce cloaque que par une immense révolution sociale. Mais comment la fera-t-elle, cette révolution ? Jamais la réaction internationale de l'Europe ne fut si formidablement armée contre tout mouvement populaire. Elle a fait de la répression une nouvelle science qu'on enseigne systématiquement aux lieutenants de tous les pays. Et pour attaquer cette forteresse inexpugnable qu'avons-nous ? Les masses désorganisées. Mais comment les organiser, quand elles ne sont pas même suffisamment passionnées pour leur propre salut, quand elles ne savent pas ce qu'elles doivent vouloir et quand elles ne veulent pas ce qui seul peut les sauver ! Reste la propagande… C'est quelque chose sans doute, mais fort peu de chose. » Et dans une prophétie aussi clairvoyante que terrible, il ajoute : « Reste un autre espoir : la guerre universelle. Ces immenses États militaires devront bien s'entre-détruire et s'entre-dévorer tôt ou tard. Mais quelle perspective ! »

Au début de 1876, il reçoit enfin une avance de mille roubles de ses frères. Quelques mois plus tard, Sophie Lossowski lui apporte le produit de vente de la forêt. Hélas ! la somme est bien en dessous de toutes les estimations : l'avance et les frais déduits, il ne lui reste pas plus de vingt-deux mille cinq cents francs. Ce n'est pas même assez pour satisfaire les créanciers qui, depuis un certain temps déjà, ont commencé à se faire pressants.

Comme une dernière tentative d'arriver à un arrangement avec eux échoue, il est obligé de leur laisser la villa *du Besso*. Il décide alors de quitter la Suisse et de se fixer en Italie, où la vie est meilleur marché. Ayant obtenu le permis de séjour, Antonia se rend à Naples pour choisir un appartement et préparer le déménagement.

L'espoir de Bakounine de trouver enfin la paix et de mettre à l'abri l'existence de sa famille est ainsi encore une fois déçu. Encore une fois, il doit changer de pays. Il ne lui est pas donné de terminer ses jours comme il l'a désiré, dans le calme de la campagne, sur un lopin de terre qui lui appartient, au milieu d'un paysage qui, par un séjour de huit ans, lui est devenu cher… Faut-il dire qu'il n'ait pas eu de chance ou est-ce la loi secrète qui commande sa vie et qui exige que le révolutionnaire n'ait rien en propre, qu'il ne connaisse pas le bonheur personnel et qu'il meure comme il a vécu, homme sans foyer, fugitif éternel ?

Mais avant de partir pour l'Italie, d'où, il le sait bien, il ne pourra plus faire de voyages, il veut consulter son vieil ami, le docteur Adolphe Vogt, et revoir Adolphe Reichel, qui habitent tous les deux Berne. Selon une loi du Tessin, il lui faut un laissez-passer de ses créanciers pour quitter le canton. Il les réunit donc en assemblée

générale et leur expose ses projets. Avec leur consentement il
prend alors le train, accompagné de Santandrea qui a insisté pour
ne pas le laisser voyager seul. « Je suis venu à Berne pour que tu
me remettes sur mes pieds ou que tu me fermes les yeux », dit-il
à Vogt, venu le chercher à la gare.

L'ami l'emmène à sa clinique, mais Bakounine n'y est pas
consigné. Il passe une grande partie de son temps chez Reichel
qui est marié en secondes noces à une Russe.

Ces derniers jours de sa vie sont comme un prodigieux retour
à sa jeunesse. Il parle l'allemand avec Reichel et Vogt et le russe
avec Mme Reichel. Comme à Dresde, au temps où il découvrait
sa vocation, Reichel se met au piano. Puis ils causent du passé
et des anciens amis : de Herwegh qui vient de mourir, sans avoir
rompu le silence qu'il s'était imposé et avec lequel ils n'avaient
depuis longtemps plus de rapports ; de Tourguénieff qui vit près
de Paris, à Bougival ; de Richard Wagner dont Bakounine juge
la musique aussi sévèrement que le caractère ; de tant d'autres
encore qu'ils ont connus et qui sont morts ou dispersés dans tous
les coins du monde. Bakounine revient même à la philosophie et
lit Schopenhauer qui domine maintenant l'Allemagne spirituelle.
La philosophie du pessimisme lui paraît cependant aussi fausse
que toute autre conception qui a comme point de départ l'individu
et non la collectivité.

Un jour, Reichel déplore qu'il ait toujours négligé d'écrire
ses souvenirs. Alors Bakounine répond : « Pour qui veux-tu que
je les eusse écrits ? Il ne vaut pas la peine d'ouvrir la bouche.
Aujourd'hui les peuples de toutes les nations ont perdu l'instinct
de la révolution. Ils sont tous trop contents de leur situation, et
la crainte de perdre encore ce qu'ils ont les rend inoffensifs et
inertes. Non, si je retrouve encore un peu de santé, je voudrais
écrire une Éthique, basée sur les principes du collectivisme, sans
phrases philosophiques ou religieuses. »

Croit-il vraiment pouvoir partir encore pour l'Italie ? Il dicte
bien à Mme Reichel une lettre aux siens, où il déclare qu'il rentrera
bientôt à Lugano. Mais, un peu plus tard, il lui dit : « Macha, je

suis venu ici pour mourir. » Et lorsque Vogt l'exhorte à mener désormais une existence ordonnée, il plaisante : « J'ai toujours vécu d'une façon désordonnée. Eh bien ! on dira de moi : sa vie était désordonnée, mais sa mort très ordonnée. »

Il n'est pas depuis quinze jours à Berne que soudain sa maladie s'aggrave. Un soir, chez Reichel, ses douleurs deviennent si violentes qu'il doit quitter l'ami au milieu d'un morceau qu'il joue pour lui. Le lendemain, il ne peut plus se lever : une urémie aiguë rend tout espoir vain.

Pendant trois jours il somnole, dans une apathie profonde. Il ne souffre plus, mais il refuse toute nourriture. Le seul plat qu'il accepte est une spécialité russe, la *kacha*, du gruau de sarrasin, que Mme Reichel lui a préparé. Il ne se fait aucune illusion sur son état. « Je n'ai besoin de rien, j'ai bien fini ma tâche », dit-il… Il meurt le 1er juillet 1876.

Comme il n'a presque pas parlé de sa famille, les amis ne savent pas qu'Antonia se trouve à Naples ; on ne connaît que l'adresse de ses parents qui sont à Côme et de sa sœur qui est avec les enfants à Lugano. Lorsqu'elle apprend enfin la mort de son mari, elle se rend immédiatement à Berne, mais elle arrive même trop tard pour l'enterrement.

Les Jurassiens ont tout ignoré du voyage de Bakounine, ainsi que de la gravité de son grave état. Aussitôt qu'il en entend parler, Guillaume télégraphie pour demander de ses nouvelles ; on lui répond qu'il est déjà dans le coma… Les camarades ne peuvent que l'accompagner au cimetière.

Les révolutionnaires, plus honorés dans la mort que dans la vie, ont souvent de belles obsèques. Devant la tombe de Bakounine s'incline le prolétariat de Berne. Youkowsky, Schwitzguébel, Élisée Reclus, un étudiant italien et un ouvrier de la Suisse allemande prononcent des oraisons funèbres. Guillaume est si ému qu'il s'interrompt au milieu de son discours et s'en va en sanglotant… C'est la dernière fois qu'une foule se presse autour du tribun. Le drapeau flotte sur lui, sous lequel il avait combattu, qu'il avait vu sur les barricades de Paris, de Prague, de Dresde, et qu'une vision hardie lui avait déjà montré sur le Palais d'Hiver, sur la forteresse Pierre-et-Paul et sur le Kremlin, sur toute la Russie et sur le Monde entier.

Lorsque Vogt annonce la mort de l'ami aux autorités, il essaie en vain d'expliquer en quoi consistait son activité. Le fonctionnaire inscrit enfin sur son registre : « Michel de Bakounine, rentier. » Le révolutionnaire n'a pas de profession selon les exigences de l'état civil. Mort en pauvre, enterré dans la terre d'exil, tout ce qu'il lègue à la postérité est un nom, une doctrine, une légende, un exemple et un espoir. Sur la simple pierre qui couvre sa tombe, on aurait pu mettre comme épitaphe le chant des anciens communards :

> Quand la foule, aujourd'hui muette,
> Comme l'Océan grondera,
> Qu'à mourir elle sera prête,
> La Commune se lèvera.

C'est un vaincu qui repose au cimetière de Berne, un homme qui n'a pas réussi dans la vie, qui n'a subi que des défaites, qui n'a pas été heureux, qui n'a pas même aspiré au bonheur, sauf à celui d'autrui. Mais il a été ce qu'était l'idéal de sa jeunesse : un homme vivant. Marqué par une fatalité grandiose et sombre, il a suivi sa destinée qui le voulait au service d'une cause où sa grandeur d'âme ne l'a préservé ni des persécutions, ni des calomnies. Dominant les foules de son corps de géant, il les a défendues et entraînées en les devançant dans leur marche vers l'avenir.

INDEX DES NOMS

TABLE DES MATIÈRES

Quatrième partie
Recommencement

Cinquième partie
L'anarchiste

Sixième partie
La retraite

Ce volume,
le quarante-cinquième
de la collection « le goût des idées »,
publié aux Éditions Les Belles Lettres,
a été achevé d'imprimer
en septembre 2014
sur les presses
de la Nouvelle Imprimerie Laballery
58500 Clamecy

Dépôt légal : octobre 2014
N° d'édition : 7925 - N° d'impression : 409350
Imprimé en France